蜀漢

風雲人物

惜秋 撰

三民書局

國家圖書館出版品預行編目資料

蜀漢風雲人物 / 惜秋撰. －－二版二刷. －－臺北
市: 三民，2006
　　面；　公分

ISBN 957-14-4110-4　(平裝)

1. 中國－傳記－三國(220-280)

782.123　　　　　　　　　　　　　　93017891

三民網路書店　http://www.sanmin.com.tw

© 蜀漢風雲人物

撰　者　惜　秋
發行人　劉振強
著作財　三民書局股份有限公司
產權人　臺北市復興北路386號
發行所　三民書局股份有限公司
　　　　地址／臺北市復興北路386號
　　　　電話／(02)25006600
　　　　郵撥／0009998-5
印刷所　三民書局股份有限公司
門市部　復北店／臺北市復興北路386號
　　　　重南店／臺北市重慶南路一段61號
初版一刷　1983年2月
二版一刷　2004年11月
二版二刷　2006年5月
編　號　S 780570
基本定價　肆　元
行政院新聞局登記證局版臺業字第○二○○號

有著作權　不准侵害

ISBN　957-14-4110-4　(平裝)

二版說明

一、 人物故事常常可以啟發智慧，鼓勵向上，提供經驗，示範品行等等，歸納言之，對世道人心，有所裨益而已。作者本此宗旨，撰寫歷代人物故事集，本書即為該系列中的一冊。

二、 歷代人物足供啟發借鏡者甚多，作者所選擇的以動亂時期之偉人為主，有鼓勵世人積極奮鬥之意。

三、 歷史人物為斷代史片面之一角，為使讀者能了解整個時代，作者不僅對當時歷史事實之來源，常加扼要的敘述；對後世的影響，亦作簡要的說明，有助於讀者了解這些人物在歷史主流中所處之地位。

四、 作者將漢的歷史正統，歸諸蜀漢，故於《漢初風雲人物》、《東漢風雲人物》之後，繼以《蜀漢風雲人物》，以明史觀。

五、 作者原書有諸葛亮附錄三篇，因與本傳多有重複之處，故再版時予以刪除，另增補新圖，特此說明。

編輯部謹識

二〇〇四年十一月

【 歷史人物第四輯 】

蜀漢風雲人物

目 次

二版說明

1 | 壹 諸葛亮

89 | 貳 關 羽
　　——忠義千秋的勇將

125 | 參 張 飛
　　——智勇兼備的大將

141 | 肆 趙 雲
　　——智勇忠義兼備的常勝將軍

155 | 伍 龐 統

165 | 陸 黃忠、法正
　　——勇與智的結合

175 | 柒 劉 巴

181 | 捌　蔣　琬

191 | 玖　費　褘

199 | 拾　簡雍、糜竺、孫乾
　　　　　——劉備初期的智囊人物

207 | 拾壹　董和、董允

213 | 拾貳　王　平

219 | 拾參　鄧　芝

225 | 拾肆　張裔、楊洪

233 | 拾伍　馬忠、張嶷

245 | 拾陸　張　翼

251 | 拾柒　姜　維

壹 諸葛亮

忠義才藝集於一身的大政治家、大軍事家

　　關於諸葛武侯的傳記研究，作者已經寫過三次：第一次是在重慶，二、三兩次都在臺灣。這三次所寫的，都各有一定的目標，而不是整體的研究。在重慶所寫的，是針對《大公報》王芸生〈諸葛亮新論〉所做的辯正。王某指責武侯不懂戰略，只注重秦川一路的北伐，不知道培養人才，而且裁抑已有的人才；只愛管小事，而不知政治的大體。他的錯誤，是斷章取義，意在借古諷今。當時駁斥他的謬誤者，很有些名作家，但似乎都沒有抓住要點。朋友們要我也寫一篇，指出其誤解或荒謬的地方。因此，在這一篇中，我是專門針對這一方面下筆的。我把《三國·蜀書》各傳的人物，做了一個籍貫的統計，我的結論，是蜀漢一、二流主要人才，無論文武，絕大多數，都自外來，大體上都在黃巾之亂以後，由於親故在蜀的關係，進入巴蜀避難；三國鼎立之勢既成，局面安定，再沒有外來的人才，時間把這些外來的人才逐漸消逝，所謂「蜀中無大將，廖化作先鋒」，便是這一情勢之所趨，其實廖化還不是蜀人。反之，武侯在蜀，開科取士，提倡教育，不遺餘力。所謂武侯裁抑人才，王芸生指的是廢李嚴與廖立，這兩個寶貝，一個是奉命執行不力，而且以詐術施騙；一個是不作實際工作，只是口出大言，月旦人事，破壞政府用人的威信。都是罪有應得，

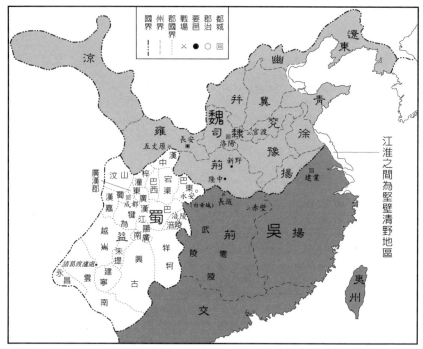

圖 1：三國形勢

絕非武侯嫉忌人才。反之，武侯在蜀，獎掖真正人才，不勝枚舉，
如對蔣琬，對費褘，對姜維等，遇有機會，必加譽揚；即第一次
北伐，重用馬謖，也是由於人才缺乏，獎勵後進的用心。至於只
重秦川一路的北伐，我們試看他的隆中對策，分明說：「天下有變，
則命一上將，將荊州之軍以向宛、洛，將軍身率益州之眾，出於
秦川」，是主張兩路北伐的，故劉備入蜀，武侯親率關羽、張飛、
趙雲等銳師，留駐荊州，是等候將來的北伐機會；但是劉備不能
單獨定川，不能不乞援於荊州，武侯乃率張飛、趙雲等西去增援，
留關羽守荊州，關羽之失荊州，為武侯此後北伐只重秦川一路的
張本。史實如此，豈可厚誣武侯。王芸生最大的錯誤，是對蔣琬
還屯於涪，大加讚賞，以為涪即涪陵，是蔣琬將向荊州進軍的準

備；而不知涪乃涪水關，武侯北伐，以攻為守，使敵人疲於奔命，蔣琬還屯於涪，是專重守勢，距蜀亡之期不遠了。果如王某所說，時荊州已在吳手，蔣琬欲取荊州，勢必先與吳戰，是蹈劉備的覆轍，何況那時候蜀軍，已無甚實力。武侯之注重小事，亦有其苦心，正與劉備結髦忘憂之意相同，後人不解其意，妄加批評。其實，武侯亦何嘗以注意小事而誤大政！此文發表後，時人同情王芸生之謬說者，為之豁然而悟，人心大快。

圖 2：諸葛亮

　　作者第二次研究武侯傳記，是在闡述我國開疆拓土有貢獻的民族偉人。武侯南征，「五月渡瀘，深入不毛」，對豪酋孟獲以七擒七縱之法服之，終得「南人不復反矣」的結果，故不留一兵，不置一官，而南中對蜀軍北伐，輸送糧餉不絕，這是他的攻心戰術之收效。近人解釋「不毛」，誤作「八莫」，這又是一個大誤解。八莫在今緬甸北部的伊洛瓦底江上游，武侯南征，似未至保山以西；而其所取途路徑，則是渡瀘水，即大渡河，首服旄牛國，次經大相嶺與小相嶺，下建昌谷地而入滇境。大小相嶺，本屬無名大山，因武侯經此，而有丞相嶺之稱。其山海拔三千公尺以上，山嶺高處常四時積雪，真乃不毛之地。不必以「不毛」與「八莫」之音相近，而作此遐想。

　　作者第三次研究武侯傳記，是為了寫一本《中國十大政治家》。武侯是我國歷史上的大政治家，這是任何人都不能否認的。在我這本書中的武侯傳記，重點是在武侯的施政績效，其他部分，只是約略提及而已。

　　因此，這三次對武侯傳記的研究，都是局部性的。在我的撰著計畫中，有十本風雲人物的傳記。這十本風雲人物，主要是把亂世中奮鬥成功的英雄，予以比較詳細的介紹，旨在描寫動亂時期奮鬥成功的史實，鼓勵積極的奮鬥氣氛。作者並不反對文天祥、史可法精神的提倡，他們是仁至而義盡，時代已是氣數將盡，不得已而以身殉國，留著與天地常存的正氣，為後人取法，是為將來，不是為現在。一般人看到文天祥、史可法奮鬥的結果，連生命都失去，不免有些洩氣，故作者代以成功人物的介紹，期望倡導積極的精神。

　　我這本書的名稱是《蜀漢風雲人物》，首先要和讀者研究的，便是諸葛武侯。也許有人說，武侯努力建立的蜀漢，畢竟也亡了國，對我的宗旨，不盡相符。這裡，我要先說明一下，當劉備三顧茅廬時，他還是一個並無立足之地的落魄英雄。但是武侯為他提出先定荊州，東連孫權以共拒曹操，西取巴蜀為根據地，南定南中以安定後方，然後兩路出師北伐以興復漢室的偉大計畫，終能逐漸實現，豈非奮鬥成功的英雄人物！

姓氏來源與時代背景

　　大家都知道武侯複姓諸葛，名亮，字孔明，別號臥龍或伏龍，是琅玡郡的陽都縣人（今山東沂水）。他的始祖，據賈執的《英賢錄》是有熊氏，其得姓則始於春秋時代。據左丘明的《世本》：「宋景公有大夫瞻葛祁，其後齊人語訛，以瞻葛為諸葛。」但據韋曜的《吳書》：「諸葛氏，其先為葛氏，本琅玡諸縣人（今山東諸城），後徙陽都。陽都先有姓葛者，時人謂之諸葛，因以為氏。」此與應劭《風俗通》所載略合，《風俗通》說：「秦末有葛嬰，為陳涉將軍，有功而誅，漢文帝追錄，封其孫諸縣侯，因以為氏焉。」由左

丘明之說，諸葛得姓，始於春秋；由應劭之說，其得姓蓋在西漢。應劭與韋曜都認為諸葛原為葛姓，殆無可疑。其稱臥龍者，因其躬耕之地為臥龍崗，其被稱為伏龍者，乃當時一般學人對其才能之稱許。《襄陽記》云：

> 劉備訪世事於司馬德操（司馬徽字），德操曰：儒生俗士，豈識時務？識時務者在乎俊傑，此間自有伏龍鳳雛。備問為誰？曰：諸葛孔明、龐士元也。

伏龍之名，始見於此。《三國演義》謂伏龍鳳雛兩人得一，可安天下，是有所本的。

武侯卒於後主建興十二年八月，年五十四歲。按建興十二年，為魏明帝青龍二年，西元 234 年。上推五十四年，為東漢靈帝光和三年，西元 180 年，正是東漢季世。大家都知道東漢的桓靈二帝，是愚昧昏庸之君，寵信宦官，賣官鬻爵，朝政不綱，君子道消，小人道長，政府威信，掃地以盡。況內有十常寺之亂，外則百姓苦於苛虐，怨聲載道。武侯四歲的時候，就發生黃巾之亂，五歲至九歲，即發生董卓之亂。十二歲，呂布殺董卓，中原大亂，封疆大吏如曹操、袁術等，都割地稱雄。十六歲時，兗州牧曹操劫持漢獻帝，自稱司空，在黃河下游，已具龐大的勢力圈。十六歲至二十五歲，曹操攻滅袁術、袁紹兄弟，殺呂布，自領冀州牧，已統一了黃河下游，並率大軍南攻荊州。劉備在黃巾之亂時已立戰功，他雖是漢室的宗親，但其時已流為平民，政治上並無基礎，兵力亦極單薄，曾與曹操合作而不見容，曾依附徐州牧陶謙，起義勤王，但被擊敗，不得已往附劉表，而荊州亦被曹操所攻，大有容身無地之難。曹操之攻荊州，開始於漢獻帝建安八年，西元 203 年，但軍行甚遲，時武侯二十三歲。劉備三顧茅廬，訪問武

圖 3: 明人所想像武侯隱居南陽的情景。

侯,則在建安十二年,時武侯二十七歲;正是他最落魄的時候。武侯則自食其力,躬耕於南陽,於世事則是暗中關心而已。

武侯本是琅玡陽都人,他又何以至南陽作村野的農夫?其經過是這樣的:原來武侯幼孤,由他的叔父諸葛玄教養長大。他的父親名珪,曾任太山郡丞,早卒,故依叔父為生。諸葛玄曾被袁術任為豫章太守,攜武侯及弟均同住。會袁術敗亡,曹操以獻帝之名任朱皓為豫章太守,玄乃離職,以與荊州牧劉表有舊,乃往依劉表。玄卒以後,武侯遂躬耕自給,不問世事,但與襄陽學人司馬徽、龐德公等時時往來,切磋學問,砥礪品德。

武侯躬耕之地,到底是南陽抑襄陽?成為後世當地人士爭執的問題。依作者的研究,武侯自撰的〈出師表〉中,清楚地說:「臣本布衣,躬耕於南陽,苟全性命於亂世,不求聞達於諸侯」,他躬耕之地為南陽,應為不易之定論。但是,當時的襄陽是知名的知識分子薈萃之地,因此他不時到襄陽,訪問這些學人,這也是不易之定論。武侯和這批知名學人相往來,有下列諸事可證:

其一,習鑿齒《漢晉春秋》,所載如下:

　　諸葛孔明為臥龍,龐士元為鳳雛,司馬德操為水鏡,皆龐

德公語也。德公襄陽人，孔明每至其家，獨拜床下，德公初不令止，德操嘗造德公，值其沔上（沔為漢水之另一名詞）祀先人墓，德操徑入其室，呼德公妻子從速作黍，徐元直向云有客當來就我，與德公譚，其妻子皆羅列拜於堂下，奔走供設。須臾，德公還，直入相就，不知何者是客也？德操年小德公十歲，兄事之，呼作龐公。……德公

圖 4：龐德公

子山民，亦有令名，娶諸葛孔明小姊，……早卒。……統德公從子也，少未有識者，惟德公重之。年十八，使往見德操，德操與語，既而歎曰：德公誠知人，此盛德也。

其二，《魏略》：

孔明在南陽，同縣龐德公有重名，司馬徽兄事之。娶孔明小姊（娶字上應有「子山民」字樣），夫妻相敬如賓。孔明每至其家，獨拜床下，德公初不令止。其從子統，少時樸鈍，惟德公與徽重之，德公嘗謂亮為臥龍，統為鳳雛，徽為水鏡。

　　由此可知武侯在躬耕之餘，常與這批名士往來。桓靈失政，宦官專權，百姓視政府褒貶如糞土，名士一言，反能增高身價。此風早已形成，如陳蕃、郭太等名士，都是被人爭取稱許的對象。龐德公望重當時，其所稱許的，身價十倍，武侯與龐統等知名度之高，當與德公之稱許有密切關係。我們讀了上述兩段記載，可

以理解這些學人的交往，脫略形式，不拘小節，誠足令人嚮往。

學術基礎

武侯是什麼家？後人頗有不同的看法。有人從他信賞必罰，用法嚴峻這一方面看，稱為法家。妄人王芸生則認武侯為法道合抱之流。其實武侯是儒家，早有定論。孔聖文廟的兩廡，列首位者即為武侯，此其明證。

依作者的研究，古代儒家，分在朝與在野兩派。周公是儒的鼻祖，他的《周官》，是當時體國經野的大法，他是政府的負責行政當局，他非常注重禮。禮的範圍甚廣，禮教、禮俗、禮制、禮法等，都包括在內。周公固然非常重禮教，那就是以教育來教人為善；但是教而不善的怎樣辦呢？那就非法律制裁不可。故《周官》中，凡有法令，一定要向民眾詳細解釋，孰者應為，孰者不應為，但是更重視「不信者刑之」，每一法令之下，必有此語。足證原始儒家是教與刑並重的。

儒家到了孔子，曾任魯司寇，他以言詭而辯等罪名，誅少正卯，少正卯充其量不過是一個偽君子，但孔子誅之，足證孔子對於原始儒家教刑並重的意義，還是身體力行的。但孔子周遊列國，不能得志，退而教育弟子，乃專重教人為善。其後的孔門弟子，任公務員者極少，於是專重教人為善，作者稱之為在野儒家，當時不為世重。如漢高祖專以侮辱儒家為快事，便是一例。但自叔孫通定朝儀，皇家始知儒家對政治原也有所裨益，逐漸改變觀念。

自董仲舒上〈天人三策〉，儒家在政治上始漸抬頭。至武帝而定儒家為一尊，於是儒家的經典，遂成為知識分子的必讀書籍。武侯生長於東漢之季，浸淫於儒家學說之中，這是必然的。因此，武侯的思想基礎，是儒學，更無可疑。漢帝之開始受在野儒家學

說影響最深的，當推元帝。元帝為太子時，常引在野儒家之說，向其父宣帝諍諫。宣帝說：「亂天下者必太子也，漢家自有法度，本雜王霸而用之。」所謂王道就是教人為善的仁政，所謂霸道，就是以法律裁制為惡之徒。王霸雜用，也就是周公禮教與禮法並重之原意。

　　但是，儒家學說，到了東漢，逐漸流為注疏派，也就是重於尋章摘句的解釋，自馬融而至鄭玄，注疏更為流行。其法重在死記和背誦。武侯同窗諸名士，如石廣元、孟公威、徐元直皆如此學習，但武侯則獨觀其大略。《魏略》云：

　　　　諸葛亮在荊州，以建安初，與潁川石廣元、徐元直，汝南孟公威俱游學。三人務於精熟，而亮獨觀其大略，每晨夕，從容抱膝長嘯，而謂三人曰：卿三人仕進，可至刺史郡守也。三人問其所至，亮笑而不答。

　　從這一段記載中，我們可以理解下列各點：其一，武侯在建安初，已至荊州；他在荊州，雖然耕種自給，但仍繼續研究學問，他所注意的是經世安民之學，不是尋章摘句之學；其二，他身在山林，心寄廊廟，所謂「苟全性命於亂世，不求聞達於諸侯」，是他的飾詞。這是我國傳統學人的本色，正如孟子所說：「達則兼善天下、窮則獨善其身」的精神。他是在紛亂中，增強自己的學識，以備後日的用世。他的抱膝長嘯，嘯的是什麼？《魏略》並沒有說明，但是從別的資料中，我們理解他長嘯的是〈梁父吟〉。《三國志》卷三十五〈諸葛亮傳〉說：

　　　　玄卒，亮躬耕隴畝，好為〈梁父吟〉，身長八尺，每自比於管仲樂毅，時人莫之許也。惟博陵崔州平、潁川徐庶、元

直，與亮友善，謂為信然。

從這一記載中，我們可以理解下述各點：其一，他好為〈梁父吟〉；其二，他躬耕南陽，不是隱居，而有澄清世事的大抱負，這段時間，是他充實學力識見的階段；其三，他的抱負是以管仲、樂毅為榜樣，管仲佐齊桓公成霸業，他治齊是悉照《周官》一書中的辦法，管仲非法家而是儒家，詳見拙著《中國十大政治家》中的〈管仲〉一文。樂毅佐弱小之燕，聯五國之兵，進攻齊國，下七十餘城，是一個軍事家而兼外交家。由此，足以說明武侯之躬耕隴畝，不是真的過隱居生活，而是修養學術，備供世用。

所謂〈梁父吟〉，到底是一首怎樣的可歌之曲？根據《樂府詩集》謝希逸的〈琴論〉：「諸葛亮作〈梁甫吟〉」。又〈陳武別傳〉：「武遂學泰山〈梁甫吟〉」；又據李勉琴說：「曾子耕泰山之下，天雨雪凍，旬月不得歸，思其父母，作〈梁山歌〉」。梁甫本為山名，在泰山下，當時的〈梁父吟〉，是思親葬歌之類，武侯當不歌此。《諸葛亮文集》載有〈梁父吟〉，是描寫晏子用兩個桃子除去三個勇士的故事。此歌是否可靠？有問題，原歌云：「步出東城門，遙望蕩陰里。里中有三坟，纍纍正相似。問是誰家冢？田彊古冶子。力能拔南山，文能絕地理。一朝被讒言，二桃殺三士，誰能為此謀，國相齊晏子。」這是武侯的述志的自度曲，以古調歌之。由此可知，武侯也以晏嬰為模範人物，孟子有「晏子以其君（齊景公）顯」語，此亦武侯在野時之志也。實際上武侯所讀之書，不限於經史，諸子百家，無不揣摩而得其精義。《文集》中有〈論諸子〉一篇，讀之便知。

武侯對於兵法的專攻，曾經下過苦工夫，我們試看《仙鑑》一書中的一段記載：

司馬徽謂亮曰：「以君之才，當訪名師，益求學問，汝南靈山酆公玖熟諳韜略，余嘗過而請教，如蠡測海，盍往求諸？」引亮至山，拜玖為師。居期年，奉事惟謹，玖知其虔，始出《三才秘籙》、《兵法陳（同陣）圖》、《孤虛相望》諸書，令揣摩研究。百日，玖略審所學，皆能致其奧妙，謂曰：「方今天運五龍，非有神力者不能濟弱於斯時也。」亮問五龍之說，酆公曰：「秦漢之時，五龍變現，如嬴秦為白，呂秦為黑，項王為蒼，漢高為赤，漢文夢黃龍之瑞，光武膺赤伏之符，故兩漢互尚黃赤，及今漢祚欲終，火土垂絕，雖餘焰未息，復當流之於西，稟金而王。孫堅修漢諸陵，乘土之德，故獅鬼創業於江左。與火土為仇難者，水也：曹操已定北方，木繼水而生，其子有青龍之祥，火襲木而王，其後有二火之讖也。」亮曰：「操為國賊，權為竊命，亮當此亂世，則惟退隱躬耕，養志樂道。」公曰：「不然，抱此材器而不拯救斯民，非仁者之心；然出處以正，劉備漢室之胄，子如一出為輔，則可成立矣。」亮問：「關張輩何如？」公曰：「羽是解梁老龍，飛是涿州玄豹，雲乃常山巨蟒，竺乃東海壽麋，其後復有襄陽鳳雛，長沙虎母，西涼駒子，天水小龍，皆子之良佐使也。南郡武當山上有二十七峰、三十二岩、二十四澗、峰最高者曰天柱、紫霄。二峰間有異人曰北極教主，有琅書、金簡、玉冊、靈符。皆六甲秘文，五行道法。吾子僅習兵陳，不喻神通，終為左道所困。」遂引至武當拜見，惟令擔柴汲水，採黃精度日。居既久，方授以書，遣下山行世。至靈山，酆公已北回覆命，復尋教主，亦不在。……始悟神人指點，自負不凡。司馬徽見之，改容曰：真第一流也。

上面這一段記載，充滿著神秘的氣味，這也不足為奇的。因為漢代的今文經學家，逐漸流於讖緯五行神秘之說，道教流行，信者亦多，例如淮南王好讀仙經，服食練氣，以求長生；賢如張子房，晚年竟辟穀學仙。張良之學仙，可能是避漢高祖之誅戮功臣，但亦可見其時道教仙術之流行。我們讀這一段文字，應該注意武侯在建安初以後的十餘年中，不但訪師求友，而且兩度訪求兵學名師，苦學兵法。他學問之廣，心得之深，是具體的事實。

由上所述，可知武侯治學，以儒學為中心，旁及諸子百家與兵學。儒家的中心思想是修己治人，其步驟是誠意、正心、修身、齊家、治國、平天下。這裡所稱的國是封建諸侯，與後世的國家觀念不同。武侯自己人格高尚，品行端正，雖漢室已衰，但他仍忠於漢家，其志絲毫不能動搖。儒家為政以養民、愛民、富民、教民為本，武侯執政以後，完全遵照這些原則施行的。不但自己重人格修養，對同僚與子孫，也都本此等原則來期望他們和勗勉他們的，試讀他的〈誡子書〉：

> 夫君子之行，靜以修身，儉以養德，非澹泊無以明志，非寧靜無以致遠。夫學須靜也，才須學也，非學無以廣才，非志無以成學。淫慢則不能勵精，險躁則不能治性。年與時馳，意與日去，遂成枯落，多不接世，悲守窮廬，將復何及！（《太平御覽》卷四百五十九）

又〈誡外生（甥）書〉云：

> 夫志當存高遠，慕先賢，絕情欲，棄疑滯，使庶幾之志，揭然有所存，惻然有所感。忍屈伸，去細碎，廣咨問，除嫌吝，雖有淹留，何損於美趣，何患於不濟。若志不強毅，

意不慷慨，徒碌碌滯於俗，默默束於情，永竄伏於凡庸，不免於下流矣！（《御覽》卷四百五十九）

其兄諸葛瑾事東吳，東吳令瑾子恪典主糧穀，武侯憂之，乃與陸遜書云：

家兄年老，而恪性疏，今使典主糧穀，糧穀軍之要最，僕雖在遠，竊用不安。足下特為啟至尊轉之。

由此，可知武侯對親故訓誡之忱，實皆夫子自道耳。

對於僚屬，武侯也盡了他教導之職，而悉本儒說。如〈與張裔書〉：「去婦不顧門，妄韭不入園。以婦人之性，草萊之情，猶有所恥，想忠壯者意何所之？」（《御覽》卷九百七十六）如黜來敏云：「將軍來敏對上官顯言：新人有何功德而奪榮資與之邪？先帝之無所禮用。後劉子初（劉巴字）選以為太子家令，先帝不忍拒也。後主即位，吾闇於知人，遂復擢為將軍祭酒，……自謂能以敦厲薄俗，帥之以義。今既不能表退職，使閉門思過。」（《蜀書·來敏傳》裴注引）又勸將士勤攻己過云：「大軍在祁山箕谷，皆多是賊，而不能破，反為賊所破者，則此病不在兵少也，在一人耳，……如今已後，諸有忠慮於國，但勤攻吾之闕，則事可定，賊可死，功可蹻而待矣。」（《蜀書·亮傳》裴注引《漢晉春秋》）又武侯為丞相，開府，辟蔣琬為東曹掾，琬固辭，因與書曰：「思惟背親捨德，以殄百姓，眾人既不隱於心，實又使遠近不解其義。是以君宜顯其功舉，以明此選之清重也。」（《蜀書·蔣琬傳》）孟子說：「禹聞善言則拜」，武侯之於僚屬，不但勗以忠義，且冀其「勤攻己過」，都本於儒家之說。又武侯成婚，獨娶黃承彥之女，奇醜無比，重德不重貌。亦足說明武侯之修養悉本儒家。

三顧茅廬與定計獻策

　　武侯的修養，在政治上首先運用者是隆中對策。《三國演義》有徐庶走馬薦諸葛一段，是把史實弄錯了。薦諸葛者實為司馬徽。而武侯入劉備幕中時，實與徐庶共事。不錯，徐庶也是先侍劉備，亦曾向劉備舉薦武侯。《魏略》云：「徐庶名福，與同郡石廣元相親愛。初平（獻帝初期的年號），中州兵起，乃與韜（廣元名）南客荊州，到又與諸葛亮特相善。」《蜀書・諸葛亮傳》亦云：「時先主屯新野，徐庶見先主，先主器之，謂先主曰：『諸葛孔明者臥龍也，將軍豈願見之乎?』先主曰：『君與俱來。』庶曰：『此人可就見，不可屈致也。將軍宜枉駕顧之。』由是先主遂詣亮，凡三往乃見。」由是，可知司馬徽薦武侯於前，而劉備未暇往訪，促成劉備三顧茅廬者，實為徐庶。

　　劉備既見武侯，乃屏退左右，促膝長談。劉備問諸葛亮「計將安出」，諸葛乃分析當時的形勢，指出：曹操勢大，不可與爭鋒，孫權坐擁江東，已歷三世，可以為援而不可圖，荊州據漢沔可作根據地；益州險塞，劉璋惛弱，可取為後方基地。「跨有荊益，保其岩阻，西和諸戎，南撫夷越，外結好孫權，內修政理，天下有變，則命一上將，將荊州之軍，以向宛、洛，將軍身率益州之眾，出於秦川。……誠如是，則霸業可成，漢室可興矣。」這便是所謂隆中對策，是武侯為劉備開創基業的大政方針，而以興復漢室為其終極目標，這是出處進

圖5：襄樊・三顧堂

退的正道。劉備雖有澄清天下
的大志，但他既不懂軍事，又
不識天下大勢，更談不到具體
的實行計畫。武侯的一番議論，
真是聞所未聞，於是大加賞識，
「與亮情好日密」，關羽、張飛
等不悅，先主解之曰：「孤之有
孔明，如魚之有水也，願諸君
勿復言。」(〈亮傳〉) 由此可知
劉備之如何重視武侯了。

圖6：襄樊・古隆中

　　但是劉備既見諸葛亮以後，即赴新野前線，武侯似乎並未偕
行。後來敗至樊城，武侯始至軍中獻策。此在《魏略》的記載中
可以證之。《魏略》說：

　　劉備屯於樊城，亮知荊州次當受敵，而劉表性緩，不曉軍
　　事。亮乃北 (似應為南字) 行見備。備與亮非舊，又以其
　　年少，以諸生齒待之。坐集既畢，眾賓皆退，而亮獨留，
　　備亦不問其欲言。備性好結毦，時適有人以髦牛尾與備者，
　　備因手自結之。亮進曰：「明將軍當復有遠圖，但結毦而已
　　耶？」備知亮非常人也，乃投毦而言曰：「是何言與？我聊
　　以忘憂耳！」亮遂言曰：「將軍度劉鎮南 (表) 孰與曹公？」
　　備曰：「不及」。亮又曰：「將軍自度何如也？」備曰：「亦不
　　如！」曰：「今皆不及，而將軍之眾；不過三千人，以此待
　　敵，得無非計乎？」備曰：「我亦憂之，當若之何？」亮曰：
　　「荊州非少人也，而著籍者寡，平居廢調，則民心不悅；
　　可語鎮南，今國中凡有遊戶，皆使自實，因錄以益眾可也。」
　　備從其計，故眾遂彊。由是知亮有英略，乃以上客待之。

由此，可知劉備在三顧茅廬得聞隆中對策，雖十分欽佩，但仍以武侯為年少書生，未予重視；及樊城獻策，始知這個青年，不是紙上談兵的等閒之輩，乃益加重視。但是曹兵南下，劉表憂死，武侯建議劉備攻劉琮以取荊州，而備以「不忍心」卻之，這是隆中對策的第一個挫折。

劉備不乘劉表之死而取荊州，也有他的道理。《資治通鑑》卷六十七《漢紀》五十七，有如下的一段：

> 九月（建安十三年，西元208年），操至新野，琮（劉表次子）舉州降。……時劉備屯樊，琮不敢告，備久之乃覺，遣所親問琮，琮令宋忠詣備宣旨。時曹操已在宛，備乃大驚，謂忠曰：卿諸人作事如此，不早相語，今禍至方告我，不太劇乎！引刀向忠曰：「今斷卿頭，不足以解忿，亦恥丈夫臨別復殺卿輩。」遣忠去。乃呼部曲共議，或勸備攻琮，荊州可得。備曰：「劉荊州臨亡，託我以孤遺，背信自濟，吾所不為，死何面目以見劉荊乎？」備將眾去，過襄陽，駐馬呼琮，琮懼，不能起。琮左右及荊州人都歸備，備辭表墓，涕泣而去。

我們細讀這一段記載，可得而言者，有下列數點：其一，劉備是在公人格與私人格之間，深相矛盾，他重視劉表對他託孤，不攻劉琮取荊，這是私人格，我們不能加以訾議；但他卻有虧於公人格。劉表之託孤，是要劉備輔佐劉琮，保有荊州，這是公人格。劉琮降曹而劉備不知，這一點，他已負劉表之託孤了。他的一哭、一走了之，無法推卸責任，同樣不能見劉表於地下的。其二，實際上他有公私兩全之計而不知道，而不能行。

何謂公私兩全之道？我們試一考察當時主張投降曹操的只有

少數荊州將士，只有章陵太守蒯越及東曹掾傅巽等極少數人，劉表所寵信的後妻之弟蔡瑁、外甥張允，手握水軍大權，並無具體表示，忠於劉表父子的王威、文聘等都不願降曹，劉琮左右及荊州人之歸向劉備者更多，可知備在荊州，頗得人望；劉琮見劉備懼不能起，足證其對琮頗有威望。如果他在劉琮懼而不起的時候，厚撫之，使仍牧荊州，天下孰有議劉備為不義者乎？劉備既挾劉琮以發號施令，蔡瑁、張允能稱兵為亂乎？忠於劉表父子以及善於劉備者，皆來聽命，是劉備一舉而兩全公私人格，且能定荊州大局以告慰劉表於地下，豈不兩全？

其三，當前的大事，是定荊州以抗曹操，劉備能定荊州，得荊州倉廩之積以禦曹，勝敗之數，正未可知，禦曹成功，備必威震天下，琮敢不從命？則琮雖仍為荊州牧，亦何殊於劉備自任？即使備效周公輔成王的舊例，還政於琮，琮也不敢違劉備之意也。所謂「乃呼部曲共議，或勸備攻琮」，其中必有武侯的建議，但是劉備既拘小節，成見甚深，諸葛亮也無法深言；足證其時劉備，對武侯尚不能言聽計從，武侯亦以交淺不便深言避之，劉備不能有襄樊，遂也不能有江陵。「操以江陵有軍實，恐劉備據之，乃釋輜重，⋯⋯將精騎五千急迫之，一日一夜行三百餘里」，曹操如此重視江陵，而劉備輕棄之，武侯也一籌莫展，真是英雄無用武之地。劉備經此大挫折，只好棄輜重與從屬，東就關羽、劉琦於夏口，其勢益弱，其危益甚。劉備至此，實際上只有東連孫權的一條路好走，這是武侯隆中對策的第二步。

江州會談與鼎足之形

遊說孫權，促成孫、劉聯曹，是武侯修養第一次在政治上的表現。

江東孫權,不是一個簡單的人物。從黃巾之亂開始,孫堅即在江東地區割據為雄,甫成氣候而卒,子孫策繼之,略加恢宏而亦早卒。孫權繼長江東,亦有雄才大略。江東未受黃巾之亂,故淮泗間的智能之士,都歸於孫權幕中,人才稱盛,本文暫不提及。孫權的雄圖,北拒曹操,西以荊州為擴充地盤的目標。故曹操南攻荊州,孫權最為關切。荊州如被曹操所占領,則孫權有兩面受敵的危機。當時孫權的勢力圈,北方盡及巢湖南岸,合肥、壽州均在曹操的掌握;他西方的勢力達江州一帶為止,江州即今之九江。歷代以金陵為帝都者,北必須控制合肥、徐州,西必須控制陽夏、江陵與襄樊,否則形勢殘缺,安全堪虞。劉表好名而不重實際,故孫權以囊中物視之,及劉表卒,曹操長趨南下擁有襄樊,且又襲據江陵,成為江東之大患。因而在曹操南下之際,魯肅即向孫權建議,自告奮勇的到荊州去,想做兩件事:其一,是探視劉表與劉備的關係,如果彼此融協,則與結盟好,共禦曹操;其二,如果他們不融洽,則結好劉備,要他善撫表眾,與東吳共拒曹操,備如從命,則天下可圖。所以魯肅之銜命赴荊州,是不懷好意的。

可是,魯肅之赴荊,是慢了一步。他剛到夏口,操已向荊州;剛到南郡,劉琮已降,劉備則南走當陽。魯肅乃在當陽與劉備相見。他問劉備的動向,劉備詭稱要到蒼梧,去投吳巨太守。肅乃遊說劉備,不宜遠走荒僻,應與擁有六郡、兵精糧足的孫權聯好,共治曹操。其實這正是劉備的預定計畫,當然樂從魯肅之議。魯肅又與諸葛亮攀交情,自稱是亮兄諸葛瑾之友,因而定交。劉備乃東至樊口,以便與孫權聯合。

曹操既得江陵,順長江而下,遺書孫權,施以恫嚇,實則首當其衝者仍為劉備。武侯乃向劉備進言,「事急矣,請求救於孫將軍。」於是諸葛亮奉使東吳,與魯肅同見孫權於柴桑,展開他舌辯

的才能。諸葛亮了解孫權乃發號施令的一方之主，自有其尊嚴，絕不肯居於人下，故不言孫、劉結合抗曹之議，而先問孫權對曹操之來攻，將作何打算？他用的激將法。他說：

> 海內大亂，將軍起兵江東，劉豫州收眾漢南，與曹操共爭天下。今操芟夷大難，略已平矣，遂破荊州，威震四海，英雄無用武之地，故豫州遁逃至此，願將軍量力而處之。若能以吳越之眾與中國抗衡，不如早與之絕；若不能，何不按兵束甲，北面而事之。今將軍外託服從之名，而內懷猶豫之計，事急而斷，禍至無日矣。（《資治通鑑》卷六十五《漢紀》五十七）

　　武侯這一番話，是針對孫權的心理弱點，「何不……北面而事之」，這句話有輕視之意，這是孫權所受不了的。再加上「外託服從之名，而內懷猶豫之計」，是直截了當的說明他的心事，而以「禍至無日」來加以警告，分明是激怒孫權，要他自己道出與劉備聯合拒曹之意，是他自求生存，不是救助劉備，這是遊說的上等說詞。

　　果然孫權中計了，他略含諷刺意味的說：「誠如君言，劉豫州何不遂事之乎？」諸葛亮索性把劉備抬得高高的：「田橫齊之壯士耳，猶守義不辱，劉豫州王室之胄，英才蓋世，眾士慕仰，若水之歸海；事之不濟，此乃天也，安能復為之下乎？」他這一把劉備抬高，提醒了孫權，只有和劉備聯合，才可以抵抗曹操，但孫權對劉備有沒有力量可和孫權聯合作戰，擊敗曹操，仍存疑問。因此孫權勃然地說：「我不能舉全吳之地，十萬之眾，受制於人，吾計決矣，非劉豫州莫可以當曹操者，然豫州新敗之後，安能抗此難乎？」孫權的態度，完全在諸葛亮預計之下發展著，他初步的遊

說，完全成功了。在那個時候的形勢之下，孫權不抵抗曹操則已，如果要抗曹操，只有劉備可以聯合，但劉備新敗，是否還有力量可以作孫權的臂助？的確也是一個實際的問題。於是諸葛亮在軍事形勢和雙方的實力作分析，來鼓勵孫權的決心。

他先從劉備的實力加以解釋。他說：「豫州軍雖敗於長阪，今戰士生還者及關羽水軍精甲萬人，劉琦合江夏戰士，亦不下萬人」，表示劉備的實力，尚可一戰。次就曹軍加以分析，他說：「曹操之眾，遠來疲敝，聞進豫州，輕騎一日一夜，行三百餘里，此所謂強弩之末，勢不能穿魯縞者也。……且北方之人，不習水戰；又荊州之民附操者，偪於勢，非心服也。今將軍能命猛將，統兵數萬，與豫州協規同力，破操軍必矣。操軍破，必北還，則荊吳之勢強，鼎足之形成矣。」「鼎足之形」，並不是隆中對策重要目標，劉備不能定荊州以抗曹操，故諸葛使吳，提出鼎足之形作為漢室統一之過渡時期。

但是東吳內部，實分主和主戰兩派，孫權之猶豫不決，便是由於兩派主張不一致的關係。主和派的首要是張昭，主戰派之首要為魯肅與周瑜，魯肅而且是堅決主張聯劉拒曹的。曹操自長江上游順流而下，迫降孫權，於是主和派又大放厥辭了。張昭說：「將軍大勢可以拒操者長江也。今操得荊州，奄有其地，劉表治水軍，艨衝鬥艦，乃以千數，操悉浮以沿江，兼有步兵，水陸俱下，此為長江之險，已與我共之矣。而勢力眾寡，又不可論。愚謂大計，不如迎之。」所謂迎之，那就是向曹操投降，此在孫權心理上當然一百個不高興，但是「長江之險，已與我共」、「勢力眾寡，又不可論」，卻也是事實。

魯肅獨不以為然，他向孫權說，他可投降曹操，累官仍不失州郡，「將軍迎操，將安所歸乎？」這句話擊中了孫權心理的要害，他因勸孫權「早定大計，莫用眾人之議」，他建議可與周瑜計議。

據說孫策有遺言：內事不決問張昭，外事不決問周瑜，所以張昭發言極有效力，但此為外事，周瑜的發言力量當更強，魯肅力窮，乃引周瑜為助。周瑜時任東吳的水軍都督，是最強硬的主戰派。周瑜首先把孫權捧了一番。他說：「將軍以神武雄才，兼仗父兄之烈，割據江東，地方數千里，兵精糧足，英雄樂業，當橫行天下，為漢家除殘去穢，況操自送死，而可迎之邪！」他又解釋曹操有後顧之憂，「北土未定，馬超韓遂在關西，為操後患」；他又指出曹操捨長用短，棄鞍馬，用舟楫，又當冬寒，馬無藁草，驅中國士眾，遠涉江湖，不習水土，必生疾病，「將軍擒操，宜在今日」。有周瑜撐腰，孫權膽子大多了，拔刀砍案桌曰：「諸將吏敢復有言迎操者與此案同。」大政方針，至此始決，武侯使吳，已完全成功。

　　但孫權心中仍然有些害怕，夜間復與周瑜計議。周瑜分析曹操的兵力，絕對沒有八十萬，所將中國兵不過十五、六萬，且已久疲；所得表眾亦僅七、八萬，尚懷狐疑，他只要精兵五萬，自足破之。其實江東兵還不足此數，先得三萬人，周瑜率兵西進，與劉備併力拒操，以後便發生赤壁之戰，曹兵大敗，兼以疾疫，死者甚多，狼狽北遁，孫、劉聯軍追至南郡，並破鎮守江陵的曹兵徐晃、曹仁所部與鎮守夷陵（宜昌）的樂進所部。惟孫權攻合肥與張昭攻當塗皆不克。劉備則以劉琦任荊州刺史，收復南郡、武陵、長沙、桂陽、零陵等郡。「荊吳之勢強，鼎足之形成」，諸葛亮的初步計畫，完全成功。劉備至此，始知諸葛亮不是紙上談兵的書生，乃授以軍師中郎將之職，使督三郡，調賦稅以充軍實。劉備自此，始有若干根據地，但與曹操與孫權相較，仍然是最為弱小的。直到劉琦病卒，劉備始領荊州牧，備亦表權領徐州牧，權則以荊州江南地酬劉備。備營於油口，改稱公安。

圖 7：劉　備

劉備入蜀與魏吳聯合

　　隆中對策次一步是西取益州，但是大局初定，而且還得不到藉口。時機終於到來，那就是益州牧劉璋派法正、張松結好於劉備，歡迎劉備進入巴蜀，劉璋是一個沒有什麼主張的人，他不過承其父劉焉之緒而為州牧，初不是他自己開創的基業。當曹操猖狂於荊州時，劉璋懼，派張松為代表，向曹操致敬。張松是益州的糧紳，稱得上是蜀中第一人才。但其時任劉璋別駕，人短小，貌頗不揚，放蕩不拘，但「識達精果，才具頗高」，故曹操不看重他，楊脩薦之，亦不理，故張松怨操，抑鬱返蜀。會曹操將攻漢中，張魯西攻蜀，松與扶風人法正都向劉璋建議，迎劉備入蜀，以禦曹操，演義小說所稱張松獻地圖者，即指此事，這是建安十六年，西元 211 年的事，張松對劉璋的建議是這樣的：

　　曹公兵彊無敵於天下，若因張魯之資，以取蜀土，誰能禦之者乎？璋曰：吾固憂之而未有計。松曰：劉豫州，使君之宗室而曹公之深讎也，善用兵，若使之討魯，魯必破，魯破，則益州強，曹公雖來，無能為也。（《蜀書》二〈先主傳〉）

　　劉璋同意他的看法，乃遣法正將四千人，張松為代表，歡迎劉備入巴蜀，賂遺以巨萬計。在隆中對策，對張魯只提過「張魯在北」的一句話，從武侯兩路北伐的計畫，漢中是必取的根據地；

不過巴蜀未定，此時言收取漢中，自屬言之尚早。但是得到可以
入巴蜀的機會，自然不肯放棄的，我們試看《吳書》的記載：

> 備前見張松，後得法正，皆厚以恩意接納，盡其殷勤之歡。
> 因問蜀中闊狹（應作阨），兵器、府庫、人馬眾寡，及諸要
> 害道里遠近，松等具言之，又畫地圖山川處所，由是盡知
> 益州虛實也。

　　劉備乃留諸葛亮、關羽、張飛、趙雲等守荊州，自率龐統、
黃忠等入蜀，號稱大軍三萬，實僅八千餘人耳。劉璋親自至涪相
迎，張松令法正、龐統於會所殺劉璋，劉備主持重，因此失去襲
據益州的機會。會曹操攻孫權，權告急於劉備，備以張魯為自守
之賊，不如救孫權之重要，乃又東下，備求璋軍與糧，皆給半數，
備心不樂。張松勸劉備勿去，其兄肅任廣漢太守，恐禍及己，乃
舉發，劉璋乃殺張松，通令關隘阻劉備軍。於是棄好成仇，以兵
戎相見，劉備力薄，諸葛亮乃率張飛趙雲等援備，留關羽守荊州。
此為日後荊州失陷之張本，為隆中對策之重大挫折。
　　建安十九年，劉璋出降，劉備定益州。二十年，曹操定漢中，
張魯遁巴西，曹軍遂由漢中侵入蜀東北宕渠等地，但逐一被劉備
軍所擊敗，乘勢進攻漢中，殺曹操大將夏侯淵，漢中全入劉備掌
握，曹軍只好退至秦嶺以北。這是劉備的極盛時期，曹操也懼怕
他三分。
　　孫劉本結盟好，孫權為了固結劉備的關係，還把他的親妹嫁
他做續弦夫人，把荊州部分地區，分給劉備，讓他有一個比較好
的基地。這仍是孫劉聯合拒曹的政策之延長。可是劉備在公安，
以諸葛亮掌理政治與賦稅，兵勢日強，開始有些顧忌，及劉備定
益州，又得漢中地區，孫權的懼意加強，因向劉備索還荊州，劉

備表面上並不拒絕，但是提出一個條件，要等他把隴西收復之後才還荊州；因此，孫劉之間的裂痕更深。同時，吳、蜀雙方，人事上都有變遷。吳方堅主孫、劉聯合的魯肅，業已去世；蜀方堅主孫、劉聯合的是諸葛亮，劉備在連續勝利，兵勢強盛之時，對於諸葛亮的信任程度，亦已減少，諸葛亮的意見，有時也不重視，諸葛亮也非常謹慎的不作太多的建議，有時候且緘口不言。這正如張良之於劉邦，劉邦在勢窮力竭時，唯張良之言是聽，及其強大，則自行其是，不復向張良諮詢，張良也決不自動作何建議。一方面孫、劉關係將趨破裂，他方面曹操、孫權都對劉備發生顧忌，在這一利害上，他們結合起來，共同對付劉備。他們的目的，是共同向荊州進兵。由曹軍自漢水中游南下打頭陣，荊州守將關羽，悉力對付曹兵，擊敗由襄樊南下之曹兵，洛陽為之震動；而孫權部隊，則由呂蒙統率，假扮商人模樣，白衣渡江，潛入荊州，唾手而得，關羽兩面受敵，遂致敗亡，荊州之失，是隆中對策的大挫折，也是興復漢室的大失敗。

　　但是更大的失敗，是劉備親率大軍，以為關羽報仇為名，大舉伐吳，全軍覆沒，他自己也憂憤而死於白帝城。這也是歷史上著名的一次戰役，所謂「猇亭之戰」便是，亦即《三國演義》所說的陸遜火燒連營七百里。這是蜀漢昭烈帝章武元、二年（西元221～222年）間的事。先是，建安二十四年（西元219年）劉備克漢中，被擁戴為漢中王，是年獻帝卒，曹丕廢獻帝，自稱文帝，改元黃初，故翌年劉備接皇帝位，即蜀漢昭烈帝，改元章武；又翌年孫權亦即帝位，即吳大帝，改元黃武。三國紛爭，至此各即帝位。

　　劉備率大軍東征，實際上是規復荊州，諸葛亮並不是不贊成規復荊州，而認為不是時機。但是那個時候的劉備的決心，不是諸葛亮所能左右，只是歎息地說：「法孝直若在，則能制主上令不

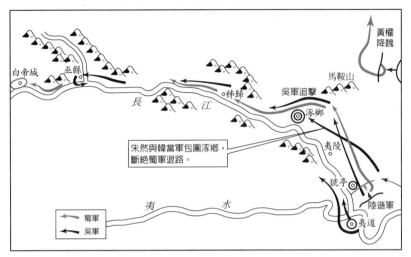

圖 8：猇亭敗戰路線

東行，就復東行，必不傾危矣。」(《蜀書》七〈法正傳〉)，孝直即
法正之字。由此，可知劉備在實力強大以後，對於諸葛亮的意見，
不很重視，諸葛亮也非常識趣，不作無效力之建議，其作風正和
張良相同。

　　關於伐吳必敗之事，葛洪《神仙傳》有一段記載，頗堪玩味，
其說如下：

　　　仙人李意其，蜀人也，漢文帝人。先主欲伐吳，遣人迎意
　　　其。意其到，先主禮敬之，問以吉凶。意其不答而求紙筆，
　　　畫作兵馬器仗數十紙已，便一一以手裂壞之。又畫作一大
　　　人，掘地埋之，便逕去，先主大不喜，便逕去伐吳，大敗
　　　還，忿恥發病死。眾人乃知意其畫作大人而埋之者，即是
　　　言先帝死意。

　　這一記載事涉神仙怪妄之談，我們不足採信。但試與武侯酆

公學兵法一事作聯合研究，可知當時神仙迷信之說與讖緯五行生
剋之說，極為流行，信之者亦眾。葛洪晉人，劉備早已伐吳失敗，
其編造李意其的故事，固自玄其神仙之說，亦「事後有先見之明」
的窠臼。

白帝的託孤與武侯的忠貞

　　劉備自猇亭之敗，遁還巴東的白帝城（改稱永安），愧恨交加
而病篤，後事的託付，仍唯諸葛亮是賴，亮在劉備就帝位時的職
位是丞相錄尚書事。劉備患病是在章武二年十二月。三年二月，
諸葛亮自成都赴白帝，劉備自知將不起，將其子劉禪託孤於亮，
而以李嚴為副，嚴時任尚書令。四月備卒，年六十三。遺詔敕劉
禪說：

> 朕初疾，但下痢，後轉他病，殆不自濟。……但以卿兄弟
> 為念。……丞相歎卿智量甚大，增修過於所望，審能如此，
> 吾復何憂，勉之，勉之。勿以惡小而為之，勿以善小而不
> 為；惟賢惟德，能服於人，汝父德薄，勿效之。可讀《漢
> 書》、《禮記》，閒暇歷觀諸子及《六韜》、《商君書》，益人
> 意智。聞丞相為寫申、韓、管子、六韜一通，已畢，未送
> 道亡，可自更求聞達。（《諸葛亮集》）
> 臨終時呼魯王與語，吾亡之後，汝兄弟父事丞相，卿與丞
> 相共事而已。（同前）

　　由此，可知劉備臨終時神志非常清楚，其望子成龍的心理，
也正是天下父母之所同。只可惜劉禪這塊材料的實際，他並不明
瞭，足證他忙於政治事務而疏於家教和對子弟的接觸。武侯為錄

圖 9: 白帝城

圖 10: 劉備託孤

申韓諸書，「已成未送道亡」，這足以說明武侯的了解後主，反較劉備為深。此等切於政治的實際運用之書，劉禪絕不能理解；但如果落入能夠理解的人手中，那便成為亂源。因此，作者認為「道亡」是武侯的託辭，試問辛辛苦苦抄寫完成的有用之書，豈肯輕易遺失？我們讀了劉備對劉禪兄弟的遺詔，並讀一下唐太宗為其子高宗所撰的《貞觀政要》，都是希望他們的嗣君能繼父業。但以武侯之權傾中外而不能去黃皓，以長孫無忌與褚遂良等勳業與智慧而不制武則天，政治興衰，莫非真的有宿命之存在嗎？

劉備對諸葛亮的託孤，和對兒子們的遺敕，雖然同其惆誠，但卻微有不同。他對諸葛亮說：「君才十倍曹丕，必能安國，終定大事，若嗣子可輔，輔之；如其不才，君可自取。」（《蜀書》五〈亮傳〉）

他的意志，還是非常清楚，並不是臨死前之昏悖，他是借此試試諸葛亮的心意。他和諸葛亮共事垂二十年，莫非他還不了解諸葛亮的人格？不，不是的，他心裡的狐疑，是怕諸葛亮成為權

臣之後，僭移國祚，一如王莽等一些奸徒之所為，此劉備之所以被一般人稱為梟雄也。但是諸葛亮聽到劉備的話，「涕泣曰臣敢竭股肱之力，效忠貞之節，繼之以死」。於是劉備為詔「敕後主曰：汝與丞相從事，事之如父」（同前）。後主建興元年，封諸葛亮為武鄉侯，開府治事。又領益州牧，政無巨細，都取決於武侯，後來武侯北伐，上表後主，其中有「鞠躬盡瘁，死而後已」的話，完全與拜受託孤之命時的話相同。武侯之事蜀漢，是先後一貫，此即所謂出處進退的正道。在我國歷史上，大權在握，代替天子發號施令，但對王位始終無覬覦之心者，只三位大臣，就是伊尹、周公和諸葛亮。他們是權臣，但是以高尚的品德執行大權而無動於衷，那便是歷史上少見的聖臣了。

　　權臣移轉統治權，在我國歷史上有的是例子。王莽創風氣之先，董卓欲篡，未有機會而見殺於呂布。曹操一生假仁假義，完全取法於王莽，他雖然以漢獻帝為傀儡，完全控制了朝政，但忽又效法周文王，本身不篡位，而由其子曹丕實行之。司馬氏之於曹家政權，完全曹操的模式，如法炮製，司馬懿、司馬師、司馬昭均不篡位，而由司馬炎行之。這是司馬氏第三代，荒淫無度，開統一國君未有之先例，以封建防制權臣之出現，但八王之亂，天下大亂，懷愍被俘為奴，亡得最慘。東晉政權偏立於建康，置北方強敵於不顧，而專注全力以防制權臣，祖逖北伐無功，晉政府防其地位增強而移國也。王敦、蘇峻之稱叛，都是東晉嚴密防制所促成，桓溫北伐，既克宛洛與長安，不能不回師以清君側，致功敗於垂成。謝安叔姪在淝水建功後，銳意北伐，亦被裁抑。但東晉政權為劉裕所移，劉宋政權被蕭道成所移。蕭齊政權則被蕭衍所篡，蕭梁政權亦被篡於陳霸先。一線相承，如出一轍，甚矣，聖臣之難於再見也。

　　這裡，我們附帶研究一下所謂正統問題，那就是前後政權銜

接，誰是正統？誰是旁支？是我國歷史家很注意的問題。實際上
這沒有什麼一定的標準，要在史家撰著的立場而定。如《三國志》
的作者，本是蜀人，但長於魏，臣於晉，他以為晉得政權於魏，
魏得政權於漢。故以魏與晉為正統，而以偏視蜀漢。《資治通鑑》
的作者是司馬溫公光，北宋人，北宋得政權於後周，故亦以魏為
正統。朱文公熹是南宋人，他是志在光復中原，故在其《通鑑綱
目》中大書：「莽移漢祚，光武中興；丕廢山陽，昭烈踐祚」，那
是以正統與蜀漢了。清兵入關稱帝，自認為明亡於李自成，清滅
李自成而有天下，非取之於明，而自稱正統。史可法與多爾袞書
力斥之，謂宏光帝為明帝之裔，即位南京，當為正統。

　　作者無意參加這個問題的討論；但是劉備的一切政治措施，
皆遙尊獻帝，如他被推為益州牧，被推為漢中王，都遙向獻帝表
奏，曹丕不廢獻帝為山陽公，劉備必不稱帝，則蜀漢在法理上是
繼承漢室，應無問題。即武侯之佐劉備，以「興復漢室還於舊都」
為職志，亦可作為蜀漢應繼漢室而為正統之佐證，初不因其偏安
而失應有之正統地位。作者是同意蜀漢為正統的。以蜀漢為正統，
有關劉備之敘述，應稱昭烈帝，不應稱為「先主」，為行文便利計，
暫從陳壽與司馬光舊說，在此特作說明。亮表稱劉備為「大行皇
帝」，為「先帝」，稱其去世曰「崩」，稱劉禪為陛下，武侯之志在
興復漢室，此為具體的說明。

先安內部後定南中

　　劉備猇亭之敗，引起了內外交迫的問題。當時的大問題如下：
　　其一，孫權大軍尚在三峽口外，劉備則駐於三峽口內，孫權
懼劉備獲增援後，再行進攻；劉備亦懼孫權溯江進攻。實際上蜀
軍經此挫敗，已無進攻能力，故武侯在白帝城作八陣圖以禦之，

這一情況是孫權不知道的。

其二，孫權既懼劉備反攻，乃派人至南中，散布蜀軍失敗消息，並與南中巨豪聯絡，作為對蜀之夾攻，於是南中皆反蜀。但孫權也知這種功效，並不太大，故遣使向蜀求和，重結盟好。

其三，蜀中得劉備敗耗，漢嘉太守黃元舉兵拒守（章武二年十二月），並乘諸葛亮赴永安的機會，攻臨邛。這真是內憂外患的嚴重時機。

但是，武侯對此，從容應付，毫無困難。與吳結好，本是諸葛亮的基本政策，劉備敗歸，也不反對與吳和好，所以這個最難處理的問題，便輕易地解決了。黃元的問題，本來也可以發生大麻煩，但是武侯治蜀，政治清明，雖刑法峻嚴，但賞罰公平（詳見另節），蜀人咸畏威懷德，所以黃元的反蜀運動，無任何影響，卒為其親兵所縛，送至成都授首。蜀境遂安寧如常，休兵養民，經過了三年的時間，武侯遂有平定南中之軍事行動。

南中之叛，波及今之西康東南部的建昌谷地、雲南東部與貴州等地。《資治通鑑》卷七十《魏紀》二，有下列的記載：

> 初益州郡耆帥雍闓殺太守正昂，因士燮以求附於吳。又執太守成都張裔以與吳，吳以闓為永昌太守。永昌功曹呂凱、府丞王伉率吏士閉境拒守，闓不能進，使郡人孟獲扇諸夷，諸夷皆從之，牂柯太守朱褒、越嶲夷王高定皆叛應雍闓。

按益州郡在今四川晉寧東，蜀改建寧郡；又張裔時任益州太守。永昌郡在今雲南保山。牂柯在今貴州遵義，士燮在黃巾之亂後，據北越自王，孫權遣呂岱定嶺南，燮乃臣吳。由上述的兩段記載，可知當時南中之亂，連及蜀的南部，其中有孫權策動的因素，武侯以新遭兵敗，蜀土粗安，諒彼等尚不致對蜀發生危害，

故暫時隱忍，以休養生息為主。俟士氣可用，乃興兵南征，以完成隆中對策的第三步，作長驅北伐的準備。

武侯南征，分兩路進行，東路由馬忠定牂牁，然後與武侯會師，西路則由武侯親自指揮，由瀘水即大渡河南渡，循大小相嶺，以下建昌谷地，而扞雍闓與孟獲之背。蜀漢時的西疆，以清秋關為重鎮，清秋即今之漢源，漢源以西，仍為藏族所據。史稱武侯南征，服旄牛國，在今漢源縣南，所謂旄牛國，當為藏族所建之部落。史又稱武侯曾遣部將郭達造箭於鑪城，即打箭鑪，今稱康定，為漢藏交易要地。則武侯在南征中曾將蜀的西方疆土擴充至打箭鑪。

武侯南征途中，馬良之弟馬謖，送行甚遠，向武侯建議攻心之計。他說：「南中恃其險阻，不服久矣，雖今日破之，明日復反耳。今公方傾國北伐，以事強賊，彼知官勢內虛，其叛亦速，若殄盡遺類，以除後患，既非仁者之情，且又不可倉卒也。夫用兵之道，攻心為上，攻城為下，心戰為上，兵戰為下，願明公服其心而已。」(《襄陽記》)「服其心」，正是武侯南中用兵的主要原則，因而認為馬謖是一個可用的人才，而忘記了劉備臨終對馬謖的評價：「言過其實，終無大用」，大概他已經看到武侯與馬謖之間的親切關係，故特留此言以警之，但武侯似並未注意，以致後來錯用馬謖而有街亭之敗，為隆中對策最後的大挫折。

武侯南征的攻心戰術，就是對其渠帥孟獲的七擒七縱而遣之，使他心服口服的說：「丞相天威，南人不復反矣。」於是武侯至滇池、益州、永昌、牂牁、越巂四郡皆平，即其渠帥而用之。他特別賞識堅守永昌而拒雍闓的呂凱、王伉，表任呂凱為郡守，封陽遷亭侯，王伉為永昌太守，亦封侯。他的表文是這樣說的：「永昌郡吏呂凱、府丞王伉等，執忠絕域，十有餘年。雍闓、高定偪其東北，而凱等守義不與交通，臣不意永昌風俗敦直乃爾。」(《三國

志》卷四十三《蜀書・呂凱傳》關於南中的善後問題，武侯仍本攻心戰術，不留一兵，不置一吏，有人以為不妥，武侯解釋道：

> 若留外人，則當留兵，兵留則無所食，一不易也。加夷新傷破，父兄死傷，留外人而無兵者必成禍患，二不易也。又夷眾有廢殺之罪，自嫌釁重，若留外人，終不相信，三不易也。今吾不留兵，不運糧，而綱紀粗定，夷漢相安故耳，亮於是悉收其俊傑孟獲等以為官屬，出其金銀、丹漆、耕牛、戰馬，以給軍國之用。自是終亮之世，夷不復反。（《資治通鑑》卷七十《魏紀》二）

武侯五月南征，秋季戰爭結束。「軍資所出，國以富饒」。這一戰，打得漂亮，善後處理更漂亮。我們相信，馬謖即不進攻心之言，武侯也必然採取上述的措置，然馬謖之言，正合武侯心意，馬謖由此更得武侯看重，這真是國家的氣運吧！

北伐與〈出師表〉研究

南中既定，武侯又安兵息民和建設了兩年，自猇亭之敗以後，五年之內，蜀方並無動靜，魏人遂以為蜀再無與魏為敵的力量，全無防禦的準備，初不料五年以後，蜀兵又大舉伐魏，因而朝野震動，徬徨不知所措。

後主建興五年，武侯將北屯漢中，討伐曹魏，特為後主起草一道討魏的詔書：

> 朕聞天地之道，福仁而禍淫，善積者昌，惡積者亡，古今常數也，是以湯武修德而王，桀紂極暴而亡。曩者漢祚中

微，網漏兇逆，董卓造難京畿，曹操階禍，竊執天衡，殘剝海內，懷無君之心，子丕孤豎，敢尋亂階，盜據神器，更姓改物，世濟其凶。當此之時，皇極幽昧，天下無主，則我帝命隕越於下，昭烈皇帝體明叡之德，光演文武，膺乾坤之命，出身平難，經營四方，人思同謀，百姓與能，兆民欣戴，奉順符讖，建易帝號，丕承天序，補弊興衰，存復祖業，膺誕皇綱，不墮於地，萬國未靜，早世遐殂。朕以幼沖，繼統鴻基，未習保傅之訓，而嬰祖宗之重。六合壅否，社稷不建。求惟所以，念在匡救，光載前緒，未有攸濟，朕甚懼焉。是以宿興夜寐，不敢自逸，每崇菲薄，以益國用，勸分務穡，以阜民財，授方任能，以參其聽，斷私降意，以養將士，欲奮劍長趨，指討凶逆。朱旗未舉，而丕復隕喪，斯所謂不然（同燃）我薪而自焚也。殘類餘醜，又支天禍，恣睢河洛，阻兵未弭。諸葛丞相弘毅忠壯，忘身憂國，先帝託以天下，以助朕躬。今授之以旄鉞之重，付之以專命之權，統領步騎二十萬眾，董督元戎，龔行天伐，除患寧亂，克復舊都，在此行也。昔項羽總一彊眾，跨州兼土，所務者大，然卒敗垓下，死於東城，宗族焚如，為笑千載，皆不以義、陵上虐下故也。今賊效尤，天人所怨，奉時宜速，庶憑炎精，祖宗威靈相助之福，所向必克。孫權同恤災患，潛軍合謀，掎角其後；涼州諸國王各遣月氏、康居、胡侯、支富、康桓等二十餘人，詣受節度，大軍北出，便欲將兵馬奮戈先驅，天命既集，人事又至，師貞勢并，必無敵矣。夫王者之兵，有征無戰，尊而且義，其敢抗也？鳴條之役，軍不血刃，牧野之師，商人倒戈。今旌麾首路，其所經至，亦不欲窮兵極武；有能棄邪從正，簞食壺漿，以迎王師者，國有常典，封寵大小，各有品限，

及魏之宗族支葉中外有能規利害、審順逆之數來詣降者，皆原除之。昔輔果絕親於智氏而蒙全宗之福，微子去殷，項伯棄楚歸漢，皆受茅土之虞，此前世之明驗也。若其迷沉不反，將助亂人，不式王命，戮及妻孥，罔有攸赦。廣宣恩威，貸其元兇，弔其殘民，他如詔書律令，丞相其露布天下，使稱朕意焉。（《諸葛亮集》）

這篇討伐曹魏的大文章，是武侯北征的根據。文中首述蜀漢皇室的施政，次述曹魏之罪狀，又次宣布出兵之聲勢與友邦之支援，再次招撫敵方的貴族軍民，曉之以順逆，動之以利害，可以說面面俱到。依作者的研究，武侯共有四篇大文章，即〈草廬對〉、〈前出師表〉、〈討曹魏詔〉及〈後出師表〉，但是很少人提及〈討曹魏詔〉這篇文章，故備錄之以供讀者的參考。沒有這篇文章，則武侯北伐，成為私人的行動，而不是奉命討賊的。這篇文章所述後主的美德，實際上都是武侯「夫子自道」，後主如果真的有此德行，則不為亡國之君了。

武侯北伐，世稱六出祁山，實際上並不如此。真正出祁山者三次，另三次不出祁山，另一次是固守而不是進攻：

第一次是在後主建興六年春，即魏明帝太和二年（西元 228 年），取道祁山，他是建興五年，進駐漢中的。

第二次是在建興六年的冬天，是出散關進圍陳倉，糧盡而退。

第三次是在建興七年，先以陳式攻武都、陰平，武侯自出建威。

第四次是在建興八年，那次是被動的防禦，因魏兵出子午谷攻蜀軍，武侯次於城固、赤坂以待之，召李嚴率兵二萬赴漢中。

第五次是在建興九年，武侯進圍祁山，以木牛為運輸工具，司馬懿始率魏軍與蜀軍戰。

　　第六次是在建興十、十一年，作木牛、流馬，運米集斜谷口，整修驛站。

　　第七次是在建興十二年，武侯率眾十萬，由斜谷出兵，以流馬為運輸工具，進據武功，屯兵五丈原，這是最成功的一次，也是最後一次，是歲武侯卒於軍中，年五十四歲。

　　由上文可知武侯與魏軍戰共七次，守城固一次不計，則為六次。他建興五年離成都而至漢中，直至建興十二年，均在軍中。他在出發之前，便已料到此去與強敵作戰，絕不是短時期內可以解決，故對國事的安排，先作妥善的部署。他念念不忘的是後主的用人行政問題。我們試讀〈出師表〉中的下面一段：

　　　　……誠宜開張聖聽，以光先帝遺德，恢弘志士之氣，不宜
　　　　妄自菲薄，引喻失義，以塞忠諫之路也。宮中府中，俱為
　　　　一體，陟罰臧否，不宜異同。若有作姦犯科及為忠善者，
　　　　宜付有司，論其刑賞，以昭陛下平明之理，不宜偏私，使
　　　　內外異法也。

　　這一段列在〈出師表〉最前面，可知武侯的心事，是深恐後主對宮中不忠不義之人，有所偏私，以亂法度而失人心。其次，武侯特別推薦忠亮死節之臣於後主，使他知道宮中如有問題，應該諮詢什麼人，始可得到完善的處理。〈出師表〉的第二段說：

　　　　侍中侍郎郭攸之、費禕、董允等，此皆良實，志慮忠純，
　　　　是以先帝簡拔以遺陛下，愚以為宮中之事，事無大小，悉
　　　　以咨之，然後施行，必能裨補闕漏，有所廣益。將軍向寵，
　　　　性行淑均，曉暢軍事，試用於昔日，先帝稱之曰能，是以
　　　　眾議舉寵為督。愚以為營中之事，悉以咨之，必能使行陳

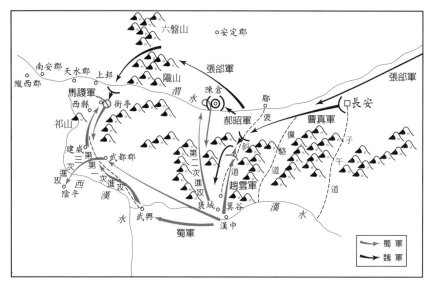

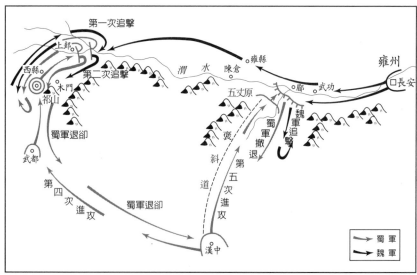

圖 11：武侯北伐路線

和睦，優劣得所。親賢臣，遠小人，此先漢所以興隆也；親小人，遠賢臣，此後漢所以傾頹也。先帝在時，每與臣論此事，未嘗不歎息痛恨於桓靈也。侍中、尚書、長史、參軍，此悉貞良死節之臣，願陛下親之、信之，則漢室之隆，可計日而待也。

最後，他還強調地說：

陛下亦宜自謀，以諮諏善道，察納雅言，深追先帝遺詔，臣不勝受恩感激。

　　由此，可知武侯在長期離成都，作長期北伐之前的顧慮所在，只是深恐後主之措置失當的苦心孤詣。在〈出師表〉中，我們更可以看到武侯北伐的目的，他一開始便說：

今天下三分，益州疲敝，此誠危急存亡之秋也。

這是蜀不可保守，保守必無良果。又說：

先帝知臣謹慎，故臨崩託臣以大事也。受命以來，夙夜憂歎，恐託付不效，以傷先帝之明，故五月渡瀘，深入不毛。今南方已定，兵甲已足，當獎率三軍，北定中原，庶竭駑鈍，攘除姦凶，興復漢室，還於舊都，此臣所以報先帝而忠於陛下之職分也。……願陛下託臣以討賊興復之效，不效則治臣之罪，以告先帝之靈，責攸之、禕、允等之慢，以彰其咎。……今當遠行，臨表涕泣，不知所云。

　　由此，可知在〈出師表〉未上之前，武侯對於北伐成功的信心甚高。〈出師表〉全文中，對後主之責善，對後主舉薦之人才乃至於北伐大計（大事），都出之以先帝之遺意，表示武侯的一切行動，都不是他自己的主張，而是執行先帝的遺志，忠藎之心，溢於言表。昔人曾言讀武侯〈出師表〉而不下淚者，殆為非人，信然。我們更當注意的，是表中特別提到「先帝歎息痛恨於桓靈」，桓靈二帝皆寵信宦官，為東漢亡國的基本因素，意或當時武侯已知後主寵信宦者黃皓，武侯在成都時黃皓尚不能作威作福，武侯遠離成都，後主可能對黃皓放任而為非作歹，所以他對後主諄諄進諫。以武侯當日的權勢，去一黃皓，輕而易舉，但武侯不肯干預後主的宮中生活，他對後主的尊重與忠忱，由此益足證明。

　　〈出師表〉分前後兩篇，〈後出師表〉是他在漢中上的。此表不見於《三國・蜀書》，後人疑非武侯手筆，如蘇東坡便從文字語氣中疑是「齊梁小兒所為」，實亦不然。按此表始見於習鑿齒的《漢晉春秋》，司馬光的《資治通鑑》中採用之。的確，〈後出師表〉中充滿著前途失望的氣氛，但他首先提出的千古名言是：「漢賊不兩立，王業不偏安」的偉大宗旨，但當時情形，與武侯初上漢中時大不相同，此與街亭之敗與李嚴辦事不力等有關。他上第二表時的看法：「不伐賊王業亦亡，與其坐而待亡，孰與伐之。」因此，我們比較前後兩表，前者充滿信心，完全是攻擊勝敵的氣氛；而後者則充分攻勢防禦的氣氛。大家都知道蜀魏交界之區都是山地，其間羊腸小徑的通路甚多，若取守勢，則此種山僻小路，必須擇要戡防，兵分力散，往往救援不及，敵人可集中兵力攻擊一地，因而影響全局；因此，主動出擊，使敵人應接不暇，疲於奔命，這正是制敵而不制於敵的軍事原則，與西方兵學家所謂「攻擊是最好的防禦」的意見完全相合。武侯再上此表，是對當時「議者以為非計（出戰）」的一種解釋。他提出許多坐失機宜的往事，作

為他非主動出擊不可的佐證，他痛苦地說：「自臣到漢中，中間期
年耳，然喪趙雲、陽群、馬玉、閻芝、丁立、向壽、劉郃、鄧銅
等及曲長、屯將七十餘人，突將無前；賨叟、青羌、散騎一千餘
人，皆數十年之內，糾合四方之精銳，非一州之所有，若再過數
年，則損失三分之二，當何以圖敵?」最後他更痛心地說：

> 夫難平者事也。昔先帝敗軍於楚，當此時曹操拊手謂天下
> 已定。然後先帝東連吳越，西取巴蜀，舉兵北征，夏侯授
> 首，此操之失計，而漢事將成也。然後吳更違盟，關羽毀
> 敗，秭歸蹉跌，曹丕稱帝。凡事如是，難可逆見。臣鞠躬
> 盡力，死而後已。至於成敗利鈍，非臣之明所能逆料也。

從這一段文字中，我們可以看到武侯對於「關羽毀敗，秭歸
蹉跌」這兩件事的痛苦之深。這兩篇表文，是至情至性之作，近
時的國文教科書中都被選用，教師曾作普遍的讀者興趣調查，學
生們都一致表示敬佩，老師們的結論是這兩文章永遠考「第一」，
足證武侯忠藎之忱，已深入現代青年的腦海。杜甫詩：「出師未捷
身先死，常使英雄淚滿襟。」實際上武侯上〈後出師表〉時，已決
定以身殉國，「臣敢不竭股肱之力，繼之以忠貞」，竟成讖語，惜哉!

北伐的進軍路線

武侯北伐的進軍路線，實以取道祁山為主。祁山在今甘肅東
南的西和西北。《水經注》云：「漢水北連山秀舉，羅峰競峙，是
即祁山，山上有城，極為嚴固，昔諸葛亮攻祁山，即此城也。」所
謂漢水，有東西之分，東漢水即漢水上游，西漢水即嘉陵江上游
的白龍江，二水之間的分水嶺即嶓冢山，是久經風化的丘陵，比

較平夷而易於翻越的道路。白龍江與渭河之間的分水嶺，也是易於翻越的丘陵。楚漢相爭時，項羽徙封劉邦於漢中，張良把漢中通往散關的棧道燒毀，向項羽表示劉邦無北出的企圖，使項羽不再對劉邦作防禦的部署。其後韓信率漢軍北收三秦，派人修復陳倉棧道為疑兵，而漢軍實取道於故道縣，先取白龍江上游，出其不意，先取渭水上游，項羽無備，三秦旋即底定。故道縣在今陝西鳳縣西北，接兩當縣。故武侯初次出師北伐，取道祁山，使趙雲、鄧芝警戒斜谷為疑兵，與韓信取道故道北伐之意略同。部將魏延對武侯的北伐路線，有不同的意見，魏延主張取道子午谷，攀援秦嶺，逕撲長安，他的理由是這樣的：

> 聞夏侯楙（魏長安守將）主婿也，怯而無謀。今假精兵五千，負糧五千，直從褒中出，循秦嶺而東，當子午而北，不過十日，可到長安，楙聞延奄至，必棄城逃走，長安中惟御史、京兆太守耳。橫門邸閣與散民之穀，足周食也。比東方相合聚，尚二十許日，而公從斜谷來，亦足以達。如此，則一舉而咸陽以西可定矣。（《資治通鑑》卷七十一《魏紀》三）

武侯以為這是「危計」，「不如安從坦道，平取隴右，十全必克而無虞」。按秦嶺南流的溪澗，成自然的交通路線，稱之為谷道，其勢陡急，普通行旅，都視為畏途，尤以子午谷為甚。所謂子午，係兩山夾峙，僅子時與午時可見日月之光。不錯，子午谷正當長安正南，可以經此而直撲長安；但其道過險，自古由秦嶺南麓仰攻，都由武關或散關，從無出子午谷者。魏延假定的條件，是夏侯楙聞延至「必遁」，這是魏延的如意算盤。他以戰兵五千、糧兵五千，從此險道進兵，萬一夏侯楙不走，或夏侯雖走，而魏兵堅

守長安，魏延兵不得入城，則此區區深入的孤軍，除散走外別無他途。故武侯以為「危計」，不予採用，是正確的。

　　但是武侯在初出祁山之後，也有其坐失機宜與任用非人的缺失。所謂坐失機宜，就是他不能把守於新城而有歸蜀之心的孟達，適時予以救援。孟達本是蜀將，以與劉封有隙而降魏，深得魏文帝曹丕的寵信，並與桓階、夏侯尚相親善。及文帝、桓階、夏侯尚相繼去世，達不自安，乃向武侯輸誠，居間為介者是蜀將吳漢。據此，可知孟達守區與蜀兵守區相連。時武侯已在漢中，如果武侯能夠在孟達降意已決，派兵援達，則達絕不在短期間內被司馬懿所消滅。蜀漢若能將秦嶺以南漢水流域收入版圖，增兵源，益軍糧，形勢自有不同。孟達之敗，也有他自己的過失，他給武侯寫信說：「宛（南陽司馬懿防區）去洛八百里，去吾一千二百里。聞吾舉事，當表上天子，比相反覆，一月間也，則吾城已固，諸軍足辦。吾所在深險，司馬公必不自來，諸將來，吾無患矣。」孟達這位馬謖式的兵家，只知其一，不知其二，兵法有云：「將在外，君命有所不受」，老奸巨猾的司馬懿，在他防區附近的衝要地區有事，他何須請示魏帝而後發兵？故孟達舉兵不過八日而司馬懿已親自率兵，來攻孟達。吳漢援達，兵力不足，司馬懿攻城十六日始破。孟達之敗，使蜀漢坐失收漢水中上游地區的要城之機會，這是最可惜的事。

　　不過話得說回來，劉封是一個問題人物，他本姓寇，劉備無子時，收為養子，剛猛而略有才氣，領兵作戰，常能克捷。孟達也不是一個好人，他本是劉備部屬，是奉備之命，與劉封同下沔水，自漢中至上庸，接應魏之降將上庸太守申耽，二人共駐這一地帶而不睦。關羽攻襄樊時，命孟達、劉封東下會師。封因關羽在劉備領養劉封後，不以為然，因恨羽，不受命，此與關羽之敗，有直接關係。劉封奪孟達鼓吹，孟達懼而降魏。孟達之叛魏降蜀，

達軍與漢中蜀軍之間，有劉封遺留下來的防區，武侯如發兵援達，必經這個靠不住的防守區，故武侯之不盡力對孟達援助者，有兩個因素可作解釋：其一，他是反覆小人，降意是否真誠，不能肯定；其二，劉封遺下的舊防區，必仍有其舊部屬，可能仍反對孟達，而阻援軍的前進。由此言之，武侯遲不援助孟達，亦有不得已之苦衷，但坐失機宜，要為極大的可惜。

武侯此次出兵，連復天水、南安、安定三郡，可謂勢如破竹，關中震動，朝臣不知如何對付，魏明帝還算鎮靜，命曹真為大將軍，張郃督前軍，發兵五萬，親至長安督師，蜀漢軍與魏軍相拒於街亭。街亭亦稱街泉亭，原屬略陽縣，也就是街泉故縣，在今甘肅秦安東北，這是一個軍事重鎮。武侯派馬謖守此要地，這是另一個重大的缺失。馬謖之不能重用，劉備臨終時曾特別提出，要武侯加以注意。馬謖大體上是個軍事理論家，與武侯論兵，頗中心意；但他從來沒有帶過兵，更沒有實際的作戰經驗，他曾經做過越嶲太守，對地方行政，有其經驗，但對實際作戰，可謂一竅不通。他死讀兵法，只記得「置之死地而後生」，他把部隊駐在山地，以為這是死地，部隊必殊死作戰，以求生路；而不知道敵人只需把他守住，斷其飲水，守兵不戰自亂。他更不知道戰國時秦趙戰於長平，廉頗持重不戰，但他已多闢水道，飲料無缺，故秦將王齕雖擁有倍於趙軍的悍卒，但對廉頗無可奈何。他連這些常識和戰史都不知，他怎可行軍作戰？武侯不察馬謖的真實智能，徒以他熟知兵理，忘卻劉備的遺言，而以鎮守街亭之重職，交付馬謖，安得不敗？此一失敗，對蜀軍前途，影響極大。

此外，武侯還有一個缺失，那就是重用李嚴（後改名平，字正方），那可是劉備遺命所造成的因素。劉備既託孤於武侯，而以李嚴為副，這大概是以李嚴為牽制，即王室常用的雙軌政治，以防武侯有貳心，這一亂命，使武侯不能不重視李嚴，而李嚴實有

候補武侯輔政的野心。此人本是劉璋的成都令，有能名，曾有平賊（秦勝）之功，並有擊破高定的軍功，劉備看重他，也許是為了這些。武侯移駐漢中，以李嚴任後事，移屯江州。但他卻勸武侯加九錫，這是高舉而危之的詭計；曹真擬三道進軍擊蜀，武侯令其出兵二萬，不從。武侯為了激勵李嚴的忠心，表任嚴為中都護，署府（丞相府）事。建興九年，武侯軍祁山，嚴督運軍餉，虛與委蛇，反使督軍成藩呼武侯退兵。武侯以糧盡而退，嚴反表示詫異，謂「軍糧饒足，何以便歸？」武侯乃以李嚴手書，前後矛盾，戲罷為庶民。武侯的戲表是這樣說的：

> 自先帝崩後，平所在治家，尚為小惠，安身求名，無憂國之事，臣當北出，欲得平兵，以鎮漢中，……平無來意，而求五郡為巴州刺史。去年，臣欲西征，欲令平主督漢中，平說：「司馬懿等開府辟召。」臣知平鄙情，欲因行之際，偪臣取利也。是以表平子豐督主江州，隆重其遇，以取一時之利。平至之日，都委諸事，群臣上下，皆怪臣待平之厚也。正以大事未定，漢室傾危，伐平之短，莫若褒之，謂平情在於榮利而已。不意平心顛倒乃爾。若事稽留，將致禍敗，是臣不敏言多增咎。（《三國・蜀書》十〈李嚴〉）

又《武侯文集》，關於李嚴的事，曾致尚書文，有云：

> 平為大臣，受恩過量，不思忠報，橫造無端，危恥不辦，迷罔上下，論獄棄科，導人為奸，情狹志狂，若無天地。自度姦露，嫌心遂生，聞軍臨至，西嚮託疾還沮、漳，……

由此，可知李嚴的短處，武侯知之久且深，不及早除之，是

重劉備之遺詔也。備遺言馬謖言過其實，不可大用，而武侯用之；李嚴無行，徒重遺詔，而不早罪之，是皆武侯之缺失。李嚴罷，武侯以「蔣琬為長史，亮數外出，琬常足食足兵，以相供給。」如武侯能早除李嚴，任蔣琬，對北伐大局，當有很大的裨益，惜哉。

我們從李嚴的罪狀來看，他犯的罪是抗命、貽誤軍糧運輸、詐欺，並有通敵嫌疑，但所得處分僅僅是廢為平民，此當與劉備託孤遺詔有關，也是武侯的厚道處或法外施恩處。至馬謖的處分便不同了。根據〈馬良傳〉，馬謖是下獄瘦死的，但《資治通鑑》則謂「收謖下獄殺之」，無論何說，武侯是處以應得之罪。蔣琬為馬謖講情，舉晉楚城濮之役為例，楚令尹得臣，軍敗被楚君所殺，晉文公大喜：「天下未定，而戮智計之士，豈不惜乎？」武侯不以為然，他說：「孫武所以制勝於天下者用法明也。……四海分裂，兵交方始，若復廢法，何以討賊邪？」武侯是賞罰嚴明的，特恕李嚴，應是政治因素，顧全劉備的遺命之故。馬謖既誅，武侯親往祭之，「為之流涕，撫其遺孤，恩若平生」，其內心之苦，可以想見。

街亭之敗，留有一則空城計的故事，此事起源甚早，是魏晉間人郭沖編造的。故事的內容是這樣的：時武侯駐西城，諜報乃是空城，司馬懿進擊西城，武侯大開城門，在城樓彈琴飲酒，惝若無事，司馬懿恐有伏兵而退。這個故事，完全虛構。街亭之役，司馬懿尚在宛城（南陽），職官是都督荊豫諸軍事，魏之主將乃為曹真。時武侯駐節西城，那倒是史實，但張郃破馬謖於街亭以後，並未前進，原因是「裨將軍巴西王平……所領千人，鳴鼓自守，張郃疑有伏兵，不往偪也。」（《資治通鑑》卷七十一《魏紀》三）。又《蜀書·亮傳》：「魏明帝西鎮長安，命張郃拒亮，亮使馬謖督諸軍在前，與郃戰於街亭。謖違亮節度，舉動失宜，大為郃所破，亮拔西縣千餘家，還於漢中。」武侯在西縣拔百姓千餘家而還漢中，足證其行動甚為從容而有計畫，安有施空城計以退敵之事乎？

不過小說與戲劇都說武侯的服裝是鶴氅道袍，其指揮三軍則坐四輪車，持白羽扇，那倒是有根據的。葉啟《語林》云：「武侯與司馬懿在渭濱，將戰，懿戎服莅事，使人窺覘武侯，乃乘素輿、葛巾、持白羽扇指揮三軍，眾軍皆隨其進止。懿聞而歎曰：諸葛君可謂名士矣。」武侯在南陽躬耕，身在山林，心寄廊廟；其任丞相，身在廊廟，心在山林，志行高潔，史所未見。實際上他不穿峨冠博帶的官服，而穿當時的平民服裝，有類後世的道士打扮，戲劇加以誇大，索性把他穿上八卦道袍，那是神化武侯。與「借東風」、「七星燈借壽」同樣性質，表示其無所不能的性質。司馬懿「名士」的批評，倒是武侯的本色。

兩路北伐配合失宜

武侯北伐，只重秦川一路，王船山曾加以批評。船山先生一生提倡反清復明，對於武侯興復漢室運動，深表同情而深惜其未能成功，他的論點，頗具《春秋》責備賢者的意義，但與史實則未盡相合。我們已經提到過「隆中對策」，便是主張由荊州和秦川兩路北伐，中經挫折，只好由蜀道出軍；但是實際上仍是兩路北伐，不過東道不是由蜀軍擔任而是由吳軍擔任。劉備將終時，東吳求和，備已同意，武侯繼掌蜀政，實行和吳，而且相約共同出兵伐魏。聯吳拒曹，本是武侯一貫的主張，至此又恢復了舊時路線。故聯吳是武侯北伐前的準備工作之一。「漢賊不兩立」，故劉備時代與武侯秉政時期，只言聯吳伐魏，不言聯魏制吳。

吳蜀復和，始於魏文武黃初四年（西元 223 年）。是年春，魏將張郃破吳兵，據江陵中州；曹仁復以步騎數萬向濡須（巢湖入長江之水道）。時劉備患病於永安，孫權不知，乃恐蜀軍又復東下，因而求和於蜀；蜀則恐孫權降曹，魏勢益大，蜀不可敵。尚書鄧

芝向武侯建議和吳。武侯善之，乃授鄧芝以中郎將官位，赴吳修好。十月鄧芝赴吳，時孫權確有投魏之意，故對鄧芝之來，未即延見。鄧芝乃上表請見，他的表文是這樣說的：「臣今來，亦欲為吳，非但為蜀也。」孫權乃見鄧芝，他表示願意「與蜀和親，然恐蜀主幼弱（劉禪接位時才十七歲耳），國小勢偪，為魏所乘，不自保全耳。」鄧芝則謂：

> 吳蜀二國，四州之地，大王命世之英，諸葛亮亦一時之傑也。蜀有重險之固，吳有三江之阻，合此二長，共為脣齒，進可兼併天下，退可鼎足而立，此理之自然也。大王今若委質於魏，魏必上望大王之入朝，下求太子之內侍；若不從命，則奉辭伐叛，蜀亦順流見可而進。如此，江南之地，非復大王之有也。（《資治通鑑》卷七十《魏紀》二）

鄧芝說到了孫權的內心恐懼，孫權因默然良久，乃說：「君言是也」，乃絕魏，專與蜀漢平和。黃初五年夏，孫權派中郎將張溫報聘，蜀吳雙方，信使往返不絕，和好無間。有一次鄧芝又聘吳，孫權向鄧芝表示：「若天下太平，二主分治，不亦樂乎？」我們從孫權的談話中，可以理解吳已同意與蜀連兵滅魏，使天下二分為治。但鄧芝的答覆，殊出孫權的意外，他說：「天無二日，土無二王，如并魏之後，大王未深識天命者也，君各茂其德，臣各盡其忠，將提枹鼓，則戰爭方始耳。」由此，可知三分天下與二分天下，不過是武侯興復漢室的過程，武侯最終目的，是由蜀漢統一全國，興復漢室，鄧芝之言，正代表了武侯的最後目標。故聯吳伐魏，仍是武侯兩路北伐的原來計畫，不過形式不同罷了。

我們試看蜀吳兩方的聯合軍事行動：

第一，武侯是太和二年初次北伐的，夏四月，吳採周魴計，

遣密使挑引魏揚州刺史曹休降吳，既而悔之，魏亦遣司馬懿、賈逵等南下，孫權親自至皖，以陸遜為大都督，以朱桓、全琮為左右督，大敗魏軍。

第二，吳兵既勝魏，武侯乃又北伐，即〈後出師表〉所謂「賊適疲於東」者便是。孫權稱帝，蜀漢議者主絕盟，武侯力排眾議，他的理由是「權有僭逆之心久矣，國家所以略其釁情者，求掎角之援也。……先帝優與吳盟，皆應權通變，深思遠益，非若匹夫之忿者也。……若就其不動而睦於我，我之北伐，無東顧之憂，此之為利，亦已深矣。」乃遣陳震往賀，吳因與漢久盟。

第三，太和四年夏，魏曹真等伐蜀，由斜谷出，數道進兵，命司馬懿溯漢水而上，武侯次成固、赤坂以待之；十二月，吳軍至合肥。

第四，太和五年春，武侯圍祁山，十月吳使中郎將孫布詐降魏，以誘魏揚州刺史王凌來迎，吳兵伏於阜陵以俟之。凌以七百騎往迎孫布，被吳兵突擊，死傷過半。吳並於太和六年遣陸遜引兵趨廬江。

第五，青龍二年春，武侯率師十萬，由斜谷北伐，並約吳同時大舉。

由此，可知武侯北伐，並非單獨自秦川出兵，而是與吳兵分道而進。可惜彼此之間，距離遙遠，聲息雖通，難於同時出動，以致遭受各個擊敗。當時如果有電報可以聯絡，雙方同時大舉，則魏必疲於奔命而大被挫敗了，由此更可知關羽失荊州對蜀漢北伐影響之大了。

治國任人才德並重

武侯善於治國治兵，這是一般所公認，就是敵人也不例外。

如晉人陳壽的《三國志》武侯本傳說：

> 諸葛亮之為相國也，撫百姓，示儀軌，約官職，從權制，開誠心，布公道，盡忠益時者雖讎必賞，犯法怠慢者雖親必罰，服罪輸情者雖重必釋，游辭巧飾者雖輕必戮，善無微而不賞，惡無纖而不貶，庶事精練，物理其本，循名責實，虛偽不齒，終於邦域之內，咸畏而愛之，刑政雖峻而無怨者，以其用心平而勸戒明也。可謂識治之良才，管蕭之亞匹矣。

武侯為政的大體，在陳壽的評論中，已經說明其要旨，也可以說推崇備至了。晉承魏統，對蜀漢來說，是半個敵人，但其讚許如此，亦足證其對武侯欽遲之深。又武侯善於治軍，行陣整齊，軍行所至，秋毫無犯，軍民相處，輯睦無間。既卒於五丈原，蜀軍整軍而退，司馬懿巡視其營壘，歎為「天下奇才」。司馬懿是和武侯對陣的敵軍主帥，其對武侯之推崇，是難能而可貴的，所謂「公道自在人心」也。

政治的上軌道，包括兩個最主要的因素，那就是得人才與重法制。所謂人才，光是能幹還不算數，更要有品德，尤其是我國歷史上的政治，「有治人，無治法」，成為一般的信條，得人者昌，失人者亡，所謂「人治主義」者便是，「人之云亡，邦國殄瘁」，便代表著這種意義。昔人有言：「德勝才為君子，才勝德為小人」，無德之人，一旦大權在握，以智濟其奸，則天下蒼生，其將奈何？武侯本人是才德兼具的聖賢，其重用的人才，也無不才德兼具。我們已經談過〈出師表〉中武侯向後主推薦的人才，如「侍中侍郎郭攸之、費禕、董允等，此皆良實，志慮忠純」，「將軍向寵，性行淑均，曉暢軍事，試用於昔日，先帝稱之曰能」，這都是才德

並重的例子。他在南中，表薦呂凱為永昌太守，因為他能「執忠絕域十有餘年」之故。他臨終表薦蔣琬以自代，是因為他能「託志忠雅，共襄王業」。杜微蜀涪人，劉備定蜀，稱聾不出，武侯任益州牧，堅邀出仕，因為他裝聾，所以和他筆談：「服聞德行，饑渴歷時，清濁異流，無緣咨覯。王元泰、李伯仁、王文儀……等，每歎高志，未見如舊，……天下之人思慕漢室，欲與君因天順民，輔此明主，以隆季興之功，著勳於竹帛也。」（《諸葛亮集》卷一）微固辭，舉而致之。又《蜀書・杜微傳》：「亮領益州牧，選迎皆妙簡舊德。」由此，益知武侯任人之才德並重。

　　他對他的同僚董和，共任左將軍大司馬府事，官責相等，但交好至深，稱許備至。董和就是董允的父親，是一位鐵錚錚的硬漢，曾任成都令，俗尚奢靡，和尚節儉，惡衣疏食以示範，以嚴法校正風氣。後遷益州太守，與蠻夷相處，務推誠心，南人愛而信之。死之日，家無儋石之財。他和武侯在劉備面前有同樣的發言效果，武侯曾說：「夫參署者，集眾思、廣忠益也，若遠小嫌，難相違覆，曠闕損矣。……然人心苦不能盡，惟徐元直處茲不惑。又董幼宰（和字）參署七年，事有不至，至於十反，來相啟告，苟能慕元直之十一，幼宰之殷勤，有忠於國，則亮可少過矣。」（《蜀書》九〈董和傳〉）諸葛亮是真正能夠察納雅言，而且不怕反覆討論的，由此可知誣諸葛亮以妒忌人才者，真是妄人胡說。

　　劉巴是零陵人，自幼即有才名。根據《零陵先賢傳》，巴在劉備入蜀之前，已在劉璋幕中，劉璋欲迎備，巴阻之；劉璋使備擊張魯，巴又阻之。既而劉備定益州，徵巴出仕，巴不從。武侯數薦之，有「運籌策於帷幄之中，吾不如子初（巴字）遠矣。」又與巴書云：「劉公雄才蓋世，據有荊土，莫不歸德，天人去就，已可知矣，足下欲何之？」巴因就左將軍西曹掾。由此可知，武侯不僅愛才愛德，而且外舉不避仇。蜀的鑄值百錢，就是劉巴的建議，

劉備即帝位，昭告皇天、上帝、后土、神祇等文，都是劉巴的手筆。馬良之見重於諸葛亮，因為在成都克復時，良在荊州，遺書武侯，請其注重音樂教育以移風俗；陳震之見重於諸葛亮，以其「忠純之性，老而彌篤」；太守姚伷之見重，擢為掾，以其能並進文武之士，武侯贊之曰：「忠益莫大於進人，進人各務其所尚，今姚掾並存剛柔，以廣文武之用，可謂博雅矣，願諸掾各希此事以屬其望；董允之見重，以其能守正下士；鄧芝之見重，以其『清嚴有治績』、『賞罰嚴也』。」由此種種，可知武侯任人，是才、德、功、言並重。以今日言之，即所謂人事政策之大原則，絕無主觀的好惡成分在內，所以能得其平。

武侯首次北伐，雖然失敗，但是得到姜維的來歸，也算是一項收穫。姜維是天水冀人，父早亡，事母至孝，治鄭氏學。歸漢時年二十七歲，正與武侯歸漢之年歲同。武侯對他，極為讚許，曾與張裔蔣琬書說：「姜伯約（維字）忠勤時事，思慮精密，考其所有，永南、季常諸人不如也，其人涼州上士也。」又說：「須先教中虎步兵五、六千人。姜伯約甚敏於軍事，既有膽義，深解兵意，此人心存漢室，而才兼於人，畢教軍事，當遣詣宮，觀見主上。」由此可知姜維是才德兼長的人，武侯軍學的傳人，「當遣詣宮，觀見主上」，更可以看到他對後主是恪盡人臣之禮的。姜維的軍事才能，在後期的蜀將中，的確有其優異之處，但也由於蜀方將才日少，品德才能兼備者尤不多見。我們但看武侯很看重關羽之子關興，便得見其端倪，其擢用馬謖的原因也在此。由此，更可了解武侯對無品有才而野心甚大之魏延、楊儀的寬容，因為魏延是勇將，楊儀有長才，也是將才凋零之結果。魏延、楊儀之惡劣，連孫權都知道，權曾對蜀使表示對此關切，謂武侯一旦不幸，將何以制延、儀？制裁悍將，武侯是十分注意的，如劉備的養子劉封，剛猛而不聽指揮，如關羽令劉封會師，劉封不允，坐視關

羽之敗，其剛愎由此可知。故關羽敗亡後，武侯言於劉備：恐易世之後難於制服，備因而以不援關羽的罪名誅之。當時將才尚盛，故武侯設法除之。時勢的不同，使延、儀得延長其生命，誠有幸有不幸之謂乎！

　　武侯之集思廣益、察納雅言、勤攻其過，並不是「只說不練」的口頭春風，而是實際上真正做到的。我們只舉一則故事來作說明。武侯幕中，有一位擔任主簿官職的楊顒，武侯好在暇時自校簿書，楊顒直入，著實把他數落一番。他說：

> 為治有體，上下不可相侵，請為明公以作家譬之。今有人使奴執耕稼，婢典炊爨，雞主司晨，犬主吠盜，牛負載重，馬涉遠路，私業無曠，所求皆足，雍容高枕，飲食而已。忽一旦盡欲以身親其役，不復付任，勞其體力，為此瑣務，形疲神困，終無一成，豈其智之不如奴婢雞狗哉，失為家主之法也。是以古人稱坐而論道，謂之王公；作而行之，謂之士大夫；故丙吉不問橫道死人而憂牛喘，陳平不肯知錢穀之數，云自有主者，彼誠達於位分之體也。今明公為治，乃躬自校簿書，流汗終日，不亦勞乎？（《資治通鑑》卷七十《魏紀》二）

　　武侯聞而謝過，及聞顒卒，為之垂泣者三日。以武侯之才智，寧不知政治的分層負責，他的自校簿書，殆與劉備之結氂亡憂相似。我們試讀他屢與人言：「食不知味，寢不安席」之語，可知武侯憂國之深了。

　　董允去世是蜀政府的重大損失，《蜀書·董允傳》說：「允處事為防制，甚盡匡救之理。後主常欲采擇以充後宮，允以為古者天子后妃之數，不過十二，今嬪嬙已具，不宜增益，終執不聽。」

又云「後主漸長，大愛宦人黃皓，皓便僻佞慧，欲自容入。允常上則正色匡主，下則數責於皓，皓畏允，不敢為非，終允之世，皓位不過黃門丞。……（延熙）九年卒，陳祇代允為侍中，與黃皓相表裡，始預政事。祇死後，皓從黃門令為中常侍、奉車都尉，操權弄柄，終至覆國，蜀人無不思允。」由此可知蜀漢晚期，不特武將凋零，即文官亦每況愈下，習鑿齒所謂「才少上國」，信然。這不是武侯之不注意培養人才，而是文化教育落後的關係。蜀之有教育，始於漢文帝時之文翁治蜀。三國鼎立之勢既成，局面安定，外方人才，無論文武，均無流入蜀國之必要，其凋零之原因在此。

富國裕民的建設

武侯治蜀的大原則，是以愛民養民教民為本，以刑賞來懲惡勸善為主，而更以選科拔擢人才為重，茲分述之。

劉備既卒，劉禪繼位，蜀漢新遭軍事的大挫敗，他外和孫權，內平反側，與民休養，勸民務農種桑，民間富足，軍資充實，先後近三年；然後率眾南征。建興三年秋，南中悉平，武侯北返，一面勸農休兵，一面治戎講武。這些史實，足以說明武侯是不濫用民力的。其志則在「興復漢室」，故其養民教民，有其一貫的目標，即孔子所稱「足食足兵」與「既庶矣則教之」的遺意。

武侯在蜀的建設，歷史記載多闡述其政略與軍功，其各項建設，則都略而不談。綜觀諸史散見者則有下列諸事：

其一，水利。《水經注》云：「都安大堰，亦曰湔堰，又謂之金堤。水旱從人，世號陸海。諸葛武侯治蜀，以此堰農本，國之所資，發征壯丁千二百人護之，有堰官。」《成都府志》：「九里堤在府城西北隅，其地窪下，諸葛武侯築隄九里，以防衝齧。」

其二，興教舉科。《蜀書・伊籍傳》：「諸葛亮與李嚴、劉巴、法正、伊籍，共造蜀科。」《華陽國志》：先主即位，亮「與博士許慈、議郎孟光，建立禮儀，擇令辰。」《文中子》王通云：「諸葛亮而無死，禮樂其興乎！」由此可知武侯之重育才與禮儀之教。

其三，興農桑。武侯北征，常為糧餉不濟所苦，故所至開墾農田，如「漢水右對月谷」、「山有坂月川，於中多黃壤沃衍，而農桑列植，佳饒山水。」（《水經注》）在五丈原，命蜀兵雜農民間耕種，皆其例也。

其四，興辦鹽井。《山川紀要》：「諸葛鹽井有十四」，蘇東坡〈諸葛鹽井詩〉即指此。張華《博物志》：「臨邛大井一所，從廣五尺，深二三丈，……諸葛丞相往視之，……以盆蓋井上，煮水得鹽。」

其五，興築交通路線。袁宏《漢紀》論：「亮好治官府、次舍、橋樑、道路。」《元和郡縣志》：「劍閣道自利州益昌縣界西南十里，至大劍鎮，合今驛道，秦惠王使張儀、司馬錯從石牛道伐蜀，即此也。諸葛亮相蜀，又鑿架空，飛梁閣道，以通行路。」此即《華陽國志》所稱之古劍閣道，長達三十里。《太平寰宇記》：「漢嘉有熊耳水，一名熊耳峽，古老言：武侯鑿山開道，即熊耳峽東古道也。」

其六，煉鐵鑄兵器。《四川通志》：「鐵溪河在成都縣南十三里，流入白水河。昔武侯烹鐵於此，故名。」《元和志》：「陵州始建縣東南有鐵山，出鐵，諸葛亮取為兵器，其鐵剛利，堪充貢焉。」《周地圖》云：「蒲亭縣有鐵山，諸葛武侯取為刀劍。」《嘉定府志》：「鐵山從仁壽來，犍、榮、威間數百里產鐵，諸葛武侯取鑄兵器。」《讀史方輿紀要》：「鐵鉆山在崇寧縣西六里，武侯鑄鐵鉆於此，以造軍器。」

造軍器，是武侯才智另一方面的發展，其建造之著名者有連

弩矢、刀、劍、竹槍、褊袖鐵帽、木牛、流馬等。《蜀書・亮傳》：
「長於巧思，損益連弩，木牛流馬，皆出其意。」《魏氏春秋》云：
「諸葛亮長於巧思，損益連弩，謂之元戎，以鐵為矢，矢長八寸，
一弩十矢齊發。」按連弩西漢時已有，但武侯改良之，故云「損益」。
王應麟《玉海》云：「西蜀弩名尤多，大者莫逾連弩，十矢謂之群
雅，矢謂之飛槍，通呼為摧山弩，即孔明所作元戎也。」又有「八
牛、威邊、定戎、靜塞弩。」則武侯所作之連弩，實有多種。「木
牛流馬法」見《武侯文集》卷二。杜佑《通典》云：「亮……推己
意作木牛流馬，木牛者方腹曲頭，一股四足，頭入領中，舌著於
腹，載多而行，少則否。……特行者數十里，……人行六尺，牛
行四步，載一歲糧，日行二十里，而人不大勞，牛不飲食。」《浦
元別傳》云：「浦元為諸葛公西曹掾。孔明欲北伐，患糧運難致。」
元牒與孔明曰：「元等推意作一木牛，兼攝兩環，人行六尺，馬行
四步，人載一歲之糧也。」元傳前云牛，後云馬，頗疑木牛流馬，
乃合數人之力而發明者。流馬之尺寸，《通典》具載，但舊法似已
失傳，蜀中尚有具體而微之木牛流馬，此可在《後山叢談》中見
之。《後山叢談》云：「蜀中有小車獨推，載八百，前如牛頭；又
有大車，用四人推，載十石，蓋木牛流馬也。」載量相差甚遠，故
疑為據木牛流馬之遺意而成，後人稱為「江州車子」。武侯製造木
牛流馬之地，在景谷縣。

　　刀與劍為軍中常用之物，武侯到處煉鐵，旨在製造刀劍，但
利刀之成，尚賴浦元之力，《諸葛亮別傳》云：「亮欲鑄刀而未得，
會浦元性多巧思，因委之於斜谷口，鎔金鑄刀，特異常法，為諸
葛鑄刀三千口。……自言：漢水鈍弱，不任淬用；蜀江爽烈，是
為火金之元精，天分其野。乃命人入取涪水至，益八升，……稱
為神妙。刀成，以竹筒密儲鐵珠滿中，舉刀斷之，應手虛落，若
薙水芻，稱絕當世，因曰神刀。」陶弘景《刀劍錄》云：「蜀章武

元年辛丑，採金牛山鐵，鑄八鐵劍，各長三尺六寸，一先主自佩，一與太子，一與梁王理，一與魯王永，一與諸葛孔明，二與關羽、張飛，一與趙雲。」八劍之作，雖未明言由諸葛亮之手，但看武侯對於軍器製造用心之專，係其所鑄，當無可疑。八劍之一，後為唐尚書郎李章武所得，劍身有章武二字，都認為武侯攜帶之物，視為至寶。漢水弱，必用蜀水磨刀，事涉神秘；但後世杭州產剪，以張小泉出者為佳，蓋用大井巷之水所磨製者，則水性與鑄鐵有關，非妄語也。

此外，武侯曾製竹槍（見《物原》），《續事始末》云：「諸葛亮置苦竹槍，長丈二」。製衝車，曾用以攻陳倉。裝金頭於木桿槍頭，見《事物紺珠》。製箭鏃，埋於白帝城下，為梁陸法和所得，見《梁書》。製鐵蒺藜，楊儀用以禦司馬懿之追兵，見《稗史類編》。曾製雞鳴枕，係瓦所製，後為武崗幕官盍武孟所得，枕之，聞其中鳴鼓，自一更至五更，次第不差，聞雞鳴，三唱而曉，次夜復然。破之，見其中有機局，以應夜氣。識者以為此即武侯之雞鳴枕也，見《華夷考》。曾作饅頭夾餡，蓋軍糧之所用也，見《物原》。曾製褊袖鐵帽，二十五石矢射之不能入，見沈約《宋書》。在《文集》中所見者則有斧、匕首、剛鎧等。又《中興書目》載有《琴經》一卷，諸葛亮撰，述製琴之始及七弦之音，十三徽取象之意；謝希逸〈琴論〉：「諸葛亮作〈梁甫吟〉」，由此可知武侯還是水準很高的音樂家。《歷代名畫記》：「諸葛武侯父子皆長於畫」，他一家都是藝術家。

法治主義

武侯為政，重在人才之培養與訓練。《魏氏春秋》說：「諸葛亮作〈八務〉、〈七戒〉、〈六恐〉、〈五懼〉，皆有條章，以訓厲臣子。」

原文今已失傳，大體上是以武侯自己的心得和經驗，向所屬勸善規過，亦足以見其對政治人才訓練培養之認真與求治之心切。

武侯治蜀，以嚴刑峻法、賞罰嚴明為主，用今天的話來說，是法治主義。蜀經劉焉劉璋兩世的統治，復經亂世，已無法度可言，故亮以嚴法治之。法正諫曰：「昔高祖入關，約法三章，秦民知德；今君假借威力，跨據一州，初有其國，未垂惠撫。且客主之義，宜相降下，願緩刑弛禁，以慰其望。」武侯答之曰：

> 君知其一，未知其二，秦以無道，政苛民怨，匹夫大呼，天下土崩，高祖因之，可以弘濟。劉璋闇弱，自焉以來，有累世之恩，文法羈縻，互相承奉，德政不舉，威刑不肅，蜀土人士，專權自恣，君臣之道，漸以陵替，寵之以位，位極則賤，順之以恩，恩極則慢，所以致弊，實由於此。吾今威之以法，法行則知恩，限之以爵，爵加則知榮。恩榮並濟，上下有節，為治之道，於斯而著。(《文集》卷二)

由此，可知武侯為政，很注重現實的環境，因時因地以制宜，而不拘泥於成法。

他的執法，貴在公平，他自己說：「我心如秤，不能為人作輕重。」(《文集》卷二引《北堂書鈔》)他的《便宜十六策》，分治國、君臣、視聽、納言、察疑、治人、舉措、考黜、治軍、賞罰、喜怒、治亂、教令、斬斷、思慮、陰察，是他治國、治軍之大綱，也可以說是他對君長與部屬之說教。蜀臣張裔對武侯治蜀的感想，有云：「公賞不遺遠，罰不阿近，爵不可以無功取，刑不可以貴勢免，此賢愚之所以僉忘其身者也。」(《蜀書‧張裔傳》)這是武侯為治執法之大要。街亭之敗，是武侯重用馬謖之失策，所以他自請處分。上疏後主說：「臣以弱才，叨竊非據，親秉旄鉞，以厲三

軍，不能訓章明法，臨事而懼，至有街亭違命之闕，箕谷不戒之失，咎皆在臣授任無方，臣明不知人，恤事多闇，《春秋》責帥，臣職是當。請自貶三等，以督厥咎。」（《蜀書·亮傳》）馬謖是他親信之一，但以軍法處斬之。這便是罰不阿私之具體例子。

李嚴是他同受託孤之重臣，但屢次犯錯違法，且施詐術，武侯不得已貶為庶民，這還是他為了託孤重臣之故，而保全其生命。李嚴這個人是有問題的，劉備臨終，以李嚴為託孤之副，不知何故。他曾勸武侯受九錫，進爵稱王，欲陷武侯於不義。武侯乾脆的答覆他說：

> ……吾本東方下士，誤用於先帝，位極人臣，祿秩百億。今討賊未效，知己未答，而方寵齊晉，坐自貴大，非其義也。若滅魏斬叡（魏明帝），帝還故居，與諸子並升，雖十命可受，況於九邪！（《亮集》卷一）

李嚴乘武侯北伐之際，要求任江州都督，武侯不得已以其子任之，而調至軍中，任以督糧之事，冀其悔悟，但李嚴卻顛倒事實，以欺武侯。武侯不得已而上表彈之。從武侯的遺著，可以看到李嚴罪狀之深，如「少為郡職吏，用情深刻，苟利其身」（〈江表傳〉）；如「先帝崩後，平（李嚴後改名平）所在治家，尚為小惠、安身求名，無憂國之事。臣當北征，欲得平兵以鎮漢中，……平無來意，而求五郡為巴州刺史。去年臣欲西征，欲令平主督漢中，平說司馬懿等開府群召，臣知平鄙情，欲因行之際偪臣以取利也，是以表平子（豐）督主江州，……平至之日，都委諸事。」（《蜀書·李嚴傳》）如「平為大臣，受恩過量，不思忠報，橫造無端，危恥不辦，迷罔上下，論獄棄科，導人為姦，情狹志狂，若無天地。自度姦露，嫌心遂生，聞軍臨至，西嚮託疾還沮、漳。

軍臨至沮漳，復還江陽，平參軍狐忠勸諫乃止。」（《蜀書‧李嚴傳》
裴注引）

李嚴有這樣的罪狀，但武侯處理此事，仍極慎重，與劉琰等
二十二人舉行會議，才決定「解其職，免其官祿，搜其節傳、印
綬、府策，削其爵土」（同上）。但仍與其子李豐書，予以勸慰，
信中說：

> 吾與君父子戮力以獎漢室，此神明所聞，非但人知之也。
> 表都護於漢中，委君於東關者，不與人議也。謂至心可動，
> 始終可保，何圖中乖乎！……頗願寬都護，勤追前闕。今
> 雖解任，形業失故，……君以中郎參軍，方之氣類，猶為
> 上家。若都護思負一意，君與公琰（蔣琬字）推心從事者，
> 否可復通，逝可復還也。詳思此戒，明吾用心，臨書長歎，
> 涕泣而已。（《蜀書‧李嚴傳》裴注引諸葛與平子豐曰）

由此，可知武侯之罷李嚴，猶揮淚而斬馬謖，讀其致李豐書，
真可謂仁至義盡矣。王芸生以忌李嚴之才誣武侯，誠不知史事為
何物矣。

關於廖立之被彈，也有人以忌才誣武侯，完全以小人之心，
作無謂之猜測。武侯對於廖立，曾稱許之，謂「龐統廖立，楚之
良才」，這是從「才」這一方面說的。因此，擢為長水校尉。但是
實際上他是一個不知足、不盡職而有誇大狂的小人，自以為宜為
諸葛的副貳，不宜任以此等職務，他曾向武侯要求升職，謂「我
何宜在諸將軍中，不表我為卿，上當五校」，武侯不從，為其生怨
之始。他因此牢騷滿腹，向李邵、蔣琬等批評用人行政，公然指
稱「國家不任賢達（其實即指他自己）而任俗吏」，謂「萬人率者
皆小子也」，「誹謗先帝」，「疵毀眾臣」，「人有言國家兵眾簡練，

部伍分明者，立舉頭視屋，憤咤作色曰：何足言。」類此誹謗，不
勝枚舉，郃、琬等以告武侯，武侯乃上表彈廖立，有「羊之亂群，
猶能為害，況立託在大位，中人以下識真偽邪？」之語。後主得表，
下詔曰：「三苗亂政，有虞流宥，廖立狂惑，朕不忍刑，亟徒不毛
之地。」那是以充軍代誅戮，武侯表中並未建議對廖立處刑，蓋仍
愛其才而希其悔悟改過也。

　由此，可知這兩位有才無德的人，如果能夠悔悟前非，重行
修養其人格，則復被起用，是可能的，無怪李嚴聞武侯逝世，發
病而死。廖立聞武侯噩耗，垂泣而歎曰：「吾終為左衽矣」。習鑿
齒對武侯處理李嚴案，特作評論說：「大人君子懷樂生之心，流矜
恕之德，法行於不可不用，刑加乎自誅之罪，爵之而非私，誅之
而不怒，天下有不服者乎！諸葛亮於是可謂能用刑矣，自秦漢以
來，未之有也。」（《漢晉春秋》）

　魏延、楊儀，也是有才無德的妄人，魏延因武侯不用其子午
谷奇襲之策，以武侯為怯而歎才用之無窮。這兩個人又各負其才，
積不相容，但終武侯之世，仍予錄用，而不加誅戮，此非武侯之
姑息養奸，而由於將才之缺乏，但處置他們，他已胸有成竹，楊
儀以為繼武侯任者，非他莫屬，但武侯密表蔣琬繼任。魏延以為
繼武侯而主蜀軍者非他莫屬；但武侯逝世前，密畀以楊儀等主退
軍之計，而不任魏延。論當時軍中的資望，魏延自在楊儀之上，
故魏延不服，率軍先歸，抗楊儀軍。儀責之曰：「公亡身尚未寒，
汝輩何敢乃爾？」延軍知曲在魏延，皆散。延逃漢中，被馬岱所殺。
儀還，認為必繼武侯為相，但蔣琬已就任，改任儀為中軍師，無所
統領，憂憤狂悖，自殺身死，此殆所謂「二桃殺三士」之遺策乎？

　在武侯的法治主義下，獨寬法正，以其有迎劉備之功也。史
稱法正為蜀郡守，專橫，「一餐之德，睚眥之怨，無不報復，擅殺
毀傷己者數人」。有人向武侯建議，應加以制裁。武侯答之曰：

主公在公安也，北畏曹公之彊，東憚孫權之逼，近則懼孫
夫人生變於肘腋之下。當斯之時，進退狼跋。法孝直（正
字）為之輔翼，令翻然翱翔，不可復制。如何禁止法正，
使不得行其意邪！（《蜀書‧法正傳》與《漢晉春秋》，皆載
此語）

由此，可知武侯活用法律，不忽略因時因勢之宜，此其所以
為政治家也。實際上當時劉備對法正的信任，或有過於武侯者。
劉備率傾國之師東征，武侯不以為然，但並無諫阻，知無效也，
故僅言如「法孝直若在，則能制主上，令不東行」。即此，可知武
侯當時如欲制裁法正的專橫，必然無效，徒傷僚屬之誼，故武侯
不為也。有效則言，無效則不言不為，故武侯實深得張良之於劉
邦的言行之遺意。

關於武侯之賞不遺遠的史實，茲也略舉數則如下：其一，《華
陽國志》：「伍梁字德山，南安人，儒學雅尚，州選迎牧，諸葛亮
立為功曹，遷五官中郎將。」其二，《華陽國志》：「梓童文恭仲寶，
以才幹為牧，諸葛亮治中從事，丞相參軍。」《蜀書‧張翼傳》：「張
翼字伯恭，犍為武陽人。建興九年，為庲降都督、綏南郎將。討
劉冑，未破，會被徵當還。群下咸以為宜便馳騎即罪。翼曰：『不
然，吾以蠻夷蠢動，不稱職，故還耳。然代人未至，吾方臨戰場，
當運糧積穀，為滅賊之資，豈可以黜退之故，而廢公家之務乎！』
於是統攝不懈，代到乃發。馬忠因其成基，以破殄冑。丞相亮聞
而善之，亮出武功，以翼為前軍都督，領扶風太守。」《蜀書‧王
平傳》：「平字子均，巴西宕渠人。建興二年，屬參軍馬謖先鋒。
街亭之敗，眾皆星散，惟平所領千餘人，鳴鼓自持。魏張郃疑有
伏，不敢逼，故平得徐徐收合諸營，率將士而還。亮既斬馬謖及
將軍張休、李盛……，平特見重顯，拜為參軍，統五部，兼當營

事，進位討寇將軍，封亭侯。」這些都是賞罰因功過而分明的實例。
張翼有過而知職守，仍被見重。足證張裔之說，完全是根據事實
的結論。

兵法軍略與軍陣

　　兵法的研究，是武侯在南陽躬耕時即已開始，而且還特別從
專家潛心學習了一個相當長的時期，造詣甚高，心得甚深。對於
兵法的著作，在現存的文獻中，保存得最為完整，值得我們作特
別研究。按陳壽所編的《武侯遺集》共二十四篇，其進表中有「刪
除複重，隨類相從」語，足見二十四篇外，尚多節略，武侯的著
作，因此而不全。清張澍重編《諸葛亮集》，頗有補正之處，但亦
未能補足武侯之遺著。在張澍所編的集中，卷四〈將苑〉，凡列兵
權、逐惡、知人性、將材、將器、將弊、將志、將善、將剛、將
驕恡、將強、出師、擇材、智用、不陳（同陣）、將誡、戒備、習
練、軍蠹、腹心、謹候、機形、重刑、善將、審因、兵勢、勝敗、
假權、哀死、三賓、後應、便利、應機、揣能、輕戰、地勢、情
勢、擊勢、整師、厲士、自勉、戰道、和人、察情、將情、夷令、
東夷、南蠻、西戎、北狄共五十題，其重點實在論為將之道，實
際上在《便宜十六策》中，也都是有關軍事的理論，即為政之本，
是在富國強兵，故《便宜十六策》中便是富國與強兵並提，兼為
編組部隊與為將和治兵之道提出具體辦法。〈將苑〉五十題，其中
論及為將之道的，更占極大的篇幅，對將帥訓練與行軍作戰，也
都有原則性的論列。卷二為〈軍令〉，對製作兵器、軍令與兵法、
兵要等，都有闡述。茲分述如下：

1.務本教民的政治

　　武侯為政，以務本、求安為最高原則。他說：「本者經常之法，

規矩之要」，「郊祀為務天之本，耕農、社稷、山林、川澤為務地之本。庠序之禮，八佾之樂，明堂辟雍，高牆宗廟，為務人之本。」「非常用之事不為，非常用之器不作。」（見〈治國〉第一）「上下好禮，則民易使；上下和順，則君臣之道具，君使臣以禮，臣事君以忠，君謀其政，臣謀其事，事者勸功，教令得中則功立。」（見〈君臣〉第二）由此可知，武侯的政治目的為易於使民而勸功，也就是為了完成「興復漢室還於舊都」的大功業。又說：「治人猶如養苗，先去其穢，……剝食於民，而人有饑乏之變，則生亂逆。唯勸農業，無奪其時，唯薄賦斂，無盡民財，如此，富國安家。……不貴難得之貨，使民不為盜，不貴無用之物，使民心不亂。」（見〈治人〉第六）故武侯之政，崇尚節儉，以富國安家。國富家安，然後可以用民。「先去其穢」，所以必須明賞罰。

政令貴在執行，故必須舉賢以為執行之本。他說民有五苦：「小吏因公為私，乘權作姦，內侵於官，外採於民，所苦一也。過重輕罰，法令不均，扶強抑弱，加以嚴刑，所苦二也。縱罪惡之理，害告訴之人，斷絕語辭，蔽藏其情，所苦三也。長吏數易，守宰阿私所親，枉剋所恨，偏頗不承法制，更因賦斂，傍課採利，送故迎新，夤緣徵發，詐偽儲備，以成家產，所苦四也。縣官慕功，賞罰之際，利人之事，買賣之費，多所裁量，專其價數，民失其職，所苦五也。」（見〈考黜〉第八）所以武侯特重考黜，凡害民者不可不黜，此其愛民之深也。他自己以身作則，曾表後主云：「成都有桑八百株，薄田千頃，子弟衣食，自有餘饒，至於臣在外任，無別調度，隨身衣食，悉仰於官，不別治生，以長尺寸。若臣死之日，不使內有餘帛，外有贏財，以負陛下。」及卒查之，悉如所言，至其受賞，動以億計，皆分發諸有功者，絲毫不據為自有。武侯之被人欽敬，此其一端。

2.治軍衛國

　　古人有言：有文事必有武備。武侯說：「治國以文為政，治軍以武為計，治國不可以不從外，治軍不可以不從內。」（見〈治軍〉第九）又說政治當有先後，「先理綱，後理紀；先理令，後理罰；先理近，後理遠；先理內，後理外；先理本，後理末；先理強，後理弱；先理大，後理小；先理身，後理人。」（見〈治亂〉第十二）他的軍隊組織，重在「結五陣之法：五五相保，五人為一長，五長為一師，五師為一枝，五枝為一火，五火為一撞，五撞為一軍。……鄉里相比，五五相保，一鼓整行，二鼓習陳，三鼓起食，四鼓嚴辦，五鼓就行。」（見〈教令〉第十三）由「鄉里相比」一句來看，可知武侯在民間是實行保甲一類的組織，民必歸戶，及齡壯丁必著籍，這便是軍隊組織的基礎。可以說是兵民合一的組織與教育。

　　他的部隊教育，以五教與實練為主。五教便是：「一曰使自習其軍旗指揮之變，縱橫之術；二曰使耳習聞金鼓之聲，動靜行止；三曰使心習刑罰之嚴，賞爵之利；四曰使手習五兵之便，戰鬥之備；五曰使足習周旋走趨之列，進退之宜。」（《文集‧便宜十六策‧教令》）施教之外，更重實練；他說「軍無實練，百不當一，習而用之，一可當百。教之以禮義，誨之以忠信，誡之以典刑，威之以賞罰，故人知勸。」（《文集》卷四〈實練〉）由此可知武侯教兵練兵，係採精練主義。武侯深知以益州與魏作戰，兵源自感不足，故處處時時以充實部隊的實力。收南中之軍與涪陵之軍，便是顯著的事例。如《華陽國志》說：「建興三年，諸葛亮平南中，以南中勁卒置飛軍。」又說：「諸葛亮平南中，移勁卒青羌萬人於蜀，為五部，號為飛軍，分其羸弱，配大姓焦、雍、婁、爨、孟、量、毛、李為部曲，置五部都尉，謂之孟子。」又說：「涪陵大姓徐巨反，車騎將軍鄧芝討平之，移其豪卒徐、藺、謝、蘭五千人於蜀，

為射獵官，分老弱配其督將韓、蔣，名為助郡軍。」又云：發涪陵「勁卒三千人為連弩兵。」故蜀漢軍之分子極為複雜，而組織極嚴，作戰力特強。〈後出師表〉所謂「集四方之精英」，即指此事實而言。凡此，均為北伐作準備，以達「興復漢室還於舊都」之政治目的。武侯之苦心，於此足以說明了。

部隊之組織與訓練，既有成績，其次的問題，便是將帥的物色與訓練。其實，這是武侯向來非常注意的大事。其選將之條件甚嚴，但良將之材不多，故武侯一面提出大將與天下之將的條件，另一面對將材之修養與訓練，特別重視，茲分述如下：

3. 將帥條件

治國重官吏，治軍重將帥，是武侯的一貫政策，他曾論五間之道，謂「軍之所親，將之所厚，非聖智不能用，非仁賢不能使。」（《文集》卷三《便宜十六策·治軍》第九）足見武侯選將之嚴格。主將要有權勢，他說：「兵權者是三軍之司命，主將之威勢。將能執兵之權，操兵之要勢，而臨群下，……隨所遇而施之。」（《文集》卷四〈將苑·兵權篇〉）他分將材為九：

> 道之以德，齊之以禮，而知其饑寒，察其勞苦。此之謂仁將。事無苟免，不為利撓，有死之榮，無生之辱，此之謂義將。貴而不驕，勝而不恃，賢而能下，剛而能忍，此之謂禮將。奇變莫測，動應多端，轉禍為福，臨危制勝，此之謂智將。進有厚賞，退有嚴刑，賞不逾時，刑不擇貴，此之謂信將。足輕戎馬，氣蓋千夫，善固疆場，長於劍戟，此之為步將。登高履險，馳射如飛，進則先行，退則後殿，此之謂騎將。氣凌三軍，志輕強虜，怯於小戰，勇於大敵，此之為猛將。見賢若不及，從諫如順流，寬而能剛，勇而多計，此之謂大將。（《文集》卷四〈將苑·將材篇〉）

由此，可知武侯選將之嚴。他又說：

> 將之器，其用大小不同：若乃察其奸，伺其禍，為眾所服，
> 此十夫之將；夙興夜寐，言詞密察，此百夫之將；直而有
> 慮，勇而能鬥，此千夫之將；外貌桓桓，中情烈烈，知人
> 勤勞，悉人饑寒，此萬夫之將；進賢進能，日慎一日，誠
> 信寬大，閑於理亂，此十萬人之將；仁愛洽於下，信義服
> 鄰國，上知天文，中察人事，下識地理，四海之內，視如
> 室家，此天下之將。（《文集》卷四〈將苑・將器篇〉）

由此可知武侯選將，重於量材器使，各盡其用。所謂大將與天下
之將，最為難得，故中人上下，皆可任以為將，量材器使，但其
用不同耳。

4.將帥的訓練

　　由於將材上選如此的難得，故武侯對於將帥應有修養，有許
多特別訓示，舉其重要的來說，略有下列諸點：

　　其一，要辨別對象之是否可用，他舉出七個要點：

> 一曰間（疑是問字之誤）之以是非而觀其志，二曰窮之以
> 辭辯而觀其變，三曰咨之以計謀而觀其識，四曰告之以禍
> 難而觀其勇，五曰醉之以酒而觀其性，六曰臨之以利而觀
> 其廉，七曰期之以事而觀其信。

凡「溫良而為詐者，外恭而內欺者，外勇而內怯者，盡力而不忠
者」，皆應詳察。（〈將苑・知人性篇〉）

　　其二，明辨將之強與惡：「高節可以厲俗，孝弟可以揚名，信
義可以交友，沉慮可以容眾，力行可以建功，此將之五強也。謀

不能料是非，禮不能任賢良，政不能正刑法，富不能濟窮阨，智不能備未形，慮不能防微密，達不能舉所知，敗不能無怨謗，此謂之八惡也。」（〈將苑・將強篇〉）重五強，戒八惡，此武侯對將帥之教的精義，特重將帥的人格修養，為其特色之一。武侯對於將誡，特別重視，翻覆叮嚀，苦心具見。〈將誡篇〉云：

> 狃侮君子，罔以盡人心。狃侮小人，罔以盡人力。故行兵之要，務攬英雄之心，嚴賞罰之科，總文武之道，操剛柔之術，說禮樂而敦詩書，先仁義而後智勇，靜如潛魚，動若奔獺，喪其所連，折其所強，耀以旌旗，戒以金鼓，退若山移，進如風雨，擊崩若摧，合戰如虎。迫而容之，利而誘之，亂而取之，卑而驕之，親而離之，強而弱之。有危者則安之，有懼者則悅之，有叛者則懷之，有冤者申之，有強者抑之，有弱者扶之，有謀者親之，有讒者覆之，獲財者與之，不倍兵以攻弱，不恃眾以輕敵，不傲才以驕人，不以寵而作威。先計而後動，知勝而始戰，得其財帛不自寶，得其子女不自使。將能如此，嚴申號令而人願鬥，則兵合刃接而人樂死矣。（《文集》卷四〈將苑・將誡篇〉）

他又訓示為將要重「戒備」；要有「博聞多智者為腹心，沉審謹密者為耳目，勇悍善敵者為爪牙」；要去「九蠹」，即「探候不審、烽火失度、後期犯令、不應時機，乍前乍後、不合金鼓，上不恤下、削斂無度，營私徇己、不恤饑寒，非言妖辭、妄陳禍福，無事喧雜、驚惑將吏，勇不受制、專而陵上，侵竭府庫、擅給其財」；要「謹候」，不可輕敵而致禍；尤不可失律；要知機、應機；要不可輕戰；要審情度勢，要慎喜怒。

因此，他總結善將之道，要具備四個大原則：「示之以進退，

故人知禁；誘之以仁義，故人知禮；重之以是非，故人知勸；決之以賞罰，故人知信。禁、禮、勸、信，師之大經也。」又說：「古之善將者，養人如養己子，有難則以身先之，有功則以身後之；傷者，泣而撫之；死者，哀而葬之；饑者，捨食而食之；寒者，解衣而衣之；智者，禮而祿之；勇者，賞而勸之。將能如此，所向必捷矣。」但是也要行七斬：

> 令不可犯，犯令者斬。期會不到，聞鼓不行，乘寬自留，避迴自止，初近後遠，喚者不應，車甲不具，兵器不備，此為輕軍，輕軍者斬。受令不傳，傳令不審，迷惑吏士，金鼓不聞，旌旗不覩，此為慢軍，慢軍者斬。食不稟糧，軍不省兵，賦賜不均，阿私所親，取非其物，借貸不還，奪人頭首以獲其功，此謂盜軍，盜軍者斬。變改姓名，衣服不鮮，旌旗裂壞，金鼓不具，兵刃不磨，器仗不堅，矢不著羽，弓弩無弦，法令不行，此為欺軍，欺軍者斬。聞鼓不進，聞金不退，按旗不伏，舉旗不起，指揮不隨，避前向後，縱發亂行，折其弓弩之勢，卻而不鬥，……自託而歸，此謂背軍，背軍者斬。出軍行將，士卒爭先，車騎相連，咽塞道路，後不得先，呼喚喧譁，無所聽聞，……此謂亂軍，亂軍者斬。……干誤次等，不可呵止，度營出入，不由門戶，不啟自白，姦邪所起，知者不告，……合人飲酒，阿私取受，大言警語，疑惑吏士，此謂誤軍，誤軍者斬。(《便宜十六策・斬斷》十四)

由此可知武侯治軍，特重刑賞，執法嚴厲，這合乎孫子的兵法，主將與士卒同甘共苦，則又合於吳起的兵法。武侯的對軍事思想可謂兼孫吳之長。

5.作戰原則

　　對於出師作戰，武侯也有若干理論。如師出必以整，所謂「出師行軍，以整為勝」。這是要靠平時的訓練，整之之道，是「居之有禮，動則有威，進不可當，退不可逼，前後應接，左右應旄。」（《文集》卷四〈整師〉）故武侯初出祁山，行陣整齊，號令嚴肅，便是平時訓練的效果。行軍必須知地勢。他說：「地勢者兵之助也，不知戰地而求勝者，未之有也。山林土陵，丘阜大川，此步兵之地。土高山狹，蔓衍相屬，此車騎之地。依山附澗，高林深谷，此弓弩之地。草淺土平，可前可後，此長戰之地。蘆葦相參，竹樹交映，此鎗矛之地也。」（〈將苑・地勢篇〉）又說：「草木叢生，利以遊逸；重塞山林，利以不意；前林無隱，利於潛伏；以少擊眾，利以日莫（同暮）；以眾擊寡，利以清晨；強弓長弩，利於捷次；踰淵隔水，風大暗昧，利以搏擊前後。」（〈將苑・便利篇〉）

　　又論林戰、叢戰、水戰、夜戰說：「夫林戰之道，晝廣旌旗，夜多金鼓，利用短兵，巧在設伏，或攻於前，或發於後」；叢戰之道，「利用劍楯，將欲圖之，先度其路，十里一場，五里一應，偃戢旌旗，特嚴金鼓，令賊無措手足」；谷戰之道，「巧於設伏，利以勇鬥，輕足之士淩其高，必死之士殿其後，列強弩而衝之，持短兵而繼之，彼不得前，我不得往」；水戰之道，「利在舟楫，練習士卒以乘之，多張旗鼓以惑之，嚴弓弩以中之，持短兵以捍之，設堅柵以衛之，順其流而擊之」；夜戰之道，「利在機密，或潛師以衝之，以出其不意，或多火鼓，以亂其耳目，馳而攻之，可以勝矣。」（〈將苑・戰道篇〉）

　　按武侯治軍，以類分從，區為六種隊伍，名曰六士：一曰報國之士，其組成分子為「好鬥樂戰，獨取強敵」；二曰突陣之士，其組成分子為「氣蓋三軍，材力勇捷」；三曰搴旗之士，其組成分子為「輕足善步，走如奔馬」；四曰爭鋒之士，其組成分子為「騎

射如飛，發無不中」；五曰飛馳之士，其組成分子為「射必中，中必死」；六曰摧鋒之士，其組成分子為「善發強弩，射而必中」。（參看〈將苑・擇材篇〉）由此，可知六士之用，是在適於各種環境的戰爭中，俾得必勝之結果。

6.軍　略

　　陳壽《三國志・亮傳》稱：「亮性長於巧思，治軍為長，奇謀為短」，實亦不然。我們試讀武侯對於軍略之見解。他說：

　　夫計謀欲密，攻敵欲疾，獲若鷹擊，戰如河決，則兵未勞而敵自散，此用兵之勢也。故善戰者不怒，善勝者不懼，是以智者先勝而後求戰，闇者先戰而後求勝；勝者隨道而修途，敗者斜行而失路，此順逆之計也。將服其威，士專其力，勢不虛動，運如圓石，從高墜下，所向者碎，不可救止，……此用兵之勢也。故軍以奇計為謀，以絕智為主，能柔能剛，能弱能強，能存能亡，疾如風雨，舒如江海，不動如泰山，難測如陰陽，無窮如地，充實如天，不竭如江河，終始如三光，生死如四時，衰旺如五行，奇正相生，而不可窮。……夫善攻者敵不知其所守，善守者敵不知其所攻；故善攻者不以兵革，善守者不以城郭，是以高城深池，不足以為固，堅甲銳兵，不足以為強。敵欲固守，攻其無備；敵欲興陣，出其不意。我往敵來，謹設所居；我起敵止，攻其左右；量其合敵，先擊其實。不知守地，不知戰日，可備者眾，則專備者寡。以虛相備，強弱相攻，勇怯相助，左右相趨，如常山之蛇，首尾俱到，此救兵之道也。……知地之勢，不可預言。議之知其得失，詐之知其安危，計之知其多寡，形之知其生死，慮之知其苦樂，謀之知其善備。故兵從生擊死，避實擊虛。山陵之戰，不

仰其高，水上之戰，不逆其流，草木之戰，不涉其深，平地之戰，不逆其虛，道上之戰，不逆其孤，此五者兵之利，地之所助也。……不知九地之便，則不知九變之道。……五間之道，軍之所親，將之所厚……五間得其情，則民可用，國可長保。故兵求生則備，不得已則鬥，靜以理安，動以理威，無恃敵之不來，恃吾之不可擊。以近待遠，以逸待勞，以飽待饑，以實待虛，以生待死，以眾待寡，以旺待衰，以伏待擊。整整之旌，堂堂之鼓，當順其前而覆其後，固其險阻而營其表，委之以利，柔之以害，此治軍之道全矣。（《便宜十六策‧治軍》第九）

從這段文字，我們可以理解武侯不但長於治軍，而且還精於攻守之道的軍略。這是屬於理論方面的。至於實戰，以七擒七縱之法服南蠻，這是何等精巧的計謀，真是史無前例。他在六次北伐中，三出祁山，一出陳倉，一取武功，除陳倉一戰為曹真所能料到之外，其餘多次，都出敵之不意，魏軍完全被動，足證其軍略運用之妙。魏以五路來攻，武侯只守城固以待，他是懂得氣候之變化，知道必有連旬的大雨，無須勞軍以禦敵，敵固自退。又如赤壁之戰，曹操只知道冬季多西北風，不會有東南風，而不知十月有小陽春之稱，正是氣候轉變的階段，冷氣團與熱氣團交互往來，東南風仍不時大作，曹操之敗，正由於不知此種氣候變化，但武侯知之。《演義》神秘其說，稱此項東南風，由武侯築七星壇借來，何其謬也。故武侯稱為將之道，應懂天時、地利、人和，真是確論，而武侯能之。又赤壁戰後，武侯不急急於阻截曹兵之北遁，而急於收復南郡、長沙、武陵、零陵、桂陽等郡，使劉備獲有根據地，先成小型的鼎足之勢。凡此，都足以說明武侯深明用兵的輕重緩急之道，也是他將略的傑出表現。

　　說者往往以武侯不善於用蜀，如蘇東坡曾言：武侯棄荊州而就巴蜀，而知其無能為也。理由是「蜀之為地，其入不得出，其出不得入」。蘇氏棄荊州之說，與史實不合。劉備入蜀，只帶了龐統為參謀長和黃忠等老弱部隊，而留武侯與關羽、張飛、趙雲等精兵守荊州，武侯何曾棄荊州？隆中對策，很清楚的說，命一上將由荊州北出宛洛，將軍（劉備）身率益州之眾，北出秦川，這是兩路北伐的軍略。從史實來研究，武侯是最善於用蜀的。他以益州為總根據地，以荊州與漢中為前進基地，以兩路北伐，會師宛洛，來興復漢室。秦川北伐的一路，既可與荊州的北伐軍會師於宛洛，又可北攻渭河流域以取長安。漢高祖入關，就是由宛循漢水支流而上，首克武關，次克藍關，遂先項羽而入關中。故會師宛洛，是武侯北伐大計的主要軍略。劉備不能單獨定蜀，與劉璋衝突，不能不向荊州求援，武侯乃率張飛、趙雲等入蜀，而留關羽守荊州，此為當時的情勢所迫，絕不是「棄荊州而就巴蜀」。這一點，確是隆中對策的無形大挫折。其故實在關羽之不懂政治運用，以致造成孫權與曹操的聯合作戰而失荊州。此事當在下文評介關羽中另作分析。

7.八陣圖

　　武侯軍事方面的大發明，是八陣圖，是根據兵法推演而成的。武侯自己曾得意地說：「八陣既成，自今行師，應不覆敗矣。」（見《水經注》）八陣圖是怎樣的布置？雖有若干記載，但語焉不詳，已無介紹之必要。大體上說：這是防禦敵人的進攻，使其迷亂，不知進退的一種平地防禦措施，但亦可以此陣法，進攻敵人。根據《玉海》的記載，武侯的八陣圖共有三處：「在夔州者，六十有四，方陣法也。在彌牟鎮（成都附近的新都境內）者，百二十有八，當頭陣法也。在棋盤市（漢中定軍山）者二百五十有六，下營陣法也。」實際上在西縣亦有八陣圖（《興元縣志》），則八陣圖

實共有四。此外，武侯出斜谷，駐兵五丈原，以兵少，僅用六數，
在陝西盩厔司竹園，唐杜牧曾見其遺壘，是另有半個八陣圖了。
史稱司馬懿領魏軍步騎四十萬，但不敢與蜀軍決戰，所謂畏蜀如
虎者是也。八陣之用，後世曾用以克敵而見效者，如晉馬隆依八
陣圖作偏箱軍（見《晉書》）以克涼州；後魏刁雍採諸葛八陣之法，
以禦柔然之犯塞（見《通典》）等是。對八陣圖最有研究而加以活
用者，應推唐初常勝將軍李靖，他是用六花陣對敵的。太宗問他：
「卿所用六花陣法出何術？」李靖回答說：

> 臣所本諸葛亮八陣法也。大陣包小陣，大營包小營，隅落
> 鈎連，曲折相對，古制如此，臣為圖因之；故外畫之方，
> 內環一，作畫之圓，是成六花，俗所稱耳。太宗曰：外圓
> 內方，何謂也？靖曰：方生於正，圓生於奇，方所以規其
> 步，圓所以規其旋，足以步數定於地，行綴定於天，步定
> 綴齊則變化不亂，八陣為六，武侯之舊法也。太宗曰：卿
> 六花陣畫地幾何？曰：大閱地方千二百步者，其義升陣各
> 占地四百步，分為東西兩廂，需地一千二百步，為教戰之
> 所。臣掌教士三萬，每陣五千人，以其一為營法，五為方
> 圓曲直之形，每陣五變，凡二十五變而止。太宗問曰：陣
> 數有幾，中心零者，大將握之，四面八向，皆取準焉。陣
> 間容陣，隊間容隊，以前為後，以後為前，進無速奔，退
> 無遽走，四頭八尾，觸處為首，敵衝其中，兩頭皆救，數
> 起於五而終於八，何謂也？靖曰：諸葛亮以石縱橫，布為
> 八行方陣之法，即此意也。（《李衛公兵法問對》）

由此，可知李靖之所以能為常勝將軍，六花陣即為其取勝之
道。作者深疑武侯在盩厔所遺之六陣殘壘，即李靖六花陣之所取

法。按孫子兵法，已有六十四陣，竇憲曾以八陣擊匈奴，足證武侯之前，已有八陣，但未必有圖。史稱武侯據兵法推衍為八陣圖，則八陣圖謂為武侯所發明，應不為過。其後八陣圖屢見應用，皆能奏效，而李靖之六花陣，竟戰無不勝攻無不克，其源實出於八陣，八陣圖在我國傳統的兵事學，實有其重大的貢獻。又《通典》引太宗與李靖問對，曾云：「臣前進黃帝太公二陣圖，並司馬法、諸葛亮奇正之法，此已精意。」由此可知武侯的兵學在我國兵學史上的地位之高。

後主對武侯之冷漠與武侯受後人之尊敬

武侯既卒，遺命葬於漢中，「因山為墳，冢足容棺，殮以時服，不須器物。」（《蜀書・亮傳》）由此，可知武侯之節儉，身後事與尋常百姓無異，「殮以時服」，就是他指揮三軍時之素服。後主對於武侯之卒，特下詔策，原文如下：

> 惟君體資文武，明叡篤誠，受遺託孤，匡輔朕躬，繼絕興微，志存靖亂。爰整六師，無歲不征，神武赫然，威震八荒，將建殊功於季漢，參伊周之巨勳。如何不弔：事臨垂克，遘疾隕喪，朕用傷悼，肝心俱裂。夫崇德序功，紀行命諡，所以光昭將來，刊載不朽。今使持節左中郎將杜瓊，贈君丞相武鄉侯印綬，諡君為忠武侯。魂而有靈，嘉茲寵榮，嗚呼哀哉，嗚呼哀哉！（《蜀書・亮傳》）

這篇詔策，對武侯的性格、抱負與勳業，都還說得很得體。這裡我們應該注意的是：丞相是他的官位，武鄉侯是他的爵位，忠武侯是他的諡號，以忠或諡武侯，可謂恰如其分。本文所稱的

圖 12：陝西‧武侯墓

武侯是武鄉侯的簡稱。

但是後主本人，對武侯似乎有畏懼之心，其左右佞臣則忌之更甚。後主曾經表示：「政由葛氏，祭則寡人」，這幾句話絕不是後主那樣的材料所能說得出的，分明受他的左右嫉忌武侯者的讒言。武侯卒後，各地人民請求為武侯立廟，朝議以不合禮秩而不從，民間亦請在成都為武侯立廟者，後主亦不從。但民間卻於歲時私祭於道陌之上，其遺愛之在民間，由此可知。

《襄陽記》云：步兵校尉習隆、中書郎向充，表請為武侯立廟於沔陽，始獲准許。自侍中董允卒後，宮中事漸由宦者黃皓掌權，黃皓是最為嫉忌武侯之小人。劉知幾云：「蜀老猶存，知葛亮之多枉」（見《史通》）；陸機《晉史》亦有「虛張拒葛之鋒」之言，足證武侯亡後，小人之進讒的一斑。

成都之有武侯祠，是附在昭烈廟的。《能改齋漫錄》云：「蜀先主祠在成都錦官門外，西夾即武侯祠」。《太平寰宇記》云：「昭烈祠左右侍者，後主、北地王、諸葛丞相、關、張兩侯、丞相子瞻，俱合為一祠也。」《成都府志》云：「先主廟在府城南二里，舊在忠陵（劉備墓）右，附諸葛孔明廟，洪武初合廟祀之。」《方輿勝覽》云：「昭烈廟西僻少南，又有別廟，忠武侯在焉，老柏參天，氣象甚古。」《勝覽》又云：「武侯廟在成都西南二里。……孔明初亡，百姓遇節朔，各私祭於道上。景耀六年春，詔為廟於沔陽。李雄（氐人）稱王，始為廟於少城。桓溫平蜀，夷少城，猶存孔明廟，……至今祠祀不絕。」

圖 13: 陝西‧武侯祠

由上所述，武侯在成都有廟，還是叨劉備的光。但是一般人都習慣稱昭烈祠為武侯廟，詩人曾加歌詠云：「廟號分明是昭烈，世人都道武侯祠；由來名位輸勳業，丞相功高百世奇。」（奇字恐記憶有誤）儘管後主王朝，不重視武侯的祠祀，但武侯廟則什麼所在都有，如衡陽府治東北有武侯祠（見《廣輿記》）。在司城有武侯廟（見《金齒軍民司志》），在白帝八陣圖有武侯廟（見《方輿勝覽》），在龍州與瀘州，均有武侯廟（見《一統志》），在臨安有諸葛公祠為蠻人所建（見《古志林》），在祁山與五丈原均有武侯廟（見《太平寰宇記》），凡此記載，不勝枚舉。鍾會伐蜀，經武侯墓，特加敬禮，並禁樵采，敵人尚知敬武侯，而後主反輕之。至武侯所駐之處、所用之物，民間都作紀念，如武侯逝世之處被稱為落星村，如諸葛菜、諸葛木等，所過之處常被立碑，以資紀念，如雷波的諸葛碑，慶州的誓蠻碑等都是。

最難得的是蜀人永為武侯服喪，甚至蠻人亦為武侯服喪。朱孟震《浣水續談》云：「蜀山谷民皆冠帛巾，相傳為諸葛公服喪，所居深遠者，後遂不除。今蜀人不問有服無服，皆帶素帽。市井

中人，十常八九，謂之帶天孝。余常以重午登南城樓，觀競渡戲，兩岸男女，匝水而居，望之如沙城焉。」《演繁露》也說：「世傳明皇帝幸蜀，山谷間老叟出望駕，有著白頭巾者。釋者曰：為諸葛武侯服也。」《浣水續談》也云：「蠻酋自謂太保，大抵與山僚相似，但有首領，以白紙繫之。云尚為諸葛公制服也。」作者在抗日戰爭期間至巴蜀，曾見蜀中人以白布裹頭者極為普遍，怪而問之，則云「為諸葛公服喪」云。

作者方以為大江流域，自江西以上居民有裹頭的風氣，贛湘間都用藍布，至四川則用白布。《史記》陳勝、吳廣起兵，抗秦暴政，有所謂「異軍蒼頭突起者」，即湘贛間之抗暴民兵。方以為山風易致頭痛，故以布裹頭以禦寒，湘贛一帶，文化水準較高，能使用藍質植物以染布，四川則用白布，所謂為武侯服喪，疑為一種傳說之誤解。及讀上述記載，乃知其說確有所據，而知蜀人對武侯感戴之深且久，有如此者。陳壽云：

> 諸葛亮之為相國也，撫百姓，示儀軌，約官職，從權制，開誠心，布公道，盡忠益時者雖讎必賞，犯法怠慢者雖親必罰，服罪輸情者雖重必釋，游辭巧飾者雖輕必戮，善無微而不賞，惡無纖而不貶。庶事精練，物理其本，循名責實，虛偽不齒，終於邦域之內，咸畏而愛之，刑政雖峻而無怨者，以其用心平而勸戒明也。（《蜀書·亮傳》）

陳壽又云：

> 及備殂沒，嗣子幼弱，事無巨細，亮皆專之。於是外連東吳，內平南越，立法施度，整理戎旅，工械技巧，物理其極，科教嚴明，賞罰必信，無惡不懲，無善不顯，至於吏

不容奸，人懷自屬，道不拾遺，強不凌弱，風化肅然也。
（〈進諸葛亮集表〉）

由此，可知蜀人對武侯敬愛之深且久，久而成習，謂之服天孝，仍能明其由來，實非牽強附會之說。袁準〈諸葛公論〉有云：

……及其受六尺之孤，攝一國之政，事凡庸之君，專權而不失禮，行君事而國人不疑，如此，即以為君臣百姓之心欣戴之矣。其用兵也，止如山，進退如風，兵出之日，天下震動，而人心不憂。亮死至今數十年，國人歌思，如周人之思召伯也。

又習隆向寵請立武侯廟，亦云：

周人懷召伯之德，甘棠為之不伐；越王思范蠡之功，鑄金以存其像。自漢興以來，小善小德而圖形立廟者多矣；況亮德範遐邇，勳蓋季世，王室之不壞，實斯人是賴。而烝嘗止於私門，廟像闕而莫立，使百姓巷祭，戎夷野祀，非所以存德念功，述追在昔者也。

愛屋及烏，人之常情。成都武侯廟前之古柏，歷經喪亂，而森森依然。唐杜甫有詩云：「孔明廟前有古柏」，又云「丞相祠堂何處尋，錦官城外柏森森」，這是周人不伐召伯之棠的遺意，亦足以說明，雖經喪亂，不但蜀人不伐，即亂臣賊子亦知敬重武侯而不砍其廟前之柏。趙抃《成都古今記》：「先主廟西院即武侯廟，前有雙文柏，古陌可愛。」范蜀公《鎮東齋記事》云：「武侯廟柏，其色若牙，甚白而光潔，尚復生枝葉，今纔十丈許」。《本草》云：

「益州諸葛亮廟中大柏，相傳是蜀世所植，故人多採其葉作藥。味甚甘香，異常柏也。」《本草》為明李時珍所作，足證蜀柏明時仍在。《游梁雜鈔》云：「嘉靖中連乾清宮，遣少司馬馮清求大材於蜀地。至孔明廟，見柏，謂無出其右，定為首選，用斧削去皮，珠書第一號字，俄聚千百人斫伐。忽群鴉無數，飛遶鳴噪，啄人面目。藩臬諸君皆力諫，遂止。」事雖類於神話，但神物天佑，或信有之乎！由此，亦足以見武侯遺愛之深。

結　論

綜合武侯一生的史實，可分為下列諸段落：

其一，修養時期，在二十七歲出佐劉備以前。

其二，荊州時期，在出佐劉備，促進孫權拒曹，完成赤壁之戰的勝利，為劉備奠定荊州的根據地，初步完成三國鼎立之勢。

其三，安定巴蜀時期，率張飛、趙雲等入蜀，援助劉備底定益州。

其四，受託孤時期，又可分為幾個小段：即安定巴蜀、南服蠻夷、息兵教民以及出師北伐等幾個段落。

休養時期的武侯，除誦習經史及諸子百家之書，兼習兵法，以備濟世之用。當時經書的學習，皆重注疏的背誦，武侯獨注意其大略與典章制度，並且廣結友好，研討學問，特別注重人格修養與實際應用諸大端，尤注意當時的局勢發展，全盤形勢，都在他的腦際。雖然他自己說：「躬耕於南陽，苟全性命於亂世，不求聞達於諸侯。」實際上是他在充實安邦定國、澄清天下的學術基礎，以待明主而施展其抱負。試看在隆中躬耕之時，常自比於管仲、樂毅，自作〈梁父吟〉而經常歌詠之，其志豈在「苟全性命於亂世」而已。

武侯澄清天下的大志是「興復漢室，還於舊都」，他是漢室的大忠臣，是無可懷疑的。隆中是在劉表的勢力內，劉表也是漢室之裔，但他絕不與劉表往來。曹操擁有整個的黃河下游，孫權擁有江東六郡，都有確切的地盤和雄厚的實力，但他絕不與曹操、孫權往來。當時的劉備實力微弱，且寄人籬下，並無固定的根據地，但在劉備三顧茅廬，一席長談以後，他便決定輔佐劉備，不僅是感其誠意，同時更是由於劉備有興復漢室之志的關係。故在隆中躬耕時的武侯，有擇主而事的用意。東漢初期，光武稱王於洛陽，隗囂稱王於天水，公孫述稱王於成都；馬援自天水而成都，最後始至洛陽，光武怨其相見之晚，馬援則謂「當今之世，不但君擇臣，臣亦擇君。」武侯躬耕修養，最後出佐劉備，正與馬援之意相合。

武侯為劉備設計興復漢室的策畫，即世所著稱之「隆中對策」，亦即《諸葛亮文集》中的〈草廬對〉。我們加以分析：第一步先求與曹操孫權相對立。這便是所謂鼎足之勢，其目標是據荊州。第二步是西取益州為總根據地，然後南定南蠻，北定漢中，以充實力量。第三步，是分兩路北伐，由劉備率益州之眾，北出秦川，命一上將北出宛洛，這上將是誰？從劉備應劉璋之邀而入蜀，武侯與關、張、趙雲鎮守荊州一事來看，這位上將便是武侯自己。秦川一路與荊州一路會師宛洛，則取長安而定關中，興復漢室，指日可待了。在他的計畫中與東吳聯合，是他外交政策的重點，隆中對策時是如此，以後也是如此。

隆中對策的第一次挫折，是劉備不能控制劉琮而實際上掌握荊州，與孫權聯合而擊敗曹操。劉備不能據荊而聯孫，勢單力弱，故赤壁戰後東部荊州自夏口以下，皆入孫權掌握，初步計畫，只算成功了一半。劉備入蜀，張松、龐統都勸劉備乘劉璋相迎的機會中殺之，其實不殺劉璋而以控制與羈縻方法加以運用，也可以

定益州；但是劉備都辦不到，以致與劉璋相敵對，不能不以荊州之兵來援，而以守荊州的重大責任，交與關羽。此為隆中計畫的第二次挫折。這二次挫折都不算太大，但是第二次挫折與第三、第四兩次挫折，互相關連，那便是隆中計畫的致命打擊了。關羽是一位上好的戰將，不是「大將」，更談不到「天下之將」。他不懂政治和外交，重違武侯聯吳制魏的中心外交政策而與吳失和，更不理解兩面作戰的軍事危機，不了解敵我的強弱，一味逞勇，以致造成魏吳相連，以攻荊州的新局面。以一支部隊而分兵兩面作戰，已犯兵家之大忌。再加上劉封、孟達逞私人意氣之爭，坐視關羽的單獨作戰，而不肯循漢水而下與關羽會師，以致荊州失守，這是隆中計畫的大挫折。

我們很不理解，劉備既得漢中，應該料到吳軍有攻荊州的可能，應該遣軍出三峽以遙援關羽，漢中勝利，衝昏了劉備及其一部分將帥的頭腦，一味升格為漢中王，而不復計及東方可能發生的危機，殊為可惜。關羽既失荊州，劉備以報復為名，舉罄國之師以復荊州，不幸又遭到猇亭的大敗，全軍盡歿，這是隆中計畫的另一致命打擊。武侯兩路北伐的計畫，至此只賸下一路北伐的殘局了。

就地緣的意識來研究，武侯是最善於用蜀的，「蜀之為地，其出不得入，其入不得出」（蘇氏語），武侯是很清楚的，他以荊州與漢中為前進基地，而以蜀為補給中心，正所以補蜀地局促的形勢之不足。故荊州之失與猇亭之敗，武侯最為痛心。〈後出師表〉對漢中之得，認為「漢事將成」，而對「吳更違盟，關羽毀敗，秭歸蹉跌」，認作意外的失敗，漢事至此已為「成敗未可逆料」的趨勢了。

在六次北伐中，武侯自己也有挫失，他不能適時援助孟達，收復漢水中游，不能不說是坐失良機，但我們還可以孟達是反復

小人，武侯不能輕信其歸降，作為解釋。按孟達本為蜀將，以與劉封不睦而降魏，而深受魏文帝的寵信。及文帝卒，朝中無奧援，而又有降蜀之企圖，故武侯不能輕信，事有可原。但他派馬謖守街亭，這是大失著。馬謖之不可重用，劉備已有遺言；武侯與馬謖相處甚久，接觸頻繁，而不能認識他是沒有作戰經驗，只是死啃兵法，紙上談兵的參謀人才而已，事後他自責知人多闇，確是事實。雖然我們還可以將才稀少、拔擢新人來替武侯作解釋，但是畢竟這是一項大錯誤。街亭之敗，挫蜀軍銳氣，損失重大，此後蜀軍之作戰力量大為降低，已有兵源不足之慮了。漢事至此，大勢已去，故不能不採取攻勢防禦的策略，使敵不知所守而疲於奔命。

　　經此挫折，但是武侯仍不灰心，以少數精兵，進攻不已，最後仍能出斜谷，據武功，屯兵於五丈原，命軍士雜居民間屯墾，以足軍食，司馬懿仍畏蜀如火。及司馬懿知武侯「食少事繁」，認為「已無足憂」，只取守勢，以疲蜀軍，以俟武侯的健康日壞而蜀軍自退。故武侯北伐後期，司馬懿與武侯相持而不戰，只是比司馬懿與武侯的健康，比魏軍人數優勢、糧食充足和蜀軍人數不多、後援遼遠與糧食不足，比雙方將帥的多寡。武侯利在速戰，司馬懿利在長久嚴守。武侯以婦女頭巾等物激司馬懿出戰，司馬懿為了安軍心，向洛陽請命以示他並不懼戰，實際上是拖垮蜀軍的作戰方針。也許有人要說，司馬懿不欲戰，蜀軍何不逕行進攻？這便是受了部隊人數的限制，當時司馬懿的魏軍一說是四十萬，一說是二十萬，而蜀軍則不足十萬人。是處在攻不足、守有餘的逆境。武侯既卒，蜀軍漸退，行陣仍是非常整齊，司馬懿率軍追之，軍中且出現坐素車的武侯，司馬懿大驚而退。當時因有「死諸葛驚走生仲達」之說，司馬懿解嘲地說：「吾能料其生，不能料其死」，由是可知武侯威名之大與蜀軍之訓練有素了。

　　作者寫這部歷代風雲人物，是專門介紹成功的人物，武侯不能完成「興復漢室，還於舊都」的政治目的，不能算是成功。但是他在劉備兵微將寡、並無立足之地的時機，為他設計一套先求基地，次求統一的計畫，以後逐漸實現，無論如何，鼎足之勢是完全成功的。一個任何完善的計畫，中間經過幾次致命的打擊，使計畫最重要的部分，遭受破壞而無可挽救，這不是計畫的不善，而是執行計畫的人，不能依照原計畫實施，這豈是武侯的過失？假使武侯的壽命能夠延長十年，則漢室復興，仍有一線希望。這莫非真有天命嗎？

　　我們從另一角度看，武侯治蜀治軍乃至於兵法的推衍，都是絕對成功的。劉備常外出，軍資所需，毫無短缺，這是武侯對於後勤補給的成功。他以七擒七縱之法服南人而得其用，這是史無前例的成功。他的奇正攻守的兵學理論，他的八陣圖的設計完成，皆為後世兵學名家所推崇，用之於實際作戰，都能奏效，致名垂千古而不朽，這些成功，比勳業上的成功，有過之而無不及。無論蜀人、蠻人，或武侯曾經治理之處，無不感恩戴德，至蜀人永遠為武侯服「天孝」，這是他在政治上的成功，是後世無人可及的。

　　有袁子者曾對諸葛亮作如下的評論：

　　或問諸葛亮何如人也？袁子曰：張飛關羽，與備俱起，爪牙心腹之臣而武人也；晚得諸葛亮，因以為佐相，而群臣悅服，劉備足信，諸葛亮足重故也。及其受六尺之孤，攝一國之政，事凡庸之君，專權而不失禮，行君事而國人不疑如此，即以為君臣百姓之心欣戴之矣。行法嚴而國人悅服，民盡其力而下不怨。及其兵出，入如賓行、不寇、芻蕘者不獵，如在國中。其用兵也，進退如風，兵出之日，天下震動，而人心不憂。亮死至今數十年，國人歌思，如

周人之思召公也。

又說：

> 亮之在街亭也，前軍大破，亮屯去數里，不救，官兵相接，
> 又徐行，此其勇也。亮之行軍，安靜而堅重，安靜則易動，
> 堅重則可以進退。亮法令明賞罰信，士卒用命而不顧，此
> 其所以能鬥也。

又曰：

> 亮率數萬之眾，其所興造，若數十萬之功，是其奇者也。
> 所至營壘井灶、圍涸藩籬、障塞，皆應繩墨，一月之行，
> 去之如始至，勞費而徒為好飾，何也？袁子曰：蜀人輕脫，
> 亮故用之。……亮治實不治名，志大而所欲遠，非求近速
> 者也。

袁子不知何許人？但從「亮死至今數十年」一語觀之，當是
諸葛亮稍後之人，其所論如此，比起陳壽所言，公平得多了。

諸葛亮的子姪與家教

我們中國人非常注意傳宗接代的子嗣，且有「明德之後必有
達人」的諺語。諸葛亮功高百世，名垂千古，其後人如何？應是
大家關切的，因述其子姪的史事，以為本文之殿。

諸葛亮的太太，是黃承彥的女公子，黃承彥本是他的老前輩。
世傳承彥之女，奇醜，但諸葛亮以其德行甚高，故妻之。娶妻不

以貌而以德為重,這一個婚姻原則,是值得我們加以強調而尤應取法的。

但是他們婚後,久不育子。孟子說:「不孝有三,無後為大」,已經成為大家的信條。諸葛雖曠達,但也以無後為虞,因求取其兄子為嗣,以續禋祀。諸葛亮兄弟三人,長兄諸葛瑾,事孫權;弟諸葛均則在曹魏。當時三分天下,而他們兄弟三人,各事一國,各為其主,各盡其忠,倒是一件有趣的事。赤壁戰前,亮在吳,說孫權與劉備合兵拒曹,孫權雅愛亮之才能,要諸葛瑾留亮在吳工作,諸葛瑾答覆得很妙:亮之不留吳,猶瑾之不事備。他們兄弟之間,相知甚深,各不以私害公。但是兄弟之間,感情非常輯睦,並不以各為其主,而有損手足之情。他要他的兄長犧牲一個兒子做他的嗣子,便是一例。他深愛瑾子喬,曾與瑾書,有云:

> 既受東朝厚遇,依依於子弟。又子喬良器,為之惻愴,見其所遺與亮器物,感用流涕。(《三國志》卷五十一〈孫翊傳〉)

後來,終於求喬為嗣子,諸葛瑾也慨然同意,足證他們手足情深的一斑。喬是諸葛瑾的第二個兒子,本字仲慎,與其兄元遜,在吳都是知名之士。喬過繼給諸葛亮後,改為伯松,是一個性情中人。諸葛瑾之遣喬入蜀,也不是兄弟之間的私相授受,而是得到孫權同意的。這本來是他們的家務事,但是由於東吳與蜀漢各自立國,恐啟嫌疑,故瑾稟命而行,以示無私,處理得十分周密。喬既至蜀,亮以為嫡子,拜為駙馬都尉。諸葛亮出屯漢中,進行北伐,喬亦隨行,亮還特別給諸葛瑾寫信,說明其原因,信中說:

> 喬本當還成都,今諸將子弟,皆得傳運思惟,宜同榮辱。今使喬督五、六百兵,與諸子弟傳於谷中。(《亮集》卷二)

　　他是怕他的兄長有所懷疑，因說明其用意，亦以見武侯之細密處。諸葛喬二十五歲而卒，死時為後主建興元年。此據陳壽《三國志・亮傳》，其紀年實有錯誤。按建興二年，蜀漢新遭國喪，諸葛亮閉關息民，勸務農桑。建興三年亮南征，又休兵養民了一年，至建興五年，亮始出屯漢中，如喬死於建興元年，則安有隨亮出征之事，則喬之死，至少應在建興五年之後，方合史實。喬子攀，官拜行護軍翊武將軍。此一記載，亦有問題，如果喬死時只有二十五歲，則其子至多還是一個大孩子，豈能任職？如果喬在建興元年二十五歲是對的，其卒年在建興五年後，喬年不過三十歲。如果喬十七歲結婚，死時攀仍是大孩子，也不能拜為行翊護將軍。陳壽的《蜀書》，舛謬之處甚多，如言後主為甘夫人生，而〈後主傳〉則云其母為吳夫人，如言劉備時得諡者僅法正一人，但在法正之前，龐統早已得靖侯之諡。凡此謬誤，本文不具論，陳壽又言攀也早卒，吳自諸葛恪案後，諸葛子孫，誅戮殆盡，亮因遣攀返吳為諸葛瑾之後。此一記載，亦有問題，攀亦早卒，攀子顯仍留蜀，意或遣攀之他子為瑾後乎？按諸葛恪為瑾之長子，即所謂元遜者便是。此人才智過人，自幼知名，孫權上下都非常器重他，將使典糧穀，諸葛亮聞之，特與陸遜書云：

　　家兄年老，而恪性疏，今使典主糧穀，糧穀軍之要最，僕雖在遠，竊用不安。足下特為啟至尊轉之。（〈江表傳〉，《亮集》卷二亦載此信）

由此，可知諸葛亮對於這位大姪子，早已認為是問題人物。其注意家教，關心異國的親族，實有足多。

　　諸葛亮後來自己也生了一個兒子，那就是諸葛瞻，建興四年出生，是在亮北屯漢中的前一年。建興十二年，僅是八歲的孩子，

可是聰明伶俐，人見人愛，而諸葛亮卻以為這孩子太早熟了，只怕難當大任，他給他哥哥寫信說：

> 瞻今年八歲，聰慧可愛。嫌其早熟，恐不為重器耳。（《蜀書‧亮傳》）

因此，他要在教育上加以匡正，要他在人格修養方面，多下工夫。他寫信給他兒子說：

> 夫君子之行，靜以修身，儉以養德，非澹泊無以明志，非寧靜無以致遠。夫學須靜也，才須學也，非學無以廣才，非志無以成學。淫慢則不能勵精，險躁則不能治性。年與時馳，意與日去，遂成枯落，多不接世，悲守窮廬，將復何及！（《亮集》卷二引《太平御覽》卷四百五十九）

「澹泊明志，寧靜致遠」，學以致用，戒淫慢，戒險躁，這些都是諸葛亮修養的經驗之談，心傳於其子。不知道諸葛瞻是否喜歡飲酒？還是武侯顧慮他可能飲酒過量？所以他特別寫信給他兒子，要他飲酒不可至於「醉而迷亂」。書信中是這樣說的：

> 夫酒之設，合理致情，適體歸性，合禮而退，此和之至也。主意未殫，賓有餘倦，可以致醉，無致迷亂。（同前）

按武侯建興五年北屯漢中，瞻時年八歲，當無隨在任所之理，所以這些信件，應該是武侯在軍中所書。當時他統帥大軍，致力北伐，軍書旁午，日不暇給；但他並不疏忽對兒子的教誨。今天的家長，往往以事務繁忙為託詞，置兒女教育於不顧，讀武侯訓

子書，應知愧怍！

　　武侯不但關心他子姪的訓誡，而且對外甥的教誨，也並不忽視。《文集》中有〈誡外生書〉一通，錄之如下：

> 夫志當存高遠，慕先賢，絕情欲棄疑滯，使庶幾之志，揭然有所存，惻然有所感。忍屈伸，去細碎，廣咨問，除嫌吝，雖有淹留，何損於美趣，何患於不濟。若志不強毅，意不慷慨，徒碌碌滯於俗，默默束於情，永竄伏於凡庸，不免於下流矣。（同前）

他在這些信件中所講的道理，即在今日，依然是金玉良言，值得大家學習的。

　　諸葛瞻年十七歲，尚公主，拜騎都尉。十八歲為翰林中郎將，繼遷射聲校尉、侍中、尚書僕射加軍師將軍，他又工書善畫，博聞強記，名揚遐邇。《三國志》作者陳壽，就曾在他幕下做過事，受過責備的，故在〈諸葛瞻傳〉中有微詞。如說：「蜀人追思亮，咸愛其才敏，每朝廷有一善政佳事，雖非瞻所建倡，百姓皆傳相告曰：葛侯之所為也，是以美聲溢譽，有過其實。」便是一個例。

　　後主延熙紀年，至二十年為止，翌年改為景耀元年（西元258年）。景耀四年，瞻被任為行都護衛將軍，與輔國大將軍南鄉侯董厥並平尚書事。景耀六年冬，魏征西將軍鄧艾與鍾會兩路攻蜀。鄧艾軍自陰平道左擔山入江油。諸葛瞻督師出禦，設司令部於涪亭，軍敗，還守縣竹。鄧艾遣使招降，以琅玡王之位相許，瞻怒斬其使，再戰復敗，瞻以身殉。長子尚，隨軍作戰，亦死之。《華陽國志》說：「尚歎曰：父子負國重恩，不早斬黃皓，以致傾敗，用生何為？乃馳赴魏軍而死」，可謂一門忠烈矣。《晉紀》的作者干寶對諸葛瞻有如下的評論：

瞻雖智不足以扶危，勇不足以拒敵，而能外不負國，內不改父之志，忠孝存焉。

這是敵方文人學者對諸葛瞻的觀感，公道自在人心，其此之謂乎！

貳 關 羽

——忠義千秋的勇將

從忠義劇展說起

中國電視公司從七十年五月起在星期一至四的晚間八時起，專演忠義劇，以國劇的忠義故事，挑選在臺灣的國劇名角擔任演出。自六月下旬起推出《忠義千秋》的連續劇，自王允的連環計起，續演呂布戲貂蟬、轅門射戟、白門樓、青梅煮酒論英雄、屯土山關公約三事、白馬坡、戰延津、掛印封金、千里尋兄等，自屯土山以後，才落入關雲長忠義千秋的本事。已演過五關斬蔡陽至古城相會、兄弟團圓、四傑團圓奔汝南等。其後以劇團中的人事問題而中止，以致影響國劇的創導。國劇所本，大體上是根據《三國演義》而加以穿插，其中有與歷史事實相合者，也有許多不合史實者，但是關雲長千秋忠義，確是定評；而關雲長在蜀漢的風雲人物之中，確居極重要的地位，諸葛武侯而下的第二號人物，便要算關雲長了。

關雲長名羽，雲長是他的號，他本號長生，一說壽長，雲長是後來改的。他是「河東解人」。(陳壽《三國·蜀書·關羽傳》)「解」是現今的什麼地方呢？根據《左傳》昭公二十二年「王師軍於解」的杜預注，是「洛陽西南大解小解」，那關羽是現今的河南人了，與「河東」之說不合，河東即黃河以東之地，現今的山

圖 14：關 羽

西地區。山西西南部有解池，在今解縣安邑之間。春秋時，晉設解梁城，漢改解縣。故由「河東」之說來求證，「解」字下應加一「縣」字，關公的籍貫，才有明確的地望，而不致發生錯誤的印象。關於關公是山西人，民國二十某年，在山東發生過一個有其事實的大笑話。其時山東省政府主席是韓復渠，為他的父親做大生日，特別從北平請來一個國劇團，第一天的大劇便是關公千里走單騎，演員特別賣力，臺下掌聲雷動。韓老太爺問左右：「那戲臺上紅臉、長鬍子、持大刀殺人者是什麼人？」左右答道：「他是關公」，老太爺又問：「他是什麼地方人？」左右說是河東人，就是現在的山西省人。老太爺生氣了，「原來他是閻錫山派來，到我們山東來耀武揚威，殺我們山東人，那不行，叫管事的下來。」管事的到了老太爺面前答話，老太爺責備他：「我們山東有好漢秦瓊，你們為什麼不演，偏演山西人在山東殺人！要他們演一齣秦瓊大戰關公。」管事的打戰地說：「他們不會演。」老太爺發怒道：「他們不演，把他們關起來，三天不給飯吃。」管事的慌慌忙忙把經過告訴了演員們，演員們非常生氣，都說不會演。管事人說：「如果真的被關起來，三天無飯，餓壞了怎麼辦？還是臨時編辭，湊合一下，以免吃眼前虧。」大家也只好如此。

那邊秦瓊紮靠上場，念過引子、定場詩、報過名後，那邊關公上場了。秦瓊開口：「來將可是關公，為何興兵犯境？」關公聞言，歎了一口氣，照戲臺上規矩，歎氣以後，必有唱詞，胡琴拉起來了，還算扮關公的演員機伶，隨著唱道：「你在唐來我在漢，咱們倆打仗為那般？」那邊秦瓊也答唱：「要你打來你就打，你如

不打他們不管飯。」臺下哄堂大笑，演員們揮舞了幾下刀槍，鬧劇
總算結束。這則大笑話中，表示了一項意義，那就是關公山西籍，
是大家知道的。

笑話說過，言歸正傳。《三國・蜀書》本傳只說「亡命奔涿郡」，
未言亡命之故。其說有二：其一，清代有一位崇拜關公的文人，
不詳其姓氏，曾經搜輯與關公有關的許多傳說，成為《關帝聖跡
圖志》十卷，其第八卷中有一段說：

聖帝祖諱審，字問之……居解梁常平村寶池里五甲，父諱
毅，字道遠。……漢桓帝延熹三年庚子六月二十四日，有
烏龍見於村，旋繞於道遠公之居，遂生聖帝。……戊午，
生子平，次年己未，聖帝二十歲。遂謝父母曰：兒已有後，
足祀祖禰；今漢室將爐，盈庭胍稜輻邪，誰為扶紅日，照
人心者？遂詣郡陳時事，不報。歸而止於旅舍，聞鄰人哭
甚哀，乃韓守義也，遭郡豪呂熊荼毒。呂黨連七姓，點獝
事瑙，蔑職紀。聖帝眦髮豎，命守義導至七所，悉斬刈之。
聖帝既除豪，意郡守稔知群豪，必原義士，勿引繩批根，
遂潛去之。轉行五載，至於涿郡……。

這是一說，另一說見於清梁章鉅《歸田瑣記》引關西故事的記載：

蒲州解良縣關公，本不姓關。少時力最猛，不加檢束，父
母怒而閉之後園空室。一夕，啟窗越出，聞墻外有女子啼
哭甚悲，有老人相向而哭，怪而排墙詢之。老者訴云：我
女已受聘，而本縣舅爺聞女有色，欲娶為妾；我訴之尹，
反受叱罵，以此相泣。公聞大怒，伏劍逕往縣署，殺尹並
其舅而逃。至潼關，聞關門圖形，捕之甚急，伏於水旁，

掬水洗面，自照其形，顏色變蒼赤，不復認識。挺身至關，
關主詰問，隨口指關為姓，後遂不易。東行至涿州……。

這兩則故事，充滿了神秘性與矛盾，如梁章鉅所引的關西見
聞，關公仗義殺人是在蒲州解梁的家鄉，他逃亡的目的地是在河
北，豈有出潼關之理？兩說都說關公是為了伸張正義、打抱不平
而殺人，但所殺的對象不同，前說是殺土豪惡霸，後說是殺縣尹
及其舅，由此可知都是出於傳聞，缺乏有力的根據；但卻為我們
解開了一個結，那就是關公不好好的在家居住而向外出亡，是為
了殺了人。也由此，可知關公是一個富於正義感而又富於豪俠性
的人。他的正義感，半出於先天的稟賦，半出於後天的教育。大
家都知道關公最喜歡讀的書是《春秋左傳》，此亦正史所未提，而
《三國志平話》中及之。作者幼年曾經讀過一篇〈關夫子春秋樓
記〉，已忘其作者的姓名。《春秋》是我國最早的紀年史，孔子所
作，其微言大義，一歸於尊王攘夷，尤重於禮儀和忠義。關公好
讀《春秋》，亦出於傳說，依關公的性格和以後的行動證之，當非
無稽之談。

關公生日與桃園結義

關公卒於漢獻帝建安二十四年，即西元 219 年，年五十八歲。
由此上推五十八年，則關公應生於西元 161 年，應為漢桓帝延熹
四年，與《聖跡圖志》的延熹三年，相差一年。按我國計算一個
人的年歲，各地習慣不同，有的地方連母親懷孕一起計算，生下
來便是一歲，因此如果有人是除夕生的，生下來一歲，翌日年初
一便是二歲，實際上他出世只有兩天。有的地方照實足年齡計算。
因此，關公由正史推算的年齡與《聖跡圖志》的年齡相差一歲，

是不足為奇的,我們無須作瑣屑的考證。倒是關公的生日,卻是成為一個問題。第一個說法,是五月十三日,是現在大家公認的,而且成為祭祀關公的節日。第二個說法是六月二十日,第三個說法是九月十三日。根據康熙十七年所發現的〈解州漢壽亭侯廟碑〉:「……於桓帝延熹三年庚子六月二十四日生侯,長娶胡氏,於靈帝光和元年戊午五月十三日,生子平。」(見宋犖筠所引)發現此碑是常平士人于昌所立。按關公是常平村人,見《平陽府志》,此碑原作者為馮敬。馮敬履歷不詳,其碑既立於關公故里,其人應與平陽府有關,其說必有所據,則五月十三日為關平生日,而關公生日則為六月二十四日。此一關公父子生日的移位,當在此碑尚未發現之前,清政府已定五月十三日為關公生日與祭典舉行之日有關,後世遂積習難改之故。

關公怎樣與張飛劉備相遇的?《蜀書》本傳未有交代,但言:「亡命奔涿郡,先主於鄉里合徒眾,而羽與張飛為之禦侮。」後人為了解答這個問題,也有不同的三說:

其一,是《三國志平話》,有下列一段的記載:

卻說有一人,姓張名飛,字翼德,乃燕邦涿郡范陽人也。生得豹頭環眼,熊頜虎鬚,身長九尺餘,聲若巨鐘,家豪大富。因在門首閑立,見關公街前過,生得狀貌非俗,衣冠甚縷,非是本處人。縱步向前,見關公施禮,關公還禮。飛問曰:君子何往?關公見飛貌亦非凡,言曰:念某河東解州人氏,因本縣官虐民不公,吾殺之,不敢鄉中住,故來此避難。(卷上)

其二,梁章鉅引關西遺事,則云:

……東行至涿州，張翼德在州賣肉，其賣止於午。午後，即將所餘肉下懸井中，舉五百斤大石掩其上，曰：能舉此石者，與之肉。公適至，舉石輕如彈丸，攜肉而行。張追及，與之角，力相敵，莫能解。而劉玄德賣草履亦至，從而御止。三人共談，意氣相投，遂結桃園之盟。

其三，《三國演義》：

張飛先邂逅劉備，同在店裡喝酒。後見關公推著一輛車子……趕入城裡投軍。……聞此處招軍破賊（黃巾），特來應募。

此三說，第一說是文見，第二說是武見，第三說是車見，我們無須推究那一說對，總之是傳說或小說家言，都是因為陳壽沒有交代這三個人是如何會面而想像出來的解說，無論何說，都可解釋讀者胸中的疑團。

桃園結盟之說，史無明文，因此有人懷疑這是小說家言。作者的看法雖無結盟的形式，但確有類結盟的事實。大家都知道春秋時管仲與鮑叔牙的交誼和戰國時期廉頗與藺相如的誤會解釋清楚，結為刎頸之交，這些都是有結盟的事實，但無焚香祝告天地的形式。所謂「誼結金蘭」是後世的事，漢代以前，並無結盟的儀式。因此，史書多處點明他們有生死與共的兄弟之誼，但絕不提到結盟二字。試看下列《三國志》各傳的原文：

先主為平原相，以羽飛為別部司馬，分統部曲，先主與二人寢則同席，恩若兄弟，而稠人廣坐，侍立終日，隨先主周旋，不避艱險。（《蜀書·關羽傳》）
曹公東征，先主奔袁紹，曹公禽羽以歸，拜為偏將軍，禮

圖 15：桃園三結義

之甚厚。紹遣大將軍顏良攻東郡太守劉延於白馬。曹公使
張遼及羽為先鋒擊之。羽望見良麾蓋，策馬刺良於萬眾之
中，斬其首還，……遂解白馬之圍，曹公即表封羽為漢壽
亭侯。曹公……察其心神，無久留之意，謂張遼曰：卿試
以情問之。……羽嘆曰：吾極知曹公待我厚，然吾受劉將
軍厚恩，誓以共死，不可背之。吾終不留，吾要當立效以
報曹公乃去。（同上）

張飛字益德，涿郡人也。少與關羽俱事先主。羽年長數歲，
飛兄事之。（《蜀書・張飛傳》）

　　由上述的記載，可知劉備、關羽、張飛三人，義同手足，誓
共生死，史書固已有清楚的交代。「寢則同席」，表示他們的情誼
之深；在大庭廣眾間，羽飛侍立兩旁，終日不離，不避艱險，表
示他們對劉備的忠心、尊敬與禮貌，「吾受劉將軍厚恩，誓以共死，
不可背之」，這是關公的義；「立功報德乃去」，這是關公受恩必報

圖16：曹　操

的出處進退之節。有人疵議羽飛與備「寢則同席」，有失君臣之禮，其說不然。當時尚無君臣之分，有何失禮之可言。

徐州之敗，劉關張三人失散，劉備、張飛各自奔命。而羽獨被曹操所「禽」，以關公的超群武藝，豈有不能脫身之理？這是《三國志》的一個漏洞。《演義》小說以保護二位皇嫂的理由圓滿這個漏洞。《演義》中有屯土山關公約三事的記載。張遼說關公降曹的理由之一，便是不能完成保護皇嫂的大義責關公，因此關公思前想後，只好提三個條件：其一，是事漢不降曹；其二，是皇嫂應食漢祿；其三，一得劉備的下落，便辭曹尋兄。這雖然是小說家言，但證以關羽決不久留曹營的史實，其說有可信之處。當張遼知道關公的心事以後，他非常矛盾，他認為隱瞞此事，是對曹操的不忠；如果直言相告，則羽將被殺，有虧友誼。經他仔細考慮以後，覺得對曹操之忠，重於對羽之誼，終以關羽心事告曹操，曹操反以為義，只以重加賞賜，以動關公之心，但關公的決心，豈是曹操的一些恩賜所能感動，及誅顏良以後，關公盡封其所賜，「拜書告辭」。諸將建議追而殺之。曹操反說：「彼各為其主，勿追也。」由此，可知關雲長千里走單騎，大概是事實，過五關、斬六將，乃小說家的穿插了。

戲劇家有「大破黃巾兵百萬」之說，這也是值得研究的問題。無論〈羽傳〉或〈飛傳〉都無大破黃巾之說。僅〈先主傳〉中，有這麼一句：「靈帝末，黃巾起，州郡各舉義兵，先主率其屬從校尉鄒靖討黃巾賊，有功，除安喜尉。」《典略》說：「平原劉子平知

備有武勇，……薦備於從事。」大家都知道劉備雖稍有武功，但極不高明，其所謂「武勇」，當指關、張而言。按劉備與關、張結交時，還是一個賣草鞋的小生意人，由此可知從軍討黃巾時，已在結交關、張之後，乃知劉備與關、張討黃巾賊建功，是有史實可證的。

《演義》言劉、關、張相會於古城，亦非史實。《蜀書‧先主傳》說：「曹公與袁紹相拒於官渡，汝南黃巾劉辟等叛曹公，歸紹，紹遣先主將兵與辟等略許下，關羽亡歸先主。」這便是說：關羽尋到劉備時，劉備尚在袁紹軍中，不過奉派略許下而已。小說言劉備先與張飛會於古城，關羽後至，是完全虛構的。不過由於關公斬顏良之故，劉備心不能安，乃設法離開袁紹；因向袁紹獻計南連劉表，紹允之。劉備乃率劉辟等數千人投劉表。劉表對劉備，表面尊敬，內心猜疑，於是增派部隊，使劉備出屯新野，以拒曹操。

劉備入蜀與關羽守荊

劉備既歸劉表，劉表不久謝世，由次子劉琮繼其任，長子劉琦出鎮江夏。曹操最不放心的是劉備，聞劉備在荊州，乃出師南征，劉琮又降曹操，備乃且戰且退，命關羽率船數百艘至江陵，與備相會於漢津，合兵赴夏口，就劉琦。關羽的水軍和劉琦的陸軍，成為劉備的基本部隊，兵微將寡，實為劉備最危急的時期。及聯吳成功，赤壁勝曹，備乘機收南郡、長沙、零陵、桂陽等郡，初步完成鼎足之勢，但劉備仍是最弱的一個，不過和以前比較起來，算是已經有了基本的根據地了。這是諸葛亮隆中對策的初步成功，按照隆中對策，下一步的行動，是西取益州，機會恰巧來了，這還是曹操給予的。

　　赤壁敗後，曹操北還，休養生息以後，將有攻取漢中的企圖。消息很快的傳到劉璋那裡，漢中是益州的外衛，漢中如被曹操所得，曹操必將進攻益州，劉璋闇弱無能，因此非常恐懼。他的別駕從事張松向劉璋建議：「劉豫州使君之宗室，而曹公之深讎也。善用兵；若使之討魯，魯必破。魯破，則益州強，曹公雖來，無能為也。」乃遣張松為代表，歡迎劉備入蜀，並遣法正率四千人迎備，賂遣以巨億計。劉備乃率黃忠等入益州，號稱數萬，實則不足萬人，龐統是隨行的參謀長，所有精兵，由諸葛亮、關羽、趙雲等率領，屯駐荊州，以固根本基地。劉璋聽到劉備率軍來援，親至涪相迎，款洽甚歡。張松與法正、龐統計議，要劉備在席間殺劉璋，以便唾手定蜀。劉備認為此乃大事，不可倉卒行之。劉璋因得安全返回成都，補充了劉備的兵力，使至葭萌，並令白水軍聽備指揮，那時候劉備的兵力，已增至三萬多人了。劉備既至葭萌，不即進擊張魯，而先行厚樹恩德，結歡百姓，致使劉璋生疑，漸疏劉備。

　　不僅如此，張松之兄張肅時任廣漢太守，他害怕張松計畫敗露，禍及於己，乃向劉璋告發，璋將殺張松，並禁與劉備通文書。備怒，率黃忠等南攻涪水關，以不義之名，斬白水軍督楊懷，劉璋遣軍拒戰，皆敗，退保緜竹，但蜀地丘陵縱橫，關隘紛布，劉備的兵力，雖因劉璋之將李嚴來降而略增，但仍不足以定蜀，於是求援於荊州。劉備的假仁假義，不在涪殺劉璋，終致與劉璋成仇而兵戎相見，諸葛亮不能不率領張飛、趙雲等荊州的基本部隊，入蜀相援，這是隆中對策無形大挫折。

　　關於劉備與劉璋作戰，趙戩以為必敗。他的理由是「拙於用兵，每戰必敗，奔亡不暇，何以圖人？蜀地雖小區，險固，四塞之國，難卒平也。」但傅幹不以為然，他說：「劉備寬仁有度，能得人死力；諸葛亮達治知變，正而有謀而為之相；張飛、關羽，

勇而有義，皆萬人之敵，而為之將。此三人者皆人傑也。以備之略，三人佐之，何為不濟也！」(《蜀書‧羽傳》裴注引傅子之言)其結果，劉備定蜀是成功了，但仍賴諸葛亮與張飛等所率荊州兵之助。二人所說，各有其是處，可謂所見略同。

　　諸葛亮既率張飛、趙雲等軍入蜀，把鎮守荊州根本重地的責任，留給關羽，正史未言諸葛亮對關羽有何臨別贈言，但《三國演義》卻有如下的一段話，諸葛亮問關羽：曹操如來攻將如何應付？關羽說：發兵拒之。亮又問：東吳同時來攻，又將如何？關羽說：分兵拒之。諸葛亮為下結論：如此則荊州危矣！我有八字，君須切記：「東和孫權，北拒曹操。」這雖《演義》作者羅貫中的想像之辭，不知何據，但是我們從隆中對策來研究，「東和孫權」是諸葛亮的基本外交政策，「固守荊州」是諸葛亮「興復漢室，還於舊都」的兩路北伐的根本重地。諸葛亮為定益州，完成隆中對策的第二步計畫，不能不離荊州而去，其對荊州安危的關切之深，是不言可喻的，他以八字告誡關羽是意料中事，我們不可以出於小說家言而忽視之。

　　一般讀史者都以三分天下是隆中對策的基本目標。其實不然，三國鼎立，是隆中對策的過渡方案，他的最終目的是兩路北伐，即一路由劉備率益州之眾，北向秦川，一路是命荊州上將出師宛洛。劉備入蜀與諸葛留守荊州，便是兩路北伐以興復漢室的基本方針。故劉備不能單獨定蜀，諸葛亮不能不離荊州，而以關羽留守，是出於當時情勢之所逼。關羽對諸葛亮的答覆，是英雄本色，但是「分兵拒之」，是兵家所忌的兩面作戰，而關羽不知也。其後的發展，關羽仍然固執他原有的分兵作戰原則。關羽有可以和東吳的機會，而輕易放過，由此，可知關羽是勇將而非大將，他是不懂政治運用而相當剛愎的。

關羽的驕矜和恃勇貪功

　　劉備與劉璋作戰，正好給曹操以攻擊張魯的機會。漢中這個川陝間的形勝之地，既入曹操掌握，曹操必然利用這個基地，進攻川東北的宕渠等地；但曹操本人卻率大軍回許昌，以鎮守漢中的責任交給夏侯淵，以進攻川東北的責任交給張郃等。劉備既定益州，乃將張郃逐出川東北，並進攻夏侯淵而殺之，恢復了漢中要地。這是劉備的全盛時期，亦即諸葛亮〈後出師表〉所謂「漢事將成」的時期。國劇有《陽平關》一齣，是表示曹操將為夏侯淵報仇，這仍是小說家與戲劇家之言，陽平關出兵那是曹操恢復漢中的軍事行動。曹操再攻漢中，是歷史事實。請看《資治通鑑》下面的一段：

> 三月（漢獻帝建安二十四年），魏王操自長安出斜谷，軍遮要以臨漢中。劉備曰：曹公雖來，無能為也，我必有漢川矣。乃斂軍拒險，終不交鋒。……操與備相守積月，魏軍士多亡。夏五月，操悉引出漢中諸軍還長安。（卷六十八《漢紀》六十）

這是《陽平關》一劇的史事根據。

　　劉備既據漢中，關羽又據荊州。前者為曹操所忌，後者為東吳所忌，劉備就成了曹魏與孫吳的共同敵人，再加上曹操返回長安以後，劉備又遣「扶風太守孟達從秭歸北攻房陵，殺房陵太守蒯祺。又遣養子副軍中郎將劉封自漢中乘沔水（即漢水）下統達軍，與達會攻上庸，上庸太守申耽舉郡降，備加耽……領上庸太守，以耽弟儀為……西城太守」（同前書），劉備遂掩有整個的漢

水上游區，與荊州成犄角之勢，因此曹操更對劉備嫉忌，劉備強大，更引起孫權的不安。於是魏吳可能相聯的趨勢，更為明顯。關羽和劉備，對此趨勢，並無警覺。劉備就漢中王後，任魏延領漢中太守，逕還成都，並不注意增加關羽的援助。諸葛亮是否知道三國關係的新形勢的醞釀？史無明文，無從臆測；但可確知者，劉備據蜀下漢中後，對於諸葛亮的意見，並不像以前那樣的尊重，諸葛亮也很知趣的不多講話，這是有史實可證的。

這裡有一段值得一提的插曲，那就是劉備既就漢中王位，以許靖為太傅，法正為尚書令，關羽為前將軍，張飛為右將軍，馬超為左將軍，黃忠為後將軍，這便是小說家所說的五虎上將，但正史並無趙雲的名字。按趙雲為翊軍將軍是建興元年的事，乃後主報救命之恩而補封的，劉備封賞不知何以獨缺趙雲？論趙雲的品格和對蜀漢的貢獻，那是遠非馬超所及。這張「五虎將」的名單確定後，諸葛亮便有不妥的感覺，問題便是在關羽對黃忠的低估；但是黃忠有定漢中斷夏侯淵的大功，不加封賞是不合理的，由於關羽遠在荊州，對黃忠的貢獻，他是不知道的。

先是，馬超降備，關羽曾經書問諸葛亮：馬超人才，誰可相比？亮尚未答，於是乘費詩布達封賞命令和頒發印綬之便，予以答覆。關羽知道了黃忠為後將軍，位與己同，果然大怒，謂「大丈夫終不與老兵同列」，不肯拜命，我們應該注意這一詔命，是他素所敬服的「大哥」所發，竟然抗命。其竟然抗命，足證此時的關羽已是志得意滿，驕矜已極了。還虧得費詩會講話，他解釋道：

立王業者所用非一，昔蕭曹與高祖少小親舊，而陳韓亡命後至，論其班列，韓最居上，未聞蕭曹以此為怨。今漢中王以一時之功，隆崇漢室，然意之輕重，寧可與君侯齊乎！且王與君侯，譬猶一體，同休等戚，禍福共之。愚謂君侯

不宜計官號之高下，爵祿之多少為意也。僕一介之使，銜命之人，君侯不受拜，如是便還，但相為惜此舉動，恐有後悔耳。(《通鑑》卷六十八《漢紀》六十)

羽乃大感悟，遂即拜受。及見諸葛亮答書，羽乃大悅，諸葛亮的信是這樣說：

孟起（馬超字）兼資文武，雄烈過人，一世之傑，黥（布）、彭（越）之徒，當與益德（張飛字亦作翼德）並驅爭光，猶未及髯之絕倫逸群也。(《文集》卷一，亦見關羽本傳)

關羽美鬚髯，亮書故以髯稱之。羽閱書大樂，以示賓客，表示其得意。此亦為關羽驕矜之明證，為其此後失敗之根源。將忌驕恡，武侯〈將苑〉中已論之。〈將苑·將驕恡〉說：

將不可驕，驕則失禮，失禮則人離，人離則眾叛。將不可恡，恡則賞不行，賞不行則士不致命，士不致命則軍無功，無功則國虛，國虛則寇實矣。孔子曰：如有周公之才之美，使驕且恡，其餘不足觀也已。(《諸葛亮文集》卷四)

關羽晚年，正犯此病，其敗正如諸葛亮之軍事理論。

曹操與孫權以劉備為共同敵人，其第一個對象，便是鎮守荊州的關羽。但孫權對關羽，尤具戒心。建安二十四年，孫曹聯合之勢，尚未成熟，七月，孫權尚攻合肥，便是明證。但是曹魏方面的有識之士，早已預料到孫權方面的攻擊，不足深憂，憂則在於南方。

關羽之出師北伐，也許應孫權之攻合肥，但絕不是聯合軍事

行動，而是各自作戰，與蜀軍本部亦未有聯絡，所以關羽此次北伐，是孤軍作戰。

時曹方鎮守樊城的是征南將軍曹仁。關羽果作北征樊城的軍事計畫。他使南郡太守糜芳守江陵，將軍傅士仁守公安，而不知糜芳與傅士仁都是靠不住的問題人物。羽自率大軍攻曹仁。曹仁令左將軍于禁、立義將軍龐德等屯於樊北，以禦羽軍。時方八月，連日霪雨，漢水暴漲數丈，于禁等七軍皆沒，這便是小說與戲劇所稱的水淹七軍，是天助關羽的成功，是役于禁等投降，龐德被俘不屈而死。關羽乘水漲，以大船急攻樊城，城被水浸而壞，曹仁部將建議，乘羽軍尚未合圍，乘船逃走，但汝南太守不以為然，他的理由是：「山水速捷，冀其不久，聞關羽遣別將已在郟下，自許以南，百姓擾擾，羽所以不敢遂進者，恐吾軍捨其後耳，今若遁去，洪河以南，非國家有也，君宜待之。」曹仁遂決心死守，樊城不沒者僅數板，羽乘船臨城，立圍數重，內外隔絕。

羽復遣將圍襄陽，荊州刺史、南鄉太守均降，自許以南，都遙應關羽，這便是所謂「威震華夏」，是關羽北伐的全盛時期。曹操震驚，至欲遷都以避之，但是司馬懿與蔣濟不以為然。他們所獻的計，是南聯孫權。他們的理由是：「劉備孫權，外親內疏，關羽得志，權必不願也，可遣人勸孫權躡其後，許割江南以封權，則樊圍自解。」曹操從其計，是關羽北伐的勝利，促成孫曹聯合的直接因素。

攻取荊州，是孫權政府的一貫政策。但以曹操勢力龐大，雄據北方，為東吳的直接大患；而關羽駐荊州，據長江上游，對東吳之威脅亦大，但也有阻魏攻吳的作用；故魯肅主政時期，主張撫輯關羽，孫劉聯合政策尚甚健全。孫權甚至欲為其子娶關羽之女為妻。關羽並不了解隆中計畫的聯吳制曹政策，更不理解隆中計畫兩路同時北伐政策。因此權使人為子求婚於關羽，雖然是「政

治婚姻」，但不失為維持孫劉繼續聯合的機會。但關羽一味稱強，辱罵其使，不肯許婚，因此，激怒孫權。《典略》云：「羽圍樊，權遣使求助之，敕使莫速進。……羽憤其淹遲；又自已得于禁等，乃罵曰：狢子敢爾，如樊城拔，我不能滅汝邪！權聞之，知其輕己，偽手書以謝羽。」（《蜀書·羽傳》引）是則關羽之驕矜，是促成孫曹聯合的另一因素。會呂蒙代魯肅鎮陸口，密向孫權建議：

> 今討虜（孫皎）守南郡，潘璋守白帝（楚關），蔣欽將游兵萬人循江上下，應敵所在，蒙為國家前據襄陽，何賴於羽？且羽君臣矜其詐力，所在反覆，不可以腹心待也。今羽所以未便東向者，以至尊明，蒙等尚存也。今不於強壯時圖之，一旦僵仆，欲復陳力，其可得邪！（《資治通鑑》卷六十八《漢紀》六十）

從呂蒙的語氣中，我們可以理解，孫權之聯絡關羽，是要藉關羽來防制曹操之取得荊州而攻東吳，其助關羽也正恐關羽力量之不足。但其時的關羽，已成水淹七軍之功，得曹魏降兵降將不少，自以為實力已充足，不僅可拔樊城，而且在攻占樊城之後，將與東吳啟釁。孫權對此，頗具戒心，故對呂蒙的建議，不表贊同，而欲向徐州進兵，仍是與關羽遙向策應，取得其信任。所謂「先取徐州，後取關羽」，是他的飾詞，但呂蒙不贊成，他說：「曹操遠在河北，撫集幽冀，未暇東顧，餘土守軍，聞不足言，往自可克。然地勢陸通，驍騎所騁，至尊今日取徐州，操後旬必來爭，雖以七、八萬人守，猶當懷憂，不如取羽，全據長江，吳勢益張，易為守也。」（同前書）權善之。

呂蒙又說：「羽討樊而多留備兵，為恐蒙圖其後故也。蒙常有病，乞分士眾還建業（南京），以治病為名。羽聞之，必撤備兵，

盡赴襄陽，大軍浮江，晝夜馳上，襲其空虛，則南郡可下而羽可禽也。」遂稱病篤，孫權故意露布召呂蒙還的消息。陸遜聞呂蒙還，謂蒙曰：「關羽接境，如何遠下？後當不可憂也。」蒙曰：「誠如來言，然我病篤。」陸遜說：「關羽矜其驕氣，陵轢於人，始有大功，意驕志逸，但矜北進，未嫌於我，有相問病，必益無備，今出其不意，自可禽制，……宜好為計。」

呂蒙見權，權問誰可為代？蒙舉陸遜，稱許他「意思深遠，才堪負重」，當令他「外自韜隱，內察形便，然後可克。」於是孫權令陸遜任偏將軍，代呂蒙屯陸口。時陸遜在東吳，年輕無名，不為關羽所忌。遜至陸口，又致函關羽，「稱其功美，深自謙抑。」羽意乃安，撤部分部隊赴樊。呂蒙與陸遜潛謀關羽，關羽不明其奸計，反心安而少為之備，皆其驕逸所促成也。

孫權並密函曹操，請討羽以自效，並乞秘其消息，以免關羽有備。曹操從董昭之計，透露其意，故意使關羽聞知，他知關羽知吳軍將來，必撤樊城之圍以禦吳，可使「兩賊相持，坐待其敝。」兵不厭詐，孫曹都是如此，而關羽以直道行之，此其致敗之主要因素了。曹操乃增援屯宛的徐晃，晃先以部隊接近羽營，掘地道至樊城，告以援軍已至的消息，曹仁軍士氣大振，守益力，羽不能下。徐晃見關羽在圍頭與四冢有屯，揚言攻圍頭，實則力攻四冢，關羽又上了惡當。及四冢將破，羽率五千軍援之，被晃所敗，羽乃撤圍南退，水師阻於襄陽而不得通。關羽之不能竟克樊城，劉封與孟達當負極大的責任。兩人已據新城上庸，羽令至襄陽會師，二人不從。這是因為劉備收劉封為養子時，關羽有異議，封心啣之。至此，報「一箭之仇」，坐而不動，此或為關羽向荊州調集援軍的重大因素。後來劉備知道了劉封的違令，處以死刑，固然罪有應得，但何補於關羽圍樊的失敗，又何補於荊州之失守。史言關羽要劉封、孟達相援。按敗走麥城之時，隨同逃亡者僅十

餘人，自麥城至上庸新城，距離甚遠，大路被曹軍所占，只能走崎嶇山道，何能救助關羽？故羽之約劉封、孟達增援，或在圍攻樊城之時，較合情理。但劉封與孟達不和，兵力似亦單薄，是否能助關羽之成功，也是問題。

孫權既與曹操結合，謀取荊州，但仍對關羽有所戒懼，因此偽稱呂蒙患重病，不能行軍作戰，而以年事甚輕的陸遜代之，使關羽不生吳軍來襲的疑心。陸遜心機頗深，既到陸口，仍恐關羽回師作戰，乃向關羽寫了一封竭盡恭維交好的信，內容是這樣的：

> 前承觀釁而動，以律行師，小舉大克，一何巍巍！敵國敗績，利在同盟，聞慶拊節，想遂席卷，共獎王綱。近以不敏，受命來西，延慕光塵，思稟良規。……于禁等見獲，遐邇欣歎，以為將軍之勳，足以長世。雖昔晉文城濮之師，淮陰拔趙之略，蔑以尚茲。聞徐晃等步騎旌，閭望麾葆也，憤不思難，恐潛增眾，以逞其心。雖云師老，猶有驍悍。且戰捷之後，常苦輕敵，古人杜術，軍勝彌警。願將軍廣為方計，以全獨克。僕書生疏遲，忝所不堪，喜鄰威德，樂自傾盡，雖未合策，猶可懷也，儻明注仰，有以察之。
>
> （《吳書》十三〈陸遜傳〉）

陸遜這封信，完全是虛情假意，他在恭順中兼有貢獻警告之意，表示誠心，這完全是要關羽對東吳之暗襲，不加防備，完全是一種陰謀。但是關羽為人，最歡人家對他恭維，他細察來書內容，發現其頗有結好歸順之意，因此更加安心，不注意吳乘機偷襲其後方基地的企圖。陸遜看到關羽已無回兵之意，乃與呂蒙潛師西上，吳軍精銳，從潯陽（九江）溯江而西，呂蒙、陸遜，親至前方督師。他們二人更使鬼計，把精兵悉伏於船艙，使白衣人

操櫓，扮作商船模樣，這便是《演義》所說的呂子明（蒙字）白衣渡江的故事了。吳船晝夜兼程前進，務使消息不致外洩。

　　關羽在沿江本有測候部隊，以通消息，但都被吳軍所俘，因此關羽在襄樊前方，對吳軍行動，毫無所知。其時為關羽守荊州的是劉備的小舅子麋芳，麋芳還有一哥哥叫做麋竺，是劉備在陶謙幕中所得幕賓，他們本是東海的大商人，結識劉備後，跟著奔走，麋芳留荊州，麋竺則隨劉備入蜀，以這樣親密關係的人守荊州，總不該會發生問題吧。為關羽守南郡的是傅士仁，吳軍西上，問題就出在他們二人身上。關羽性格，不禮敬士大夫與知識分子，他們二人平時可能受關羽窩囊氣不少，因而懷恨在心，企圖報復，對關羽的前方補給，常不稱職，關羽怒言返回荊州時當依法治罪，故二人內心至為恐懼，呂蒙乃令虞翻以利害說麋、傅二人，二人遂降，呂蒙

圖 17：呂蒙（中）、陸遜（左）與闞澤密謀

兵不血刃，遂占荊州南郡，俘羽及將士眷屬，皆善待之，令軍中不得干擾百姓，有取民家一粒粟者，呂蒙立殺之，軍中震懾，道不拾遺，又使親近存恤耆老，疾病者予醫藥，饑寒者給衣糧，羽所藏財寶，皆封存之，以待孫權處理，故荊州秩序，迅速安定。

　　關羽之南退，曹仁欲追而殺之，為趙儼所阻，他認為追擊，

圖 18： 荊州古城

則吳將捨羽而敵魏，不如聽令自去，使彼等火拚，而坐觀其成敗，
此意正與曹操相合。曹操聞羽走，即令曹仁勿追，此皆兵機，非
關羽所能知。呂蒙在荊州所施的那一套假仁假義的辦法，是瓦解
關羽部隊的人心。關羽對呂蒙襲取荊州的情況，似乎不很清楚；
所以他還常常遣使者至呂蒙軍中存問，這正好中了呂蒙的詭計。
凡關羽使者至，蒙必厚待之，並使周遊城中，至眷屬家中問候。
眷屬亦有託使者帶信至軍中者，皆以平安無恙為辭。軍中一傳十，
十傳百，於是士無鬥志。羽自知孤軍無力作戰，遂走麥城，孫權
使人誘之，羽偽降，立幡旗置象人於城上，乘間遁走，隨行者僅
十餘人。實際上孫權已使朱然、潘璋斷其去路。十二月，潘璋部
將馬忠獲關羽及其子平於章鄉，羽父子遂遇害。

　　孫權也是一個假仁假義的能手。他至荊州，荊州諸將悉至權
所投降，其不至者只有一位治中從事潘濬，稱疾不往。權使人以
床至其家迎之，濬伏於床上不起，涕泣縱橫，悲抑不能自止，權
慰問懇切，使親近以手巾拭其面，濬遂起拜，即任為治中，荊州
軍事，悉以諮濬。濬為其平武陵諸蠻，賞賜甚厚，乃以呂蒙為南
郡太守，封孱陵侯，陸遜領宜都太守，秭歸以下大姓數以萬計悉
降，遂封遜為右將軍，屯夷陵，守峽口，荊州所屬悉定。曹操則

表孫權為驃騎將軍，假節領荊州牧，封南昌侯，權遣校尉梁寓入貢，上書稱臣於操，稱天命。孫曹聯合破羽之事，至此告一段落。權之向曹操稱臣，也是一個詭計，是欲使劉備轉移恨孫權之心恨曹操，故操得書示於所屬曰：「是兒欲踞我著爐火上。」由此，可知政治的運用，往往有不可思議的奧妙，而關羽不知也。小說言孫權曾以關羽首級獻於曹操，是更誇大其移禍的運用。不過關羽的首級，後世皆言葬於洛陽，則孫權獻羽首級之事，其信有之乎？

卓越的人格與逐漸神化

我們從上述關羽一生的事蹟來研究，適合於一般人心之要求者，略有下列諸點：

其一，為人剛正，崇尚義氣，忠於事君，雖赴湯蹈火，亦所不辭，這是一般血氣方剛的年輕人所崇敬的。

其二，關羽屈身歸曹，為的是保護二家皇嫂，不負兄長之託；及其聞劉備行蹤，雖冒萬險，千里往投，義薄雲天，為人尊敬。

其三，曹操雖以厚禮待關公，上馬金、下馬銀，三日一小宴，五日一大宴，見關公馬瘦，以赤兔名馬賜之。聞關公封金掛印而去，又賜金賜袍，但關羽皆不受，曹操義之，不予趕殺。大丈夫出處進退，要光明磊落，關羽都做到了。惟漢壽亭侯的封號，始終應用，這是出於漢獻帝的封賞之故，亭侯的封號，亭侯而稱漢壽，意即漢壽的亭侯。馬連良唱《甘露寺》，改為壽亭侯，變為不通的名詞了。國劇演員多效之，因特作說明。

其四，雖在極端困窘之中，事二家皇嫂，敬禮有加，凡有大事待決，必先請示，禮儀周到，亦極難得。

其五，關羽個性好強爭勝，有損大將風度，終以此而敗，但其軍事致敗之由，正是他做人成功之處，為後人崇拜偶像之根本。

即在刮骨療毒一事中，亦足以說明關公好強的心理。原來，羽患臂瘀痛，風雨時為甚。醫言毒入於骨，須剖臂刮骨始愈，恐其不能受此痛苦。關羽聞言，立即伸臂使剖，雖血肉狼籍，而不作痛苦狀，與賓客飲宴，割雞取食，顏色如常。按為關公療毒者乃當時名醫華佗，華佗有麻沸湯可以止痛，豈華佗不用麻沸湯而竟予剖刮乎？這是小問題，略及之而已。

其六，關公在生子以後離家，使關氏有後，這是他的孝。他離家是由於國家將亂，志在澄清天下，匡扶漢室，這是他的忠。小說言關平為關羽養子，這是錯誤的。

我幼年閱《三國演義》，至關公遇害而無法繼續下去。其後決心再看，至五丈原武侯去世，又不能再看。隔了許久，才把它看完。我的心理反映，不知道一般青年讀者有同感否？要之，關公事蹟感人之深，當時確有不忍卒讀之苦。《三國演義》這部小說的主人翁，只是關羽與諸葛亮，故不稱關羽之名而稱為關公。對諸葛亮則稱其上自天文、下至地理，無一不通，捧得也極高，但仍不如捧關公之甚。關公對後世的影響最深者，即為桃園三結義的故事。但桃園結義三兄弟，後人只重關公，而不重劉備、張飛，亦有其故。據說清世祖皇太極最愛讀《三國演義》，其行軍布陣與對敵的心理戰，常取法之。及取漠南蒙古，思欲籠絡蒙古人心，並及西藏，亦以三結義之方式行之。清初的三結義，就是滿洲族、蒙古族與西藏族的三少數民族之結合，而以蒙古之地位當關公，以西藏之地位當張飛，而自居於劉備的地位。關公是由人而神，而受社會普遍信仰，是和滿清政府的倡導，大有關係，下面另有研究。

實際上，關公之神化，《三國演義》已開其端。如孫權送關羽首級至曹操處，曹操見之，取笑他說：「雲長公別來無恙。」關羽眉眼鬚髮俱動，把曹操嚇得生了一場大病，不久去世，便是一個

例。普濟和尚常聞關公呼「還我頭來」，普濟告之曰：你殺了顏良、文醜和五關的六將，他們將向何處索頭乎？其聲乃止，這又是一個例。此後便很少看到關羽的神蹟，作者的淺陋是原因之一，傳者不多是原因之二。我們民間對於有功於國家社會或僅僅是局部的貢獻之人，常常設祠以祀之。以關公卓越的人格與功勳，民間設祠、設廟以為祀，這是極自然的結果。我記得兩則關公神化的故事，惜已忘其出處，當時未有研究關公的計畫，因此，過而不留。這兩則故事是這樣的：

其一，是明中葉可能是萬曆年間的事。當時黃河決口修築河堤，久而不能合龍，所謂合龍，是堵塞河堤兩端的缺口，乃禱於關公，未幾完成。神宗封為關王，定春秋丁日致祭，這已是與孔子的丁祭並列了。明季更定五月十三日特別祭祀。國劇《玉堂》一齣中，有關王廟相會一幕，這關王廟倒是史實。

其二，大概也是明代的事。山西著名的鹽池即解池，忽然無水，鹽民大急，禱於關公，夜夢關公來示，此蚩尤為虐，我不能制，惟吾弟張翼德能之。乃向張飛祈禱。是夜大風大雨大雷，翌晨鹽水大至，水面漂一黑木椿。這個故事宋代先傳，為張天師召關公率天兵天將滅蚩尤，宋因在解建關廟，封為崇寧真君，這大概是宋徽宗宣和年間的事。從這兩則故事中，可見當時晉豫一帶，已祠祀關公，兼祀張飛。

《三國演義》這部小說，是明代的作品，作者為誰？有人說是羅貫中，有人說是王實甫。我們無須作繁複的考證，不過這部書是歷史小說的傑出作品，清初文壇怪傑金聖歎定為十才子著作之一，足證其地位之高。這部書把《三國志》及其有關的著作，揉合起來，融會貫通，再加上作者的想像和穿插，文字通俗，故事連貫，加上作者的妥善安排和巧妙運用，活潑生動，引人入勝，深受讀者的歡迎，其書問世，不脛而走。以其趣味性極高之故，

歷史事實甚富，所以有許多人，便作為三國歷史的代替品，反置
《三國志》等以人物為中心的正史於不顧，以致發生許多有關三
國歷史知識的偏差。由於這部書對桃園三結義的極力渲染；對關
公忠勇仁義的誇大，再加上清政府的提倡，於是關公成為民間崇
拜的對象，關公廟到處建立，成為一時的風尚。

　　我的故鄉，便有一所規模宏大的關帝廟，後來改為縣立第四
高等小學，便是我的母校。初改學校時，關公正殿，還保持完整。
關公坐於殿的正中央，關平、周倉立兩側，劉備、張飛、諸葛亮、
趙雲都備位而已。而且還有赤兔馬與華佗。正殿懸有對聯，上聯
是「兄玄德，弟翼德，德兄德弟」，下聯是「友子龍，師臥龍，龍
友龍師」。這副對聯，沒有怎樣出色，但是我們得注意這原是民間
的崇拜，文人雅士所不樂為也。後來學校發展，房舍不敷，乃將
其他塑像遷出，作為閱覽室，惟關公像則巍然獨存。勝利還鄉，
連關公像都被他廟請去，成為小學的禮堂了。這一我鄉關廟的滄
桑，使我感歎時代不同的影響。

　　關公之神化和普遍信仰，和清朝政府之提倡，和幫會的發展
大有關係。上面說過清代未入關以前對於桃園三結義的政治運用，
茲作補充說明。陳康祺《燕下鄉脞錄》有云：

　　　太宗（皇太極）崇德四年，命大學士達海譯《孟子》、《通
　　　鑑》、《六韜》，兼及是書（《三國演義》），未竣。順治七年，
　　　《演義》告成。大學士范文肅公文程等蒙賜鞍馬，銀幣有
　　　差。國初，滿將武將不識漢文者，多得力於此。

　　這一記載，即滿洲貴族禮親王昭槤，也承認之，其為事實，
應無可疑。關於此事，《嘯亭叢談續錄》，記得更詳細：

崇德四年，文廟（太宗）患國人之不識漢字，命巴克什（意
略同博士，即指范文程），……翻譯《國語》、《四書》及《三
國志》（《演義》）各一部，頒賜耆舊，以為臨政規範。

二書不同之處，即前書言《三國演義》之翻譯，清代入關以
前，尚未完竣，而後書則言已竣，且成為滿洲文武耆舊的規範。
今故宮博物院尚存有未完成的《三國演義》譯本，根據《小說小
話》引《嘯亭雜錄》的如下一段：

太宗之去袁崇煥，即公瑾（周瑜字）賺蔣幹之故智。海蘭
察目不識丁，而所向無敵，動合兵法，自言得力於譯本《三
國演義》。

則《三國演義》之譯成，當在太宗之時。又蔣瑞藻《小說考證》
引清人筆記，又有如下的一段：

本朝羈縻蒙古，實利用《三國志》（《演義》）一書，當世祖
之未入關也，先征服內蒙古諸部，因與蒙古諸汗結為兄弟，
引《三國志》桃園結誼事為例。滿洲自認為劉備，而以蒙
古為關羽。其後入帝中夏，恐蒙之攜貳等，於是累封忠義、
神武、靈佑、仁勇、威顯、護國、保民、精誠、綏靖、翊
贊、宣德關聖大帝，以示尊崇蒙古之意。

按蒙古人本崇拜關羽，僅稍次於喇嘛，其後益敬之，蓋亦忠
於清。《聖跡圖志》又載：「順治九年，封為忠義神武關聖大帝」，
其封號之累贅冗長，實為後世清室帝王所增。按康熙年間，曾在
庫倫造金柱金瓦的大喇嘛廟，其籠絡蒙古，正與崇拜關羽之提倡，

圖 19：被神格化的關羽

用意相同。康雍乾三代崇奉關羽，一仍舊貫，惟封號上略有增損，但祀典則更為隆重，幾乎淩駕孔子而上之。清陳其元《庸間齋筆記》云：「關侯蜀始諡壯繆，宋諡義勇，我朝高宗皇帝特諡為忠義，並敕於史書均改正焉。道光年間又加仁勇二字，至封號則改為三界伏魔大帝。」（卷九）仁勇忠義集於關公一身，於是有聖帝之稱。俗傳關公為伏魔大帝及關聖帝君，是有所本的。乾隆三十三年的關羽正式封號為「忠義仁武聖佑關聖大帝」。按我國歷史上的文武聖人，本有一貫的系統，武聖以姜太公為首，孫武、孫臏、張良等從祀。關公原諡壯繆，有譏刺之意，故久被冷落，至唐時始從祀於武成王廟，享受一點冷豬頭肉的祭品。及羽被重視，提升武聖而脫離原有的武祀系統，世人遂稍有知原有的武祀體系者。後人稱武聖，以關岳相連，至清代以岳飛抗金而排除，而關公遂獨為武聖了。是誠有幸有不幸，有走運有不走運吧。按關公封帝，似始於明成祖時，此不備考。

清政府祭祀關公的辦法，具載於《欽定禮節則例》：「關帝廟歲春秋仲月及五月十三日致祭。前殿奉忠義神武關聖帝君神位，後殿之代位，……直省俱設關帝廟，閭府州縣均致祭，儀節與京師同。」以五月十三日為關公生日，這是子冠父戴，顯然錯誤，但歷代相傳如此，故雍正也只好將錯就錯，欽定此日為關公生日而特別祀之了。五月十三日的祀關，是一盛典。北京正陽門關廟祭

祀,「進刀馬於關帝廟,刀以鐵,重八十斤,紙馬高二丈,鞍韉繡文,轡銜金色,旗鼓頭踏導之」,真是威武之至。

關公的三代,均奉祀於後殿,但並無封號,不免寒傖。雍正乃封關公三代均為公爵。到了咸豐年間,覺得子為聖帝,而祖宗三代,僅為公爵,不能相稱,乃改封王爵,連祖宗都叨光不淺。

我們綜合上文,可知清政府對關公祀典的隆重,悉本於《三國演義》。而其神化,乃道家假造出來的種種顯靈顯聖的故事或民間相傳的顯聖顯靈佑民的故事之總結合。作者更須指出,清政府之重視關公的政治運用,不僅籠絡蒙古人,且亦籠絡漢人,因為關公早已是漢人民間的崇拜偶像之故。

幫會與社會崇拜

《三國演義》和清政府的崇拜關公之提倡,對我國社會之影響亦極大。我國民間對關公的崇拜,大體上可以分為三類:其一,是一般社會能閱《三國演義》的人,欽佩他武勇剛毅;其二,是迷信男女,崇敬他能顯聖顯靈佑民;其三,幫會分子,欽佩他的忠義與禮待二嫂,對女色不貳。根據社會學者調查所得的結論:

> 在中國民間崇祀最廣、信士最多,及支配人心勢力最大者,女神要算觀世音菩薩(觀世音是不是女的待考),男神要算關聖帝君。(《關公的人格與神格》第一章)

平民教育促進會社會調查部在河北定縣所作的調查:

> 整個縣區共有大小廟宇八七九座,按神廟名稱排列,王道廟居首位,計一五七座;關帝廟居第二位,計一二三座;

觀音廟卻出乎意外的，僅十三座，與三義廟並居十三位；但南海大士廟卻高居第四位，占八十座，若與觀音廟合併計算，共成九十三座，幾乎追上第三位的老母廟；……此外更有關岳廟兩座，若將單獨供奉關帝廟、兼祀劉、關、張的三義廟和兼祀關羽、岳飛的關岳廟三項合而為一，總有一三八座，分布之多，可以想見。（同前書）

　　由此可知崇拜關羽之普遍，此尚為一個縣區的統計，全國合計，數字當更為龐大。這些廟宇都在清代建造的，可知關公崇拜之普遍，與清政府之倡導，大有關係。依作者的研究，我國航海地區普遍設祠祭祀者是天后廟或天妃廟，陸地崇祀最普遍的是菩薩廟與關帝廟。上面所說的老母，可能是送子觀音，如果我的假定不錯，則觀音菩薩之崇拜，更為普遍。不過祀天妃或天后的地方，同時也祀觀音菩薩與關公。上面所說「王道廟」，不知其性質，可能祀的是地方神聖，此則各地方均有之耳。按林默娘有顯聖救護海難的貢獻，故為航海家所禮敬，凡有中國航行之地，常有天后宮，我鄉即有天妃宮，西貢即有阿婆廟，香火鼎盛，船家最為崇敬。至關公崇拜，海外僑胞也非常普遍，不僅國內如此。

　　遊俠之風，起源甚早，其宗旨是仗義打不平，是一種不經法律程序，處犯罪者以適當之罪刑，而仗武勇施以直接報復，這是藐視法律的粗暴行動，故《史記·游俠列傳》，斥之為以武犯禁，但民間武勇之徒，對此犯罪行為，初不注意，依然流行。關公離家後，所殺者不管是縣令及其舅也好，七姓豪強也好，是行俠仗義而犯罪的行為，故出外流亡。這一行動，反為民間武勇之徒所崇敬，後世武勇者常以為例，而行不法之事。元人施耐庵的小說《水滸傳》，更推波助瀾而倡導之。淮南盜宋江等三十六人（史有記載），聚集於水泊梁山，設忠義堂與徒眾結義為兄弟，《三國演

義》的桃園結盟，或受施之影響，亦未可知。二書互通聲氣，形成中國社會的另一風氣。水泊梁山後來擴大為一百零八好漢，雖以打家劫舍為生，但仍有劫富濟貧之義，所謂盜亦有道。後世的幫會，則以結義為號召，以歃血為盟作形式，則《水滸》與《三國演義》的影響，兼而有之，而獨重關公，則顯然受《三國演義》與清政府倡導之影響了。

　　近世幫會的組織，始於天地會。鄭成功來臺以後，深知清朝勢力之雄厚，反清復明運動，將恃未來的秘密社會組織，因此發起天地會。根據溫雄飛的《南洋華僑通史》，有云：「天地會起源之時代，……大抵醞釀於永曆及鄭成功既死之後，即康熙元年，而成立於康熙十三年者也。」陶成章《教會源流考》亦云：「浙江義師，熸於偽帝康熙三年，福建終於臺灣，乃在偽帝康熙二十二年。當時閩浙義師，相依為唇齒，閩之戰爭，又劇於浙，故滿政府設總督於其地以控制之。福建反抗最烈，其受戮最深，故其仇滿之心，亦因此而最切，於是洪門之秘密團體組織興，而天地會出於其間也。……何謂洪門？因明太祖年號洪武，故取以為名（有人解釋洪為漢失中土，其義較深，亦成一說）。指天為父，指地為母，故又名天地會，始創者為鄭成功，繼續而修整之者為陳近南也。」陳近南即鄭成功的臥龍先生陳永華。天地會的宗旨是反清復明。天地會創設於何人？成立於何年？不是本文研究的主旨，本文的主要目的是在追求天地會與劉關張桃園結義之關係，天地會最早抄本的史料，有如下的一段：

　　　　茲自康熙甲午年，西魯國王命大將彭天龍領兵打入中國地方，守將劉景、黃忠泉上表告急。朝廷即刻出下招軍榜文，各處張掛，許退兵者封侯賜爵。彼時少林寺內一百二十八人相議，揭了榜文，不用軍將，前去退敵，斬了大將彭天

龍，殺得西魯兵屍滿山川，血流成河，得勝回朝。清主大喜，……犒勞甚厚，即欲封眾人官職。眾人道：臣等不願為官，仍欲回寺修行。清王准奏，即賜玉璽一顆，刻成三角，內有日山二字……御駕親送出午門而回。……多年無事，因雍正十二年有一老奸，名喚鄧勝，到寺內行香，見寺內御賜玉璽，乃是寶物，即欲貪為己有，……妄奏君王，說少林寺內教授法術，意圖謀反，若不早圖，必生後患；不如詐稱行香，將寺放火燒毀，以絕禍根。那昏君……即命鄧勝領御林軍三千，前去行事。果然少林寺……一夜燒死了一百一十八人，只存十八人不能走脫。幸得雲端上來了一位達摩尊者，見寺內五人命不該絕，日後尚有結拜天地會一般因緣，即化黃黑浮雲，救出十八人，到了雲霄地面，又死去十三人。此時五人慌忙無措。奸臣聞知有人逃走，即領兵追趕。五人走至烏龍岡，前後無路，只得向天祝道：若我兄弟五人命不該絕，萬望再賜一條生路！祝罷，來了朱江、朱開二仙，將刀刃放在江上，化作二條浮橋，渡過五人。走至廣東省惠州府石城縣高溪廟中居住。不料水中浮起一物，撈起看時，乃是一個白鎧香爐，……是夜……見香爐底面，現出「反清復明」四字。眾人……大悅，相議欲結拜天地會，仿劉關張三人桃園結義故事，即往大普菴，得遇萬應龍，道知其詳。萬大哥大喜，即同五人仍回高溪廟，相酌欲豎義旗，同心盟誓。此係荒郊之地，並無物件，不得已，插草為香，舉目見枯木二條，即取為燭，以花碗二個取作筶。當天禱祝，投於石上：若能反清復明之日，碗不破碎。祝畢，將碗拋於半空之中，落將下來，果然完全不破，以作聖筶。兄弟俱各歡喜，以為此仇有報。

（節引蕭一山輯《近代秘密社會資料》卷二）

　　由上引一段中，少林寺僧一二八人，這一二八的數字和不願為官，似受《水滸》一百零八好漢之影響，寺僧愛國與普通國民無異，這是創新的意思，其得救由於達摩顯聖與二仙化刀為橋，顯然兼受佛教與道教之影響，而天地會之成立，取法於桃園三結義，則受《三國演義》之影響。據說，清代入關後，洪承疇曾向清廷建議：生降死不降（意指殮葬仍遵漢俗），男降女不降，俗降僧道不降。此後的反清復明運動，常以寺廟為根據地，常多僧道參加，此種僧道常為天地會分子或臺灣鄭氏的部屬。故少林寺一二八僧人之報國及餘下五人之組織天地會是饒有意義的。

　　最初的天地會，是虛擬鄭成功為大哥，實際的執事陳永華居香主之位而自居二哥，香主稱先生，凡入會者皆姓洪，以三八二十一為暗號，故稱洪門，其誓詞有云：「份當香主，即是天倫父母一般」，「不可引猛風來捉香主先生」，這就是洪門會員對香主的忠與義，顯然取法於關公。其後入會儀式，必由香主主持，發表一定規格的演講詞：

　　　　天地萬有，回復大明，滅絕胡虜。吾人當同生共死，仿桃園故事，約為兄弟，姓洪名金蘭，合為一家，拜天為父，拜地為母，日為兄，月為姊妹，復拜五祖及始祖萬應龍等及洪家之全神靈。……吾人當行陳近南之命令，歷五湖四海，以求英雄豪傑。……報仇雪恥，啜血為盟，神明共鑒。

　　另有誓詞三十六條、十禁、十刑、二十一則，作為彼此相處相待之規矩，其原則不外忠心與義氣。這裡我們特別注意下列諸點：其一，仿桃園例結盟；其二，「遵行陳近南之命令」，陳近南為二哥，此在《三國演義》中即二哥關公；其三，「歷五湖四海以求英雄豪傑」，即關公於行俠義而後之流亡生涯；其四，重忠心與

義，即關公一生所奉行的道德規範。故天地會中，特重關公的地位。作者曾旅居越南西堤，與友人談及越南的風俗，皆言越人無大哥而自居二哥，這便是崇拜關公之遺風，而越人已不知其意義了。

清政府自大陸征臺灣，而臺灣的天地會分子則自臺灣滲入大陸，初盛行於福建，繼至浙江，逐漸擴及華北與內地各省，甚至擴及海外，都在社會各角落形成龐大的勢力。在華北者稱為教，如天理教；在華中、華南者稱為會，三點會、三合會，即其流變，後來的幫如洪幫，亦其流變之一；在海外者如美國的洪門致公堂，如印尼的黑龍會，名稱雖異，性質實同，即龍岡宗親會之組織，是劉、關、張、趙四姓宗親的大團結，既具《三國演義》的影響，復有天地會的實質，正是《三國演義》與天地會二者之結合。

天地會組織以朱明遺族與原始發起人之凋零，而逐漸改變其性質，反清復明之原有宗旨亦逐漸消失，而變成民間的普通社團，即一般所稱之幫會或黑社會組織，雖以忠義俠骨結交之原則未變，但意義則與以前大不相同。以前的忠是忠於反清復明運動和忠於幫會領袖，義是規範於反清復明運動和同會的「兄弟」。及反清復明運動的大目標已消失，所謂忠與義只限於幫會內部的「兄弟們」，於是秘密社會組織雖有其內部的忠與義，但只顧其本身的利益，對一般社會則成為自私的團體，作奸犯科，無所不為，成為社會治安的障礙。由於這個贅疣的發展，信仰關公的也增加了不少，諸如做小買賣的人或小有資財的人，他們為了自保，加入幫會，免去遭受麻煩。舊時，一間小小的理髮店，或是一家規模不大的酒館或飯館，進得門去，常可見到正中地位懸有兩側侍立著關平、周倉的關公神像，便是說明這些店舖是「在幫」的。幫會之失卻民族精神，是易於喚醒的。晚清，　國父孫先生了解了幫會或會黨的起因，細心地為它們說明源委，便都恢復過來，接受反清的革

命指導，響應革命運動，在海外僑社的會黨分子除踴躍捐施經費
外，還有許多志士回國參加實際的反清革命行動，這是「華僑為
革命之母」的由來。關於關平和關公的父子關係是親生的還是領
養的，看到《忠義千秋》節目，不能不加以說明。關公故鄉所撰
的碑文，明明說關平是關公二十歲時所生的兒子，其生日為五月
十三日，但小說卻言是關公在和劉備等由古城赴汝南途中夜宿關
定家，由劉備作主領養關定的次子，國劇從而附和之，遂致弄真
成假，是不可以不辨。

結　語

　　總上所述，關公一生的事蹟，值得令人崇拜之處極多。諸如：
讀《春秋》而深明大義，在世局動盪中，慨然以匡濟漢室為己任，
這是他深厚的愛國心；他讀聖賢書，知「不孝有三，無後為大」
的道理，故其奔走國事，在關氏有後之後，這是他的孝；他在知
道強梁欺侮弱小之後，毅然除去這種害人精，這是他的義和俠；
黃巾之亂，招兵買馬之處甚多，關公都不投軍，獨在認識劉備、
張飛之後，結成同生共死的兄弟，共圖濟世大業，這是他的智；
徐州之敗，他為了保護二家皇嫂，不惜暫時屈身事曹，後來他知
道了劉備的下落，冒生死艱危去尋劉備，這是他的義；他對二家
皇嫂晨夕請安問好，每遇大問題待決，必先請示皇嫂，這是他的
禮；曹操以恩結關公，關公雖受，但辭曹時都原封歸還，這是他
的廉；他在為曹操誅顏良而後去，而且並不是偷偷的溜走，既明
告張遼於先，又欲面辭於後，不得已則留書告別，這是他的明；
他殺顏良於萬馬軍中，這是他的勇。關公人格中，具有這麼多的
優點，受後人尊敬，是應該的；其入祀武成王廟也是應該的。不
過他的普遍受到尊敬，還待小說家的傳播和戲劇的演出，由此，

可知成功作品的小說和演員水準高的戲劇對社會信仰之關係的密切。關公最後之神化與信仰的普遍化，雖由於清政府之政治性的創導和天地會及其流派的信仰，但是沒有本身完美的人格基礎，也是無濟於事的。

不過，關公的人格，也有其顯著的缺點，那就是他的驕矜，他看不起孫權，不願以女嫁權子，而且很率直地說：「虎女不嫁犬子」；馬超歸漢，他要和馬超比比身價地位，若非諸葛亮善作解釋，就要使蜀漢高級將領之間發生嫌隙；黃忠力克漢中，斬魏方大將夏侯淵，這真是蓋世的功勳，受後將軍之封，實為其應得的酬庸，而關公恥不與老兵同伍，若非費詩善為說辭，使其省悟而拜命，幾乎發生拒命而有玷於義；劉備在尚無子嗣的時候領養寇氏子為子而改姓劉，事實已成，關公獨不贊成而有微詞，以致遭到劉封的不愉快，是其直有餘而智不足；糜芳是劉備最早的幹部之一，與傅士仁同為關公所輕視，而關公令他們留守後方重鎮，及其擔任補給不力，而又怒示將繩之以法，致使二人懼而降吳，使關公根據地不守，造成大失敗，是其明有偏也。但是關公最大的缺點，還不在此，是在不明軍略與外交戰。

關公建安二十四年之北征襄樊，是在劉備定漢中、孫權攻合肥之後。劉備之定漢中，力量強大，已同為曹操孫權所忌，業已造成兩家聯合對付劉備的政治基礎，關公對此並無警覺。孫曹兩家聯合對付劉備的目標，便是駐防荊州的關公，關公已身處兩面受攻的危機，他更無警覺。關公如果了解當時的三國關係正在醞釀重大變化之可能，應該設法維繫孫劉聯合對曹的原有關係，暗中防備其乘間襲擊，並對曹操可能發動的向南進攻，作妥善的防禦準備。但是關公不作如此打算，反而主動的向北進攻，以致促成曹操與孫權的大聯合。我們相信關羽如能主守而不主攻，與孫權相和好，則曹操也不致急於向荊州進攻，即進攻，關羽當能力

守，以待蜀軍之來援，而不致遭受挫敗。但是關羽恃勇，在攻不足、守有餘和有兩面受敵的可能下，向北出兵，發動戰爭；因此，他對局勢的了解之明，是不夠的。

依照隆中計畫的北伐，是要在南定蠻中之後，然後由秦川與荊州兩路北伐；劉備定漢中以後，雖遣劉封、孟達攻取新城、上庸，但他並不令關羽北進與劉封等會師，他自己也回成都去了。由此可知北伐尚非其時。南中既平以後的兩路北伐，秦川與荊州孰重？王船山以為由劉備親自率領的一路是主力，作者的看法，略有不同，劉備入蜀，留諸葛亮、關羽、張飛、趙雲等精銳部隊駐防荊州，這便是將來從荊州出發的東路北伐軍，從人員配備上，這一路是主力，秦川一路是偏師，我們不能以劉備親統的地位來作兩路孰輕孰重的標準。根據這一衡量，我們可知荊州在蜀漢興復漢室大業中之重要性，亦即關羽鎮守荊州的責任是如何的重要。關羽不了解他的職責對劉備的整個基業處於關鍵地位，而恃勇貪功，輕啟戰端，以致造成魏吳合作的新局面，陷入兩面作戰的困境，而又不知慎選其僚屬，鞏固其後方防務。從這一觀點來看，關羽不是大將而是勇將。在斬顏良的戰役中所表現的勇將，在水淹七軍中進步了一些，知道利用天降霖雨以困敵軍，這是上帝的幫助，與關羽的智謀偶合而已。殺龐德，囚于禁，收其餘軍，進圍樊城，許昌震動，東吳亦懼而自請相助；但這一勝利，反而助長了關羽的驕矜，自認為樊城可克，東吳可滅，而且毫無軍事機密的頭腦，他真是驕到發狂的程度了。西諺有云：「上帝要毀滅一個人，先使他發狂」，關羽無乃類此。

隆中計畫是劉備建國和匡復漢室的基本方針。關羽之提早北伐與對吳關係之漠視，是違反隆中計畫的。關羽既已敗亡，劉備舉傾國之師東征，誓滅東吳，更是公然的不重視隆中計畫。諸葛亮對關羽之北伐，對劉備之東征，自然皆不以為然；但也無法阻

止劉備的東征，只是後來輕描淡寫地說：如果法孝直（法正字）在，必能阻主上之東行；即行亦不至如此的失敗。由此，可知劉備在勢力強大以後，對諸葛亮先生已不一一言聽計從，諸葛亮也很識趣的不多講話。因此，從歷史事實來研究，蜀漢之不能匡復漢室，關羽不能好好把荊州守住，是一個關鍵，關羽的人格，雖具如此多的優點，值得後人欽敬，是其成功之處；但少有瑕疵，即足以使其勳業失敗，而且牽動全局。我們不能不本春秋責備賢者之義，對此表示重大的惋惜，但是從關羽的普被尊敬和廟食千秋來看，他還是一位成功者。

參 張 飛

——智勇兼備的大將

涿郡富商武俠兼備

　　蜀漢武將，關羽外首推張飛，他是劉備最早的武將，相識尚在關羽之前，他和張飛本是同鄉。劉備是涿郡涿縣人，張飛也是涿郡人。涿縣為涿郡郡治，就是現今河北涿縣，是平漢鐵路所經的大縣，自古為南北往來的通道，人口眾多，商業繁盛。劉備少孤，家貧，與母織席販履為業，是一個手工業者和小商人，但有澄清天下的大志。而張飛則為屠商，以殺豬賣肉為生，家頗富有。他的賣肉，卻有一個奇怪的習慣，是至午而止。根據梁章鉅所引的《關西故事》，有云：「張翼德（飛字）在州賣肉，其賣止於午。午後，即將所餘肉下懸井中，舉五百斤大石掩其上，曰：能舉此石者，與之肉。」午後天熱，肉將壞，懸於井中以防腐，倒是合理的措施，足證張飛是一個很有思想的人。「能舉此石者與之肉」，

圖 20：張　飛

圖 21：涿縣・三義廟：劉關張結義處

含有以武會友之意，足證張飛為人，並不簡單。據說今涿縣，尚有張家店，即當年張飛賣肉處。

張飛是怎樣的一個人呢?《三國・蜀書》但稱勇猛，未有詳細交代。但據《三國志平話》，有云：「卻說有一人，姓張名飛，字翼德，乃燕邦涿郡范陽人也。生得豹頭環眼，熊頜虎鬚，身長九尺餘，聲若巨鐘，家豪大富。」平話就是後世的說書，其說不足為據，但所言籍貫不誤，范陽就是涿縣，所說「聲若巨鐘」，張飛的嗓門很大，是史有明文的。足證其中所言，亦有可取處。「豹頭環眼、熊頜虎鬚」的張飛形象，就成為後世戲劇家的張飛臉譜，但是否可信? 是另一問題了。根據關西遺事，張飛和劉備，是在經商餘暇，常在酒樓飲酒，他們是早已成為密友了。

張飛受過什麼教育，無資料可稽，但是既然是富有之家，而且從事經商，起碼的教育，是受過的，那應該不成問題。但是劉備受教育很遲，十五歲的時候，始受母命從學於曾任九江太守的盧植。盧植也是涿郡人，是當時的名師，同學中有劉德然和公孫瓚，都和劉備友善，而以兄事之。公孫瓚後來也做了太守，盧植門下多名士，由此可知。史言劉備為人，「少言語，善下人，喜怒

不形於色，好交結，豪俠少年多附之。」劉備、關羽、張飛，都有任俠的個性，故三人能為密友，情同手足，非偶然也。但劉備年既稍長，且修養功夫甚深，故能為之領袖。在劉備讀書時間，同學中的同宗劉德然，德然父元起，對劉備有良好的印象，常資給之。元起之妻，不以為然，認為各自有家，何可經常周濟？元起則認為「此兒非常人也」，接濟如故。大商人張世平、蘇雙等販馬為業，貲累千萬，常在涿郡周旋，見劉備而異之，乃多與金財。劉備之能糾合徒眾，微時已然。

靈帝末年，黃巾作亂。所謂黃巾，以張角為首領，其弟張寶、張梁從之。張角是鉅鹿人，事黃老，以妖術傳授於社會，稱太平道，以咒語、符水療病，愚夫愚婦多信之。四方傳授，十餘年間，徒眾至數十萬，分布於青、徐、幽、冀、揚、兗、豫八州，置三十六方（意即將軍），大方萬餘人，小方六、七千人，各方渠帥。詭言「蒼天已死，黃天當立，歲在甲子，天下大吉。」以白土書「甲子」二字於京城寺門及州郡官府，且結中常寺（宦官）封諝、徐奉等為內應，欲一鼓而覆漢室。張角弟子唐周告密，陰謀因破。張角乃明目張膽的作亂，號召徒眾，一時蠭起，角自稱天公將軍，寶稱地公將軍，梁稱人公將軍，皆著黃巾為識別，故史稱黃巾之亂。所至燒殺搶掠，旬月之間，亂民紛起，安平（河北冀縣）、甘陵（河北清河）人各執漢的封建諸侯以獻，京師為之震動。時盧植已任中郎將，受命率精兵討張角，皇甫嵩、朱儁討潁川黃巾。盧植連戰均捷，圍張角於廣宗（河北順德）。靈帝違小黃門（宦官）左豐視盧植軍，左豐索賄不遂，反誣盧植作戰不力，靈帝怒，以檻車囚植還京師，別以中郎將董卓代之。董卓是一個大草包，作戰無功，乃移皇甫嵩討角，時張角已死，由其弟張寶、張梁代統其眾，皆為皇甫嵩所殺。嵩復與朱儁分討群盜，皆滅之。時為靈帝中平元年，西元 184 年。

劉備率關羽、張飛及徒眾討黃巾，即在此時。但劉備之從軍，與盧植無關，他是由平原劉子平的推薦，從校尉鄒靖討賊的。根據《典略》的記載，備雖得勝，但受創，裝死得免，卒以功授安喜尉。會督郵到縣，劉備求見，督郵拒之，乃直入，縛督郵，杖二百而棄官亡命。《三國演義》稱張翼德怒鞭督郵，蓋即指此事。以劉備之修養，竟以督郵不肯見

圖22：張飛怒鞭督郵

而杖之，似不合理，或為張飛所為，亦未可知。

陶謙、劉備、呂布、曹操之間

會何進遣都尉毌丘儉至丹陽募兵，劉備從之，至下邳遇賊，力戰破之，得任下密丞，旋遷高唐令，為賊所敗，奔中郎將公孫瓚，瓚表任別部司馬，使佐青州刺史田楷以拒袁紹，累戰有功，除平原令，與田楷屯於齊。曹操攻徐州牧陶謙，謙求援於田楷。楷與備同往援助，時劉備所部僅千餘人，後收幽州烏丸、雜胡，得饑民數千人，陶謙更以丹陽兵四千人益備，備遂歸謙，謙表任豫州刺史，屯小沛。其後孫權稱劉備為劉豫州，本此。

陶謙病篤，遺命別駕麋竺：「非劉備不能安此州。」竺乃迎備，備不敢接受，非不欲得徐州，實因呂布與袁術在徐州之旁，肘腋間有強敵，不能不有所顧慮。經陳登與孔融力陳利害，始受州印，此即小說所稱陶恭祖三讓徐州也。劉備領了徐州牧以後，袁術果然率兵來攻，劉備以張飛守下邳，禦術於盱眙、淮陰間，相持月

餘。曹操對於劉備，認為是一個人才，頗思引誘來歸，乃於建安元年（西元 196 年）表奏劉備為鎮東將軍，以為籠絡。呂布乘間攻下邳，下邳原有守將降，張飛不能守，備妻子均被俘。已而雙方和解，布還其妻子，劉備乃還小沛，令關羽守下邳，合兵得萬餘人，仍為呂布所不容，出兵攻備，備敗走，依曹操。曹操厚待之，乃任為豫州牧，令收散卒，益其軍糧。使擊呂布，並命夏侯惇助之，但仍為呂布所敗。曹操乃親率大軍圍布於下邳而擒之。劉備乃與曹操同歸。曹操表為左將軍，禮遇益隆，出則同輿，坐則同席，曾謂劉備曰：「今天下英雄惟使君與操耳，本初（袁紹字）之徒，不足數也。」劉備聞言大驚，時方食，失箸於地，會方有雷震，劉備因解釋道：「聖人云，迅雷風烈必變……一震之威，乃何至於此也。」（此據《華陽國志》）這便是所謂「青梅煮酒論英雄」也。

　　時劉備已得獻帝衣帶密詔，命除曹操。備乃與帝外舅車騎將軍董承、長水校尉种輯、將軍吳子蘭、王子服相約密會，事發，董承等皆被誅，劉備走據下邳，仍命關羽守之，其本人則屯小沛以為犄角之勢。

　　建安五年，曹操親征劉備，破下邳，關羽不得已而暫歸曹操，劉備則走青州，刺史袁譚為袁紹之子，馳告袁紹，紹遣將迎備，並親自離鄴（河南彰德）二百里，與備相見。屯月餘，散卒稍集，與曹操相拒於官渡。會關羽誅袁紹大將顏良、文醜，心頗不安。時汝南黃巾餘孽劉辟等叛曹操，應袁紹，袁紹乃命劉備助劉辟，略許下，關羽亡歸劉備。故關羽與劉備會合，早於張飛，其相會地點，不是汝南，便是許下，小說古城會是無稽之談。劉備與袁紹共事，終不自安，乃說袁紹，南連劉表，使曹操兩面受敵。紹從之，劉備乃得脫身，走依劉表於荊州。曹操對於劉備的行蹤非常注意，遣將蔡陽追之，蔡陽反被劉備所殺。是斬蔡陽一事，史

有明文，但殺蔡陽者是否為關羽，則不得而知；但蔡陽之被殺，則在關羽與劉備相合之後，則無可疑義。

張飛耀威於長阪坡

劉備至荊州，派麋竺、孫乾為先容，劉表親自郊迎。以上賓之禮相待，增撥部隊，使屯新野，作拒曹的準備。但荊州豪傑聞劉備至，歸附者日眾。劉表對劉備也開始不放心，暗中加以防備。劉備在荊州，一住數年，根據《九州春秋》的記載，曾發現髀肉復生，心中感歎流淚。劉表見狀，問劉備何以自悲？備回答他說：「吾嘗身不離鞍，髀肉皆消，今不復騎，髀裡肉生，日月若馳，老將至矣，而功業不建，是以悲耳。」劉備志不在小，具見於此，這可能是劉表對備暗中防備的至要原因之一。但是在荊州多年，對荊州人心之歸附及得與司馬徽一系的智謀之士相往還，三顧諸葛亮於茅廬，即在此時，收穫也是不小的。曹操知道劉備在荊州，寢食難安，先使夏侯惇、于禁擊之，屯於博望，與備相持甚久。

一日，劉備設伏兵於新野而自焚其屯。夏侯惇等乘間進兵，被伏兵所敗，曹操更不放心。會烏丸等北夷攻曹操，曹操自將擊之，這是建安十二年的事。劉備因向劉表建議，北攻許昌，劉表不從，及曹操破烏丸南歸，親自率兵攻荊州，其志實在深恐劉備得荊州而撲滅之耳。劉表至此，方悔不從劉備建議之非。劉備反而安慰他說：「今天下分裂，日尋干戈，事會之來，豈有終極乎？若能應之後者，則此未足為恨也。」曹操南征，新野不能守，劉備乃退屯樊城。此時劉表已卒，由次子劉琮繼任其職，即向曹操投降，而劉備不知也。等他知道此事後，知樊城不能久居，乃遣關羽率水師至漢津，本人則與諸葛亮、張飛、趙雲等南行。曹操知荊州有豐足的軍實，深恐被劉備所據，乃以輕騎五千急追之，一

日夜行三百餘里，至當陽長阪迫及之。劉備連輜重妻子都不能顧，
斜趨漢津會關羽，而令張飛斷後，相隨者數十騎。小說言劉備託
其妻子於趙雲，為亂軍衝散，雲覓其妻子七進七出於曹軍及難民
中，國劇則有《長阪坡》一齣，以言趙雲之忠與勇，事見本書〈趙
雲──智勇忠義兼備的常勝將軍〉。張飛斷後，亦確有其事。

　　張飛在新野、樊城諸役中，擔任什麼職務，史書並無記載。
但在長阪坡留給他的部隊，只有二十騎。張飛據水斷橋，瞋目橫
矛，高聲叫喊說：「身是張翼德也，可來共決死戰！」曹操部將，
看到他凶神惡煞那樣威儀，都不敢相近，劉備等乃得安然脫險，
張飛之勇而且猛，在這一場合中，表現得豪氣干雲；但他人馬甚
少，而曹操竟不命其將士過河作戰，未免過怯。關於這一點，《三
國演義》倒有一個說明。據說當關羽誅顏良回營，曹操誇獎其武
勇，關羽說：他沒有了不起，他的兄弟張飛在百萬軍中取上將首
級，有如探囊取物一般。曹操聞之咋舌，戒其部將說：如遇張飛，
務必小心。《演義》又說，張飛因為人馬太少，令其騎兵在後，尾
繫樹枝而鞭之，因此塵土飛揚，一若後面還有大隊援兵者然。小
說家言，不足採信，但或為曹操不敢輕戰張飛，亦未可知。又小
說與戲劇，都竭力誇讚張飛之勇與強，有「曾破黃巾百萬」，曾在
「虎牢關大戰呂布」之說，都對張飛作誇大性的渲染，足證《演
義》也是極力為張飛捧場的。

　　曹操既大敗於赤壁之役，諸葛亮命趙雲取零陵、桂陽諸郡，
令關羽取長沙，未見對張飛有何任務，以意度之，張飛一定不會
閒著。在劉備既定長江中游以後，即任張飛為宜都太守、征虜將
軍、封新亭侯。足證張飛在此役中，既有任務，而且也建功不少，
抑或宜都之收復，即為張飛之功。在劉備入蜀之前，張飛轉任南
郡太守，地位是更重要了。

鼎足之形與張飛之功

赤壁之役，對劉備來說，是非常重要的。在此以前，劉備雖曾有過徐州為根據地，但不久失去，以後都是四方流浪，依人作嫁，一直沒有基地，至此始有自己的地盤，這便是諸葛亮隆中對策中所說的「鼎足之形成」的形勢。但東吳認為荊州是吳軍作戰的成果，是東吳的戰利品，其由劉備占領，是東吳對劉備的慷慨而暫時借給他的。在劉備與諸葛亮的心目中，則認荊州是他們的根據地，是得之於曹操之手，與東吳無關。以後，荊州問題，雙方糾纏不清，終於釀成孫劉聯合的破裂。

按照隆中對策，劉備在取得荊州之後，第二步是西取益州。機會終於來了。原來，益州刺史本為劉焉，由劉焉而傳其子劉璋，始終是一個積弱不振的局面，隆中對策中所謂「劉璋闇弱」者便是。這裡，我們要先補述一下荊州政局的變化。荊州牧本為劉表，表死，由次子琮繼，琮降曹操，表長子劉琦屯兵於江夏，遂繼牧荊州。劉琦在赤壁戰後病死，其部屬推劉備為荊州牧，治公安。至此，劉備之據有荊州，有了法律的根據。孫權對備，戒心始更深。曾以其妹嫁備，以結好之。小說言劉備招親的故事，倒不是虛造的。

劉備本有入蜀之意，孫權因而向劉備表示，要出兵助其收蜀，實際上是乘間取荊州。劉備的部下，有聽從的建議。荊州主簿殷觀認為不可，他說：「若為吳先驅，進未能克蜀，退為吳乘，即事去矣。今但可然贊其伐蜀，而自說新據諸郡，未可興動，吳必不敢越我而獨取蜀，如此進退之計，可以收吳蜀之利。」劉備從其計，孫權固不敢動。關於這件事，《獻帝春秋》說得更詳細：

孫權欲與備共取蜀，遣使報備曰：米賊張魯居王巴漢，為曹操耳目，規圖益州；劉璋不武，不能自守，若操得蜀，則荊州危矣。今欲先攻取璋，進討張魯，首尾相連，一統吳楚，雖有十操，無所憂也。備欲自圖，拒答不聽，曰：益州民富強，土地險阻，劉璋雖弱，足以自守，張魯虛偽，未必盡忠於操；今暴師於蜀漢，轉運於萬里，欲使戰克攻取，舉不失利，此吳起不能善其規，孫武不能善其事也。……今操三分天下，已有其二，將欲飲馬於滄海，觀兵於吳會，何肯守此，坐待老乎？今同盟無故自相攻伐，借樞於此，使敵承其隙，非長計也。權不聽，遣周瑜率水軍住夏口，備不聽軍過，謂瑜曰：汝欲攻蜀，我當披髮入山，不失信於天下也。使關羽屯江陵，張飛屯秭歸，諸葛亮據南郡，備自住潺陵。權知備意，召瑜還。

劉備採殷觀建議一事載於《蜀書》，取蜀由吳軍單獨擔任，而劉備部隊則以綏靖地方為名，不出動；而《獻帝春秋》則明言劉備不同意孫權的計畫，各地部署精兵，擋住吳軍的去路。以張飛之勇而屯於秭歸，劉備自取益州之意，甚為明顯。依作者的研究，劉備同意孫權攻蜀而不採取共同行動，是可能的。殷觀由是而官升一級。但孫權仍然要周瑜進兵，劉備乃作軍事布置以阻之耳。故兩家記載，並不矛盾。

張松、法正與劉備、劉璋的關係

劉備進入益州的機會，是張松、法正造成的。劉璋是一個保全祿位的政治投機分子。當曹操南下荊州時，劉璋恐怕曹操在勝利之後圖取益州，因而以張松為代表，向曹操獻殷勤，結好之外，

兼有投降之意。張松這個人，是益州的奇才。兄弟二人，兄張肅，偉岸精明而有才能，故為劉璋所依重，以廣漢太守之職授之。張松則矮小猥瑣，落拓不拘，不講究儀表禮節，但聰明過人，讀書過目不忘。才氣極高，而劉璋不加重用，只給他一個別駕從事的閒職，故內心怏怏，時求另謀出路。劉璋利用他的口齒伶俐，命通曹操。不想曹操也是以貌取人的，他看到張松這副嘴臉，先已生厭，所以不加理會，張松只好抑鬱而回。建安十六年，曹操將派鍾繇之子進攻張魯，劉璋深為恐懼。張松乃建議：「劉豫州使君之宗室，而曹公之深讎也，善用兵，若使之討魯，魯必破，魯破則益強，曹公雖來，無能為也。」（《蜀書‧備傳》）劉璋從其議，派張松往見劉備，而遣法正將四千人迎之。「賂遺以億萬計」，足證劉璋是渴望劉備入蜀的。

張松既見劉備，具陳益州可取的各種因素，盡言蜀中兵器、人馬、府庫及地勢之要害，並畫地圖以表示之。於是劉備盡知益州的虛實，決定入蜀，留諸葛亮、關羽、張飛、趙雲等守荊，親率龐統、黃忠等步卒西去，所部號稱數萬，實則不足萬人，且非備軍的精銳。劉璋知劉備至益州，親至涪（涪水關），迎接劉備。張松與法正、龐統建議即在會處襲劉璋，劉備不從。劉璋推備行大司馬領司隸校尉，備亦推璋行鎮西大將軍領益州牧。劉璋以三萬人增加劉備兵力，令白水軍歸備指揮，並贈以車、甲、兵器資貨甚多，令劉備北鎮葭萌（廣元），以擊張魯，劉璋則還成都。劉備至葭萌，並不向張魯進攻，而厚樹恩德，以結民心。璋已啟疑。

建安十七年，曹操進攻孫權，權向備求援。劉備因以張魯為自守之賊，不足為慮，而東吳如敗，則荊州危，益州亦危為理由，要求劉璋多給兵馬糧餉，破曹以後，再討張魯。劉璋對劉備要求，僅允撥兵四千，其餘皆給半數，雙方嫌隙漸深。實際上劉備之東援孫權，是要看看劉璋對他的誠意，故經張松、法正的反對，此

議作罷。張松之兄張肅知張松之謀，恐受連累而向劉璋告密，張松因而被殺。劉璋並令關戍軍將，勿與備通。劉備至此，沉不住氣了。引軍返涪，以不從命令為理由，斬白水軍督楊懷，並勒兵西向，劉璋亦命冷苞、張任等率兵拒備，戰端遂啟。劉備兵力不足，乃調荊州兵來援。諸葛亮因率張飛、趙雲等離荊州，而以鎮守荊州之責交關羽，此為後日失荊州的最大因素，也是隆中對策的重大挫折。所以造成此一形勢者，便是劉備不能單獨定蜀為重要關鍵。如果劉備在涪與劉璋相會時襲璋，蜀軍群龍無首，兼有張松、法正之助，遂定益州，亦未可知。此即所謂兵機，而劉備不解，殊為可惜。

張飛破江州圍成都

荊州軍西入益州，兵分兩路：一路由張飛任主將，一路由趙雲任主將。張飛是沿嘉陵江而斜趨成都的，趙雲則溯大江（長江）而上，經由岷、沱二江，逕取成都。張飛至江州（重慶），遇到了勁敵。這個勁敵，便是巴郡太守嚴顏。時嚴顏的年事雖高，而仍有勇力，知兵機，善戰守，嚴顏是不贊成劉璋迎劉備的。聞劉璋迎備之計，「拊心嘆曰：此所謂獨坐窮山，放虎自衛也。」（《華陽國志》）及飛軍至巴，嚴顏拒之，堅守不戰。《三國演義》說，張飛圍巴不下，心甚煩悶，思得一計，偽裝一個假張飛模範，獨坐帳中，飲酒不已，嚴顏探知其事，乃引兵攻飛營，及至，始發覺為空營，而伏兵齊起，張飛自外攻入，因擒嚴顏，不知何據。但嚴顏被飛所俘，則為史實。飛責嚴顏何以不降，嚴顏反而責備張飛說：「卿等無狀，侵奪我州，我州有斷頭將軍，無降將軍！」張飛聞言大怒，令左右牽去斫頭。嚴顏神色自若，向張飛說：「斫頭便斫頭，何為怒邪（同耶）？」後世文天祥作〈正氣歌〉，有「或為

嚴將軍頭」，即指此。張飛看到嚴顏這種不怕死的態度，反以為壯而釋之，引為賓客。此即《三國演義》所說的張翼德義釋嚴顏。陳壽《三國‧蜀書‧飛傳》，亦有「義釋嚴顏」一語，關於嚴顏的史事，至此為止，《演義》稱其佐黃忠破張郃於宕渠，完全是臆造的。

江州既平，飛率軍斜趨成都，加入劉備圍成都的作戰行列，時趙雲所部也參加合圍，已數十日，馬超也從沓中來會，成都益危。其時城中尚有精兵三萬，穀帛充足，尚可支持一年，吏民咸欲死戰。會劉備遣簡雍入城，以利害說劉璋開城納降。劉璋遂決心降備，對其部屬說：「我父子在州二十餘年，（劉焉在中平五年任益州牧，劉璋繼任，至此為二十七年）無恩德以加百姓，百姓攻戰三年，肌膏草野者，以璋故也，何心能安？」（《資治通鑑》卷六十七《漢紀》五十九）遂與簡雍同車出城投降。劉備對於劉璋，並不趕盡殺絕，僅把他和家屬遷於公安，歸還其所有財帛，仍許其佩振威將軍印綬。

備入成都，以府庫金銀，分贈將士。諸葛亮、法正、張飛、關羽、趙雲各得金五百斤，銀千斤，錢五千萬，錦千匹，其餘各有頒賜。備自領益州牧，諸葛亮為軍師將軍、益州太守，法正為蜀郡太守揚武將軍，董和為掌軍中郎將、署左將軍府事，馬超為平西將軍，黃忠為討虜將軍，麋竺為安漢將軍，孫乾為秉忠將軍，廣漢長黃權為偏將軍，許靖為左將軍，龐義為司馬，李嚴為犍為太守，伊籍為從事中郎，劉巴為西曹掾，彭羕為益州治中從事，費觀為巴郡太守，張飛為巴西太守。這些人有的是從劉備入蜀的，有的是僑居益州而被劉璋任用的，有的是劉璋原任的官員，有的是劉璋的親戚，皆升職被用。只要有人望、有能力的，都加官任用。不私金銀財帛，而用人惟才，所以很快的把益州安定下來。這是隆中對策第二步的實現，雖然已經走了樣，但大體上還是成

功的。簡雍有勸降的貢獻，免去成都的大戰禍，故蜀人德之，今成都以南的簡陽縣，就是為了紀念簡雍而命名的。以上是建安十九年的事。

張飛大破張郃立銘

在劉備與劉璋戰於蜀中時，曹操也做了一些安邦定國之事：其一，與孫權戰於合肥而敗之；其二，平定了馬超與韓遂之變，完成控制了關中與隴右；其三，遷都於許，把漢獻帝視同囚犯，並因死董后（董丞之女），迫獻帝立其女為后，宮中內外，盡是曹系之人，並令獻帝封為魏公，衣冠帶劍上朝，不參不拜，完全是王莽這一套的翻版。內部安定後，遂謀對付劉備，先從漢中下手。建安二十年，曹操乘益州初定，尚未必安的機會，親征張魯。七月，曹操至漢中北方門戶的陽平而占之。張魯是五斗米教（道教）徒，初無大志，聞曹操來攻，意欲投降，其弟張衛不從，率眾數萬，至陽平堅守，連山築城，達十餘里，勢亦甚壯。

曹操初聞陽平甚易占領，及至，察看形勢，見陽平山險難攻，頗有悔意。及攻山上諸屯，竟難進展，士卒傷亡甚眾，軍糧且盡，故作退兵之計，遣大將軍夏侯惇、將軍許褚，傳喚攻山諸軍返回。事有湊巧，操軍夜遷迷路，誤入張衛營，營中軍士大驚，遂散走，被辛比、劉曄等所見，以告夏侯惇，惇親察之，固然，乃建議曹操進兵，張衛夜遁。所以曹操之占陽平關，真是僥天之倖。張衛是張魯方面的惟一主戰派，張衛既敗，張魯決心投降曹操，但其間又生曲折。張魯的謀士閻圃說：「今以迫往，功必輕；不如依杜濩，赴朴胡，與相拒，然後委質，功必多。」張魯乃奔南山（大巴山），入巴中。臨行，封存倉庫，對操表示善意。操乃遣使招降，張魯遂聽命於曹操，操命張郃所部，因入巴中，參加張魯軍。張

飛之出屯閬中，大概就在這個時候。

曹操既入南鄭（漢中），司馬懿、劉曄都建議大軍逕入蜀中，以平益州。但曹操鑒於陽平之役的僥倖勝利，不欲用兵於益州，因言「人心苦不足，既得隴，復望蜀」表示持重，實恐糧餉不濟，孫權來襲之故。居七日，蜀人有降者，言蜀中一日數十驚，於是又有進兵益州之意。但劉曄認為時機已失，蜀已有部署，不能冒險進攻。乃返鄴城，留夏侯淵為都護將軍，督張郃、徐晃諸軍，鎮守漢中。曹操是建安二十一年春二月抵鄴的，迫獻帝進其爵為魏王，他的篡漢野心，至此更為明顯。操稱善於用兵，但其不從司馬懿與劉曄之議，不在蜀軍未有部署而人心惶惶之際，逕向益州進兵，而輕還彰德，以留守漢中之職交夏侯淵，不但坐失時機，而且使漢中卒入劉備之手，夏侯淵由此而失兵喪命，使蜀以漢中為基地，貽後日之大患。故操之得漢中為僥倖，失漢中為失機。

曹操之據漢中，跨有南山，為蜀的大患。及其東歸，蜀乃有規復巴南及漢中的軍事行動。這是法正的建議。不過這次用兵，卻是失敗的。劉備進攻漢中，是派張飛、馬超、吳蘭屯下辨（在甘肅成縣西），張飛所擔任的是側擊的偏師，魏遣曹洪禦之，以攻擊吳蘭為對象，時張飛屯固山，揚言欲斷曹軍後路，眾疑懼。曹休進言：「賊實斷道者，當伏兵潛行，今乃先張聲勢，此其不能明矣。宜及其未集，進促蘭。蘭破，張飛走矣。」（《資治通鑑》卷六十八《漢紀》六十）曹洪遂擊吳蘭斬之，張飛、馬超均走。這是建安二十三年的事。

但是張飛最得意的一次戰役，是大破張郃於宕渠之戰。張郃之進宕渠，是奉曹操之命，入張魯軍，實際上是監視張魯，兼作侵蜀之準備。張郃兵少，雖未足為蜀患，但宕渠在敵手，總是對蜀的一種嚴重威脅，故劉備命張飛擊之。張郃駐軍蒙頭盪石，與飛相拒五十餘日。張飛率精兵萬餘人，從瓦口關間道與郃軍交戰，

山道窄狹，郃軍前後不能相救，大敗。張郃本人，棄馬緣山從間道而逃，相從者僅十餘人，可謂狼狽之至，其得返南鄭，實屬僥倖之至。張飛對於此戰的勝利，頗為得意，特立一碑，大書「漢將軍飛大破賊首張郃於八芒，立馬勒銘。」(《四川碑志》)書作隸體，筆力雄厚，蒼勁可喜，文亦簡潔可誦。由此可知張飛兼通文字與書法。其軍略亦有可取處，非小說與戲劇所言之莽漢。

此戰具載於〈飛傳〉，未言年月，以形勢和時間推之，當在出屯下辨之前。宕渠既平，劉備乃得向漢中進攻而無後顧之憂。從吳蘭被攻而張飛、馬超均不能救的事實來看，三人駐軍分散，距離也相當遠，而且吳蘭居前，這是兵事部署上的失策。張飛並不是不知兵的，其斷敵後路，本是良策，但揚言而不實行，必以道遠難於收效之故，致被曹休識破，吳蘭既敗，張飛、馬超不能不退耳。

夏侯淵被殺，劉備平定漢中，進據陽平要塞，曹操來攻，無功而還。劉備遂被推為漢中王，這是蜀漢的全盛時期，也是隆中對策的第二步全部實現，故〈出師表〉稱為「漢事將成」。劉備既為漢中王，拜飛為右將軍假節，並封為西鄉侯。這便是五虎上將之一。及曹丕篡漢，劉備即帝位，紀年為章武。章武元年，遷飛為車騎將軍，領司隸校尉。給張飛的策文：「……以君忠義，倅蹤召虎，名宣遐邇，故特顯命，高墉進爵，兼司于京。其誕將天威，柔服以德，伐叛以刑，稱朕意焉。……」對他嘉許，可稱備至。

策文中的「柔服以德」，我們應該特別注意，是嘉勉語，也是警惕意。原來，張飛與關羽的對人態度，完全相反。關羽是善待士卒，而驕於士大夫，這便是所謂傲上不傲下，故士大夫與知名的知識分子，都畏關羽之威，而並不與關羽善，關羽得不到他們的真誠合作。張飛則敬愛君子，而不恤一般人，而且動輒對健兒加以鞭撻，而仍置之左右，並不加以防備，故劉備常以「此取禍

之道」戒之，而飛不能改也。故「柔服以德」四字，實有對張飛警戒之意。

關羽既失荊州，又敗死於麥城，劉備將以舉國之兵，以為關羽報仇為名，實則仍欲規復荊州。張飛在此役中，當有重大的任務。劉備是要他從閬中屯所，率精兵萬人，會於江州。在此緊要關頭，張飛正要出發，卻被帳下將范彊、張達所殺。《三國演義》解釋張達、范彊之所以殺張飛，以飛限軍中短期內製成白盔白甲，為關羽服喪，限期將屆，而軍中素服未具，懼被責罰，乃殺飛，持其首奔孫權。其說不知所據，但范、張持飛首降吳，則為史實。張飛之卒，是劉備東征失一右臂，或為其猇亭大敗的原因之一，亦未可知。飛尚未發兵，而閬中有表報達備，備尚未閱表，而即歎曰：「飛死矣！」足證劉備知張飛之深。乃追謚張飛為桓侯。長子苞早卒，次子紹嗣位，官至侍中尚書僕射。苞子遵，則與諸葛瞻（亮子）同守緜竹，戰死。

肆 趙 雲

——智勇忠義兼備的常勝將軍

明於擇主的青年將軍

蜀漢諸將，作者最早最欽敬的是關羽。我初閱《三國演義》至麥城關羽遇害以後，甚至不忍心再看下去。及長，知識稍增，對關羽為人，雖依然十分尊敬，但對他在政治、外交、軍略等等，多感不滿，認為他只是一個勇將，並不是一員大將，轉對張飛增加好感，張飛的作戰有計畫，對強敵非常勇敢，他沒有打過敗仗；因對《三國演義》與國劇之醜化張飛，描寫他是一個莽漢，頗感不平。其後發現張飛也有短處，他禮敬士大夫、知識分子，常常鞭撻其士兵，而又置之左右，不加防備，終於喪生，也發生不滿的感覺，而對趙雲之好感日增，認為他能擇主而事，他能不顧生命而忠於職守，他能處處小心謹慎，觀察和防備敵人的鬼計，他能對強敵有計畫的應付，勇敢地使敵人猜疑而不敢侵犯，綜合他一生的戰績，從來沒有打過敗仗，雖在敵眾我寡的危急情勢下，也能轉危為安，反敗為勝或全軍而退，他可以稱得上是常勝將軍了。

大家都知道蜀漢將領中，有五虎上將之稱。這五虎上將，便是所謂關、張、趙、馬、黃。在五虎上將中，作者最不佩服馬超。他雖然是西涼世家（其實他是扶風茂陵人），隴西名將，但是他和韓遂合作反曹，誤中曹操的反間計，始好終離，成為孤軍。他認

不清敵友，反馬派的中心人物之口頭春風，他當作是對他的忠心，以妻子留於根據地的冀城，傾師出征，以致基地被占，家眷被殺，隻身投張魯而又不自安，暗通劉備，助圍成都。他對劉備的貢獻，僅此而已。劉備之圍成都，即使得不到馬超之助，照樣可以取得，馬超何功之有？其所以重視馬超，認為在未來北征曹操的時候，可以利用其在隴右的殘餘勢力，收復涼州，壯其聲勢而已。但馬超不久去世，此願亦成空想。論和劉備的關係，關張最早，趙雲次之，黃忠又次之，馬超最後，且亦沒有什麼功績，怎可列入五虎將中？故我書並不作馬超歷史的敘述。但是五虎將中各有隆重的封號，而趙雲獨無；陳壽的《三國‧蜀書》，列有五虎將傳，而置趙雲於最後，作者深為之不平。

美姿青年善於擇主

趙雲字子龍，常山郡真定縣人。黃巾亂後，州郡紛紛自立，成割據的局面。公孫瓚是劉備的老同學，都是當時名師盧植的弟子，也在常山一帶，割地自雄。趙雲的居住區就在公孫瓚的勢力圈中，鄉里因求自保，聚集丁壯助之，而由趙雲率領以赴公孫瓚。《蜀書‧雲傳》，含糊其詞的說「本屬公孫瓚」，與史實有若干距離。《趙雲別傳》稱：「雲身長八尺，姿顏雄偉」，堪稱青年義勇將軍。公孫瓚勢微力薄，袁紹正在其側，自稱冀州牧，是河北最大的軍閥，公孫瓚深怕州人之依附袁紹，見趙雲率義勇軍來，甚為歡欣，因謂雲曰：「聞貴州人皆願袁氏，君何能迴心迷而反乎？」公孫瓚這個問題，真有點不倫不類；可是趙雲回答得甚為得體，他說：「天下訩訩，未知孰是，民有倒懸之厄，鄙州論議，從仁政所在，不為忽袁公而私明將軍也。」從這個問答中，我們看到趙雲對公孫瓚已有不滿之意，但他奉命出兵從不違誤。時劉備亦在公

孫瓚軍中，是奉徐州牧陶謙之命來援公孫瓚的。

　　趙雲在公孫瓚軍的許多將士中，獨善劉備，劉備也認為趙雲是一個不可多得的人才，深相結納，情感日深。會趙雲以兄長亡故，請假回里奔喪。劉備知其不再回來，捉雲手而別，依依不捨，趙雲對劉備說：「終不背德也。」其後，劉備依袁紹於鄴（河南彰德），趙雲因來會見。自此，備與雲同榻而臥，情好與關張相同。備密遣雲招兵，得數百人，皆稱左將軍（劉備此時的官稱）部曲，而不作自己的部隊，足證他毫無私心，這些事，袁紹都不知道的。這是趙雲歸劉備的經過。陳壽〈雲傳〉云：「本屬公孫瓚，瓚遣先主（劉備）為田楷拒袁紹，雲遂為先主將」，這一敘述，不知所據？國劇有《借趙雲》一齣戲，殆即本此。

　　從這一經過來看，公孫瓚已有地盤，而袁紹的地盤和勢力，都比公孫瓚不知道要大多少倍。劉備此時，既無基地，又無部隊，不過依人作嫁的流亡客，而趙雲捨公孫瓚與袁紹不投，獨投劉備，其有知人之明而具大丈夫出處進退之節，顯然可知。在徐州之役，劉備與關羽、張飛失散，關羽為了保護劉備之妻，不得已而歸曹，張飛則不知下落，故備得趙雲，倍加喜悅。

　　劉備隨袁紹駐鄴，由於關羽為曹操陣斬袁紹大將顏良、文醜，而深不自安，時思脫身。會汝南黃巾劉辟龔都應袁紹，袁紹特命劉備前往，助其攻略曹操的政治中心許昌。備因說袁紹以聯絡荊州刺史劉表之利，紹亦善之。劉備因得擺脫袁紹而南下，關羽即在此時復歸劉備。

　　劉備既離袁紹，與趙雲關羽南下，知劉辟龔都亦不足與共事，乃遣麋竺孫乾通款於劉表。表聞備將至荊州，表示十分歡迎，親自郊迎，待以上賓之禮，增加其兵力，使駐屯新野，以備曹操之來攻。劉備素有仁厚之名，因此荊州豪傑歸備者日眾，劉表因而疑備，陰起防禦之心。當劉備之南下，曹操曾派蔡陽於中途邀擊

之，蔡陽反被劉備所殺，國劇有《古城會》與《關羽斬蔡陽》一齣，古城會史無明文，乃小說家言，惟斬蔡一事則信有之，但不知被何人所殺耳。

在漢末群雄割據時，曹操對於勢力龐大的袁紹兄弟及呂布等，都不在其心目中，他獨特別重視流亡不得安定的劉備，所謂「天下英雄惟使君與操」，足證曹操之如何重視這個落魄英雄了。及聞劉備至荊州，與劉表相結合，認為不能讓劉備養成氣候，故在河北略定時，即作南征之計，其旨是在摧毀劉備，乘機兼併荊州。曹操還以為劉備至荊未久，尚在初步發展階段，易於對付，所以只派他的大將夏侯惇、于禁擊之。兵至博望，劉備用徐庶（原名單福）之計，預設伏兵，且燒屯而走，夏侯惇等追之，中伏大敗，此役趙雲即為主將。

趙雲大敗夏侯惇於博望時，虜獲一個叫做夏侯蘭的魏方軍人。夏侯蘭與趙雲同鄉里，而且從小就相知而成友好。此人明於法律，趙雲因請劉備恕其罪過。劉備深知趙雲向來不重私情而忠於公務，故釋放夏侯蘭，並以軍正之職任之。由此可知劉備之信任趙雲，趙雲亦不以私廢公也。

博望之敗，更使曹操感到劉備決非等閒之輩，於是決定北方完全底定後，親率大軍，南征劉備。備知不能敵，乃棄新野而退屯樊城。樊城與襄陽隔漢水相對，是一個形勢險要的地方，互為犄角，與劉表合力抗拒，本是一個可為的局面。這是建安十二年的事。

不料劉表適於此時病卒，由其繼妻蔡氏之子劉琮繼任，劉表病重時，本上表以劉備任荊州刺史（見《英雄記》），及病篤，又託孤於劉備（見《魏書》），但當時的兵權，在其外戚蔡瑁等手中，瑁等乃立琮而降曹操。劉備知此消息，只好由樊城走江陵，襄陽人士隨劉備南走者十餘萬人，加以輜重車輛，日行僅十餘里，曹

操知江陵有大倉庫，積穀甚多，若被劉備所得，勢將坐大，因率輕騎追之，一日夜行三百餘里，因被追及於當陽長阪坡，備棄家眷狼狽而遁。

救阿斗與收復零陵桂陽

劉備自樊城南行，曾命關羽率船數百艘，相約會於江陵，及倉皇逃走，連妻子都顧不得。與備南遁者，據〈備傳〉有諸葛亮、張飛、趙雲等，實際上趙雲的特殊任務，是保護劉備的家眷。其時亂軍與亂民相雜，以致失散。趙雲因職責所在，只好北返雜亂行列中尋找。《演義》稱趙雲曾七進七出於曹軍中，其根據若何？未詳究竟。不過為了顧慮劉備家眷被曹軍所俘，出入於曹軍去尋找，是可能的。《演義》又說，時徐庶在曹操左右，遙見趙雲勇不可當的進出於曹軍之中，徐庶因問曹操：此將如何？曹操答稱：是一員可愛的勇將。庶因建議應生致之，操乃下令軍中不得放亂箭。我們從趙雲身未受傷一點來看，《演義》之說，頗合情理。果真有此一事，則徐元直真是可人了。

當趙雲回北時，有人說，趙雲投降曹操去了，劉備憤然曰：「子龍不棄我走也。」後來，趙雲固然回來，身上抱著劉備的獨生子阿斗，亦即後來的後主，身後還跟著阿斗的生母甘夫人。這便是國劇《長阪坡》一齣戲的史事根據。趙雲因此高升一級，遷

圖 23：孫夫人

為牙門將軍。後來孫權迎其妹孫夫人回東吳；孫夫人已將阿斗攜去，救阿斗的仍是趙雲約同張飛救回，是橫江奪來的，這便是《演義》趙雲橫江截斗的根據了。孫夫人仗其娘家的後盾，十分驕橫，其攜來的吳兵與從屬，更是縱橫不法，劉備也奈何他們不得，因趙雲持重，特以內事由雲掌管，終能略加抑止，不為已甚，劉備依重趙雲之深，亦雲之性格與責任心之所致。

赤壁戰後，曹操遁回北方，劉備也乘機收復荊州的江南區。趙雲所負責的是收復零陵、桂陽等郡。桂陽太守代人趙範，與雲既同是北方人，又與趙雲同姓，因甚親近之，願以其寡嫂樊氏妻趙雲，樊氏有國色的美名，以為雲必受寵若驚。但趙雲拒之，謂趙範曰：「相與同姓，卿兄即我兄也。」有人也勸趙雲納之，雲曰：「範迫降耳，心未可測，天下女不少」，故終不娶之，趙範果然逃走。其心思之細密，顧慮之周到，大率類此。

馬超既被曹操擊敗，逃依漢中的張魯，操遂有進攻張魯的企圖。事聞於益州刺史劉璋，璋深感恐懼，於是遣法正、張松等屢赴荊州，賞賜甚厚，請劉備進入益州，助其防守。鼎足之勢既成，進據益州，這本是諸葛亮隆中對策的重要部分，劉備早已派張飛駐屯秭歸，就是作入蜀的準備，故劉璋邀備入蜀，在劉備來說，可謂正中下懷。由是劉備決定西行，留諸葛亮、關羽、張飛、趙雲守荊州，他自己率龐統、黃忠等部隊，向巴蜀進發。

劉備失機與趙雲入蜀

劉備入蜀軍力，號稱四萬人，實際上只有八千人，而且都不是荊州的主力軍。但劉璋非常歡迎，親自到達巴東水陸交通中心的涪，接待劉備，歡宴達百日之久。張松、法正、龐統都向劉備建議，乘此機會，襲執劉璋，益州唾手可定；但是劉備不從，認

為「此大事，不可倉卒。」揆劉備的語意，非不欲襲璋，而以初入益州，恩信未孚，而尤其重要的是他的兵力太單薄了，時劉璋在涪附近的部隊，光是白水軍已有三萬多人，一旦事發，將不可收拾；他並不計及，如果劉璋被執，附近部隊群龍無首，非瓦解，則成擒耳，退而求其次，亦可迫令劉璋，下令停戰，失此良機，殊為可惜。如果劉備能利用這個機會，單獨定蜀，則無須荊州方面的援軍，這一頁歷史便要重行寫過了。

涪水會談的結果，劉璋增加劉備的軍力，要他北守葭萌，以拒北來之敵，並將白水軍的指揮權也交給劉備。推劉璋之意，他要劉備駐葭萌，具有北進的用意，此可在劉備至葭萌後，不作出擊準備，而務收攬人心一事，因對劉備生疑中，可獲證明。劉璋左右，對於迎備入蜀，本分贊成和反對兩派。至此，反對派乘劉璋心理的變化，加以煽惑，雙方裂痕，因漸擴大，劉備在葭萌的部隊，遂成孤軍，勢甚危殆，這一點，識見深遠的龐統，已經深有警覺了；因向劉備建議上、中、下三策，具見於本書〈龐統〉一文，此不贅述。劉備採其中策，還軍於涪，誅白水軍督楊懷、高霈，並向成都進軍，不幸龐統又中箭身亡，劉備左右，因而缺少一個獻謀定計之人，不能不向荊州求援。我們從劉備取得涪水關以後，聚集諸將作大歡樂的一點來看，可以知道劉備取得益州的心願之深。更從劉備輕易誅楊懷、高霈而收取他們的部隊一點來看，可知張松、法正、龐統襲取劉璋的建議，成功之勝算甚高。劉備持重不行，以後終於兵戎相見，劉備對軍機的抉擇，畢竟是一個門外漢。不僅如此，荊州兵之援蜀，是後日荊州失守、猇亭大敗的張本，也是隆中計畫失敗的重要關鍵。

入蜀增援，是荊州方面必須履行的職責，於是諸葛亮率張飛、趙雲兩部荊州軍的主力西行，把鎮守荊州的責任，交給關羽。張飛、趙雲兩部入蜀，分兩路趨向成都，張飛所部，是從現今的成

渝大道進攻的，趙雲所部是沿外江進行的，外江就是岷江，易言
之，趙雲是溯大江與岷江而上，是東漢初年岑彭進攻公孫述於成
都的行軍路線，趙雲所經地區，並無敵人的抵抗，所以很迅速的
到達江陽，與諸葛亮參加成都的圍攻。成都既下，趙雲因功進為
翊軍將軍。

成都既下，劉備置酒，大饗士卒，庫中金銀，分賜將士。將
士猶以為不足，而有請求分取成都內外之田宅者，劉備亦將同意。
趙雲至此，再也不能忍耐了，向劉備說：

> 霍去病以匈奴未滅，無用家為，今國賊未但匈奴，未可求
> 安也。須天下都定，各返桑梓，歸耕本土，乃其宜耳。益
> 州人民，初罷兵革，田宅皆可歸還，今安居樂業，然後可
> 役調，得其歡心。(《趙雲別傳》)

從這一段話，我們可以理解趙雲不但通軍事，而且更懂得收
服民心，以便將來徵用的政治措施。劉備聽從將士的建議，是違
反他先前「安其民」的約定的，至此以鼓勵將士而違其諾言，也
沒有聽到諸葛亮與法正等有什麼不同的意見，而趙雲敢言之，足
以說明他愛國的熱忱和忠諫的勇敢，劉備從其議，成都人民，賴
以安定，皆趙雲敢言之效。

一身是膽

劉備收復漢中，陣斬魏方大將，其主謀者為法正，實際作戰
者為黃忠。夏侯淵為魏之名將，與曹操有兄弟之誼，而漢中被劉
備所得，此劉邦與項羽相持時的形勢，關中之不安，是預料所及
的事。故曹操興兵與劉備爭漢中，乃形勢所迫，不得不然。《三國

演義》與國劇《陽平關》都強調為夏侯淵報仇，乃是以私人感情為基礎的妄言。

曹操大軍進攻陽平關，這不是一件簡單的事。黃忠狃於陣斬夏侯淵之功，堅決要求率兵抵抗。時曹軍運米北山下數千萬囊，黃忠以為可襲取之。趙雲以為這是危險的事，但他向來不與人爭取立功的機會，所以只帶了少數部隊，隨忠取米。但黃忠過了預定返回的時間，並未歸營，雲知有變，乃出視忠，適曹兵大至，雲正與曹軍前鋒作戰中，曹兵到得更多，雲前衝其陣，曹兵散而復合，遂致被圍，雲將張著被創，雲馳馬救之，還圍中。時沔陽長張翼亦在軍中，建議閉營門拒守，雲不從，反令大開營門，偃旗息鼓。曹操疑有伏兵，揮軍令退。雲營播鼓喧天，並以戎弩自後射曹軍，曹軍驚惶失措，自相踐蹋，墮漢水中死者，不計其數，雲軍並無傷亡。翌日，劉備至，巡視趙雲的營圍和作戰處，讚之曰：「子龍一身都是膽也。」軍中因號趙雲為虎威將軍。在這一戰役中，我們看到了趙雲的沉著、機智、勇敢和義氣。在情勢十分危殆中，還愛惜其部下，救其還營；在強敵重重包圍中，反開門待敵，使敵生疑而自退致敗。若說「空城計」，趙雲這一部署，實相類似。

趙雲觀察局勢的正確和敢諫直言的史實，更值特別一提的是對於劉備東征之勸阻，關羽失荊州，敗亡於麥城，這對蜀漢來說，是一件最大的挫折；所以劉備要舉全蜀之兵，恢復荊州。這一決策，實際上是極大的錯誤。《三國演義》與國劇《連營寨》都強調劉備此舉，是為關羽報仇，這都是皮相之談，荊州是巴蜀向外發展的踏腳石之一，另一踏腳石即為漢中。諸葛亮隆中對策所稱的「俟天下有變，則命一上將將荊州之兵，北出宛洛，將軍身率益州之眾，北向秦川。」便是以荊州與漢中為前進基地的，所以曹操和劉備爭漢中與劉備和孫權爭荊州，具有同樣的意義。報私仇而

舉全國之兵，豈是一個政治家所應為的事。

但是這一個錯誤決策，當時實為諸葛亮所不欲，但是諸葛亮是見機最深的人，他知道劉備此時，羽翼已豐，不會肯採納不同意見的，所以他只是私下婉轉地說：如法孝直（法正字）在，必能阻主上之東行。趙雲則不然，他是武將本色，覺得劉備此舉，是認錯了真正的敵人，蜀漢的真正敵人是曹魏而不是東吳，因此，他勇敢地向劉備表示了他自己的看法，他說：

> 國賊是曹操，非孫權也。且先滅魏，則東吳自服。操身雖斃，子丕篡盜，當因眾心，早圖關中，居河渭上流，以討凶逆，關（潼關）東義士，必裹糧策馬，以迎王師，不應置魏，先與吳戰，兵勢一交，不得卒解也。（《趙雲別傳》）

劉備對於趙雲這一番忠諫直言，無動於衷，反因趙雲之意不同，不令隨軍出征，而要他督軍事於江州（重慶）。孫權以陸遜督軍拒備，備軍大敗於猇亭，狼狽地退至永安白帝城，吳遣將軍李異、劉阿等踵躡於後，趙雲聞劉備兵敗西歸，遂自江州率軍兼程往援，吳軍遂不敢再向前進。這一次的敗潰，蜀漢軍幾於全軍覆滅，對蜀漢的元氣大傷，是劉備不懂軍略戰術而又不審現實形勢的固執成見之所致，隆中對策的計畫，被他破壞了大部分了。

趙雲另一勇敢的事例，是表現在箕谷戰役中。劉備既卒，後主繼位，翌年改元建興元年，後主陷於敵中，是趙雲救出來的，因感其救命之恩，遷中護軍、征南將軍，封永昌亭侯。建興五年，諸葛亮北屯漢中，六年開始伐魏，這便是初出祁山，揚聲將出斜谷，實際的主力，由亮親自指揮，出祁山以攻渭河上游之天水等地為目標。這是略師韓信「明修棧道、暗渡陳倉」的行軍路線，韓信是取道於故道縣，祁山更在故道縣之西，所謂「攻其無備、

出其不意」者便是，魏方聞蜀漢出征，「戎陣整齊、號令嚴肅」，軍勢浩大，大為震動，魏明帝親鎮長安，而以曹真為大將軍，以禦蜀漢軍。曹真聞蜀漢軍將出斜谷，悉兵來攻，諸葛亮命趙雲、鄧芝禦之於箕谷，魏軍勢大，因而小挫，但蜀漢軍堅守陣營，對戰局並無多大影響。街亭既敗，全軍撤退。馬謖所部，潰不成軍，惟王平所部獨全，其情形另述於〈王平傳〉。趙雲所部，亦全軍而退，並無損失。諸葛亮因以原因何在問鄧芝：

> 亮曰：街亭軍退，兵將不復相錄；箕谷軍退，兵將初不相失，何故？芝答曰：雲身自斷後，軍資什物，略無所棄，兵將何緣相失？（《趙雲別傳》）

用兵之道，進兵易而退兵難，進兵時士氣旺盛，故指揮前進，比較容易；退軍時必以軍勢不振，或被敵所敗，軍心因而恐慌，奪路逃命，非大亂不可，即俗所謂「兵敗如山倒」，馬謖所部之「兵將不復相錄」，即以此故，武侯北伐的過程中，除街亭之戰外，進攻撤退，無不出於主動，故從不發生混亂現象。此武侯行軍之特長，應為大書特書。箕谷退兵，是受街亭之敗的牽連，是友軍因敗而退，可是趙雲退軍有方，自己斷後，以阻敵軍之來攻，其部隊緩緩轉進，連軍資什物都無損失，此亦難能可貴之事，關於趙雲攜回的軍資實物，諸葛亮將分賜諸將士，趙雲不贊成，他說：「軍事無利，何為有賜？其物請悉入赤岸府庫，須十月為冬賜。」諸葛亮對趙雲這個建議，也非常的欣賞，而特予稱善。

身後哀榮

建興七年，即街亭之敗的翌年，趙雲即去世，後主聞耗，悲

傷異常，特別下詔褒揚，詔書說：

> 雲昔從先帝，功績既著，朕以幼沖，涉塗艱難，賴恃忠順，
> 濟於危險。夫諡所以敘元勳也，外議雲宜諡大將軍。姜維
> 等議以為雲昔先從先帝，勞績既著，經營天下，遵奉法度，
> 功效可書，當陽之役，義貫金石，忠以衛上。君念其賞禮
> 以下；臣忘其死，死者有知，足以不朽，生者感恩，足以
> 殞身。謹按諡法，柔賢慈惠曰順，執事有班曰平，克定禍
> 亂曰平，應諡雲曰順平侯。（《趙雲別傳》）

陳壽〈雲傳〉，有下列這樣一段：

> 七年卒，追諡順平侯。初先主時惟法正見諡，後主時諸葛
> 亮功德蓋世，蔣琬費禕荷國之重，亦見諡，陳祗寵侍，特
> 加殊獎，夏侯霸遠來歸國，故復得諡。於是關羽、張飛、
> 馬超、龐統、黃忠及雲乃追諡，時論以為榮。

這一段記載，有幾個錯誤：

第一，劉備時得諡最早者為龐統，諡曰靖侯，「惟法正見諡」，
是錯誤的。龐統獲諡於後主，是同樣的錯誤。

第二，從這一段的語意，關、張等之得諡，似乎由趙雲之諡
而連及，此亦不然。《蜀書‧後主傳》：「景耀三年秋九月，追諡故
將軍關羽、張飛、馬超、龐統、黃忠。四年春三月，追諡故將軍
趙雲。」由此可知追諡關羽、張飛、馬超、黃忠尚在追諡趙雲之前
的一年，非因追諡趙雲而及關張等將。按龐統之諡，就是在龐統
死時，並且還追榮其父親，這是劉備第一次的賜諡，追及其尊人，
只有龐統一人，具見於本書〈龐統〉一文，可資參考。

　　陳壽對趙雲，以「強摯壯猛」四字為評，認為仿諸漢初，殆為「灌滕之徒」，此論亦與趙雲的史實，不能相合，趙雲之特從劉備，是其有忠國之志與識人之明；其救阿斗與甘夫人於亂軍及亂民之中，不但是勇，而且更有負責盡忠的精神，其對黃忠之增援，救張著之被創，是其深於袍襗之誼，其在強敵重圍之下，沉著應付，反敗敵軍，不但是智計並深，而且更是勇氣十足。其諫劉備不能以成都附近之田宅賞與將士，諫阻劉備應認清主敵，不可與東吳結更深之仇，不但敢於直言，同時更懂得收復人心與深識天下形勢。其不納見欺於趙範之美人計，更足見其處事之謹慎周詳與縝密。至箕谷退兵之親自斷後，井然有序，連軍資什物都沒有損失，不但是勇，而且更有條理。只有忠心，沒有私心，是趙雲的長處。陳壽的四字批評，不倫不類，雖云文人作史的傳統，實有失公正太多了，作者很客觀地說，蜀漢諸將帥中，趙雲是惟一沒有缺點，而並無可以指責的完人。

　　趙雲有二子，長子統嗣官，至虎賁中郎督行領軍，次子廣，任職牙門將，隨姜維駐守沓中，陣亡，虎父無犬子，趙雲父子有之矣。

　　關於趙雲生卒與享年，史無記載，但應該是大家關心的問題。作者根據史事，可以推算一個大概。趙雲卒年是後主建興七年，是魏明帝太和三年（西元 229 年）。在後主時任職七年，加上昭烈帝章武三年，共十年。赤壁之戰，是在漢獻帝建安十三年（西元 208 年），劉備至荊州，是在建安六年（西元 201 年）。趙雲歸劉備，可能就在這一年。由此可以知道趙雲在劉備稱帝以前，在備軍工作共二十年，加上前述的十年，共三十年。假定趙雲歸劉備時年二十五歲，則趙雲享年，當在五十四、五歲左右。在今日來看，正在壯年時代，也是成熟的時代，由此可知，趙雲的年事，比諸葛亮稍長，亮卒於建興十二年，即魏明帝青龍二年（西元 234

年），享年五十四歲。趙雲是卒於街亭之敗的翌年，其健康之受此役的影響甚大，從時間的因素，可以理解趙雲愛國之深。

伍　龐　統

南州名士與諸葛齊名

　　《三國演義》載有徐庶走馬薦諸葛的故事，謂伏龍鳳雛兩人得一，可安天下，這倒不是小說家言，而是有歷史事實根據的。《蜀書・諸葛亮傳》稱：

　　　時先主屯新野，徐庶見先主，先主器之，謂先主曰：「諸葛孔明者臥龍也，將軍豈願見之乎？」先主曰：「君與俱來。」庶曰：「此人可就見，不可屈致也。將軍宜枉駕顧之。」由是先主遂詣亮，凡三往乃見。

　　從這一段記載，可知劉備屯新野時，徐庶確在劉備軍中作謀士，但《演義》則初稱徐庶名單福，這是他的本名，是寄養於單家的關係，庶所薦者僅為臥龍孔明，而不及鳳雛龐士元。因此，《襄陽記》所說，更值得我們注意。《襄陽記》說：

圖 24：徐　庶

> 劉備訪世事於司馬德操，德操曰：儒生俗士，豈識時務？
> 識時務者在乎俊傑，此間自有伏龍鳳雛。備問為誰？曰：
> 諸葛孔明、龐士元也。

德操乃司馬徽之字，由這一段記載，可知並薦伏龍鳳雛者乃司馬徽，司馬徽是當時雅負聲望，有知人之稱的名士。他本是潁川人，因亂避居，與襄陽名士龐德公有舊，故居襄陽。根據《襄陽記》的另一記載，德操小德公十歲，故兄事之。他們二人之間，交情深厚，脫略形跡。《襄陽記》說：

> 德操嘗造德公，值其渡沔（沔水即漢水）上祀先人墓，德
> 操徑入其室，呼德公妻子，使速作黍。……其妻子皆羅列
> 於堂下，奔走供設。須臾德公還，直入相就，不知何者是
> 客也。

這是一幅活生生的名士交往圖，令人欣羨。《襄陽記》又說：

> 諸葛孔明為臥龍，龐士元為鳳雛，司馬德操為水鏡，皆龐
> 德公語也。

由此可知伏龍鳳雛之得名，皆源於龐德公。《三國演義》稱司馬徽為水鏡先生，亦非臆說。

鳳雛便是龐統，是龐德公的姪子，鄉里對於這位才能出眾的青年人，都沒有認識，只有龐德公看重他，龐統十八歲時見司馬徽。當時司馬徽正採桑於樹上，統在樹下，二人共語，他們談得起勁，自晝直至晚上。司馬徽十分器重，稱龐統為「南州人士之冠冕」，由是知名。

力挽頹風的抱負

　　龐統字士元，襄陽人，為人樸鈍，故不能引人注意，只有龐德公、司馬徽等飽學之士，才能欣賞他的內在美。他曾經做過郡功曹，雅好人倫，他的議論，實在超過他的政治地位。因此有人問他：為何放言高論？他說：

> 當今天下大亂，雅道凌遲，善人少而惡人多，方欲興風俗，長道業，不善其譚，即聲名不足慕企，不足慕企而為善者少矣，今拔十失五，猶得其半，而可以崇邁世教，使有志者自勵，不亦可乎！（《三國志》卷三十七〈龐統傳〉）

由此，可知他是關心世道的名教中人，初不以位卑職小而緘默不言，失去傳道設教的機會。

　　《三國演義》載有龐統向曹操建議連船以避風浪的所謂連環計。此說於史為無稽之談，曹操善於用兵，北方人不習水戰，不能適應長江的風浪，以鐵鏈連船，可以減少風波的顛簸，初不待龐統之獻計，不過其時龐統為周瑜帳下的功曹，則為史實，故不能肯定連環計非龐統的建議。根據史書的記載，龐統再度至吳，實在赤壁之戰以後。當時曹操北遁，劉備乘間收荊州長江以南之地而領南郡太守。周瑜是赤壁之戰的吳方主將，曹操既敗，周瑜屯於江陵。他對劉備懷有很深的成見，當劉備與孫權相見時，他就上書建議留備於吳京。他說：

> 劉備以梟雄之姿，而有關羽張飛熊虎之將，必非久屈為人用者。愚謂大計，宜徙備置吳，盛為築宮室，多其美女玩

好，以娛其耳目，分此二人，各置一方，使如瑜者得挾與
攻戰，大事可定也，今猥割土地以資業之，聚此三人俱在
疆場，恐蛟龍得雲雨，終非池中物也。(《三國志》卷五十
四)

由此，可知周瑜對劉備嫉忌之深，但孫權以曹操仍雄峙北方，
足為吳患，故不從其議。於是周瑜又獻一計，他親自到吳京(今
之南京)，向孫建議，由吳軍取蜀，併張魯，以圖曹操，他說：

今曹操新折衄，方憂在腹心，未能與將軍連兵相事也。乞
與奮威俱進取蜀，得蜀而併張魯，因留奮威固守其地，好
與馬超結援，瑜還，與將軍據襄陽以蹙操，北方可圖也。
(同上)

這便是吳兵借道伐蜀，表面上是說取蜀以後交備，而要劉備
以荊州之地還給孫權。但劉備不同意這一建議，斂兵拒守。周瑜
還至江陵，病卒於巴丘道上。時年三十六歲。故周瑜實長於諸葛
亮，亮時年還不到三十歲。舞臺上以周瑜為小生，而以諸葛亮為
鬚生，帶著長鬍子，是不合史實的。

周瑜既卒，劉備派人送喪，在送喪行列中，便以龐統為領導
人，故小說中言臥龍弔孝，實際上是鳳雛送喪，時鳳雛之名，已
為吳人所深知。及其西還，孫權部下的名公鉅卿，都來送行，陸
績、顧雍、全琮等要員，都參加送行的行列。龐統對於這幾位吳
方名人，各有評論。他對陸績認為「駑馬有逸足之力」，對顧雍認
為是「駑牛能負重致遠」，對全琮認為「好施慕名，……雖智力不
多，亦一時之佳」。魯肅尤善龐統，曾經寫信給劉備說：「龐士元
非百里才也，使處治中別駕之任，始當展其驥足耳。」按龐統在劉

備幕,曾為耒陽令,以不治事而免職,劉備對於這位鳳雛先生初未置意。魯肅既然這樣稱許龐統,諸葛亮也推許龐統的才能,劉備乃與龐統長談,大為器重,乃任為治中從事,信任亞於諸葛亮,並與亮同為軍師中郎將。

龐統的大計畫

龐統東吳之行,可謂收穫豐富。諸葛亮同見知於龐德公與司馬徽,劉備也早知鳳雛為不世出之長才,何以始終不見重用?這是一個問題。諸葛亮早有「龐統廖立,楚之良才」的稱許,但未為劉備所注意,意或戎事倥傯,又於得諸葛後於意已足,未暇他求之故歟?從上述的史事來看,龐統歸屬劉備後,似乎始終沒有見面長談的機會,那一次的長談,對龐統的出處,極關重要。他們究竟談些什麼呢?〈江表傳〉有如下的記載:

> 先主與統從容宴語,問曰:卿為周公瑾功曹,孤到吳,聞此人密有白事,勸仲謀相留,有之乎?在君為君,卿其無隱!對曰:有之。備歎息曰:孤時危急,當有所求,故不得不往,殆不免周瑜之手,天下智謀之士,所見略同耳。時孔明諫孤莫行,其意獨篤,亦慮此也。孤以仲謀所防在北,當賴孤為援,故決意不疑,出於險塗,非萬全之計也。

這一段話,其真正的意義,就史事看,澄清了下列為《演義》所迷的幾件事:

其一,《演義》強調孫權以妹妻備,是周瑜的美人計,這裡說明了出自孫權的主張,加強孫劉的聯繫,並非出於周瑜的建議,周瑜不過是乘劉備至吳迎親的機會,建議囚禁劉備,使與關、張

分離，以便擊破之耳。

其二，《演義》強調，劉備至東吳招親，出於諸葛亮的極力慫恿，亮並以趙雲為護駕，付以錦囊三枚，囑於緊急時逐一拆閱。但是實際上是出於劉備的自願，諸葛亮是諫阻的，因為這是「險塗」。由此，可知當時的劉備，對諸葛亮的意見，未必全部尊重；因此，諸葛亮雖薦龐統，而劉備未加注意。

其三，這裡我們可以看到周瑜、諸葛亮與劉備、孫權的智計：周瑜和諸葛亮是高於劉備和孫權。劉備和孫權只知道聯合防曹，而不知彼此間之矛盾；因此，劉備身入險地而不自知，孫權已得上好困住劉備的機會，而不能善加利用。

但是這一席談話，只表示了龐統的坦白，也許劉備懷疑周瑜向孫權的建議為龐統的原意，所以龐統的坦白，也很重要。但無論如何，這一坦白，實無使劉備大為器重龐統的價值，龐統打動劉備的器重之心，實別有在，我們試看《九州春秋》的記載：

> 統說備曰：荊州荒殘，人物殫盡，東有吳孫，北有曹氏，鼎足之計，難以得志。今益州國富民強，戶口百萬，四部兵馬，所出必具，寶貨無求於外，今可權借，以定大事。備曰：今指與我為水火者，曹操也；操以急，吾以寬；操以暴，吾以仁；操以譎，吾以忠；每與操反，事乃可成耳。今以小故而失信義於天下者，吾所不取也。統曰：權變之時，固非一道所能定也。兼弱攻昧，王伯之事，逆取順守，報之以義，事定之後，封以大國，何負於信，今日不取，終為人利耳。

這一段話司馬光的《資治通鑑》亦備載之。我們試以龐統的意見與諸葛亮的隆中對策，作一比較，可謂完全相合，這真是智

謀之士，所見略同。劉備對龐統的器重，當以此一席談為關鍵，「伏龍鳳雛兩人得一，可安天下」，其此之謂乎？可惜劉備既得伏龍，又得鳳雛，而其基業只限於鼎足之勢，劉備本非深謀遠慮之傑出軍事家和政治家。

兩項軍機大計

當孫權從周瑜之計，欲借道取蜀，劉備稱自能取之，以為婉拒，其命張飛屯秭歸，是一種取蜀的姿態，但未得機會。

可是機會終於來了，那就是劉璋恐怕曹操來攻，影響其地位，乃遣張松、法正至荊州求援於劉備。劉璋之邀請劉備入蜀，是出於張松的建議，他是別有用心的，可是劉璋不察，竟從其議。這個人可以說智慮昏闇，只知保全祿位，而未計將來的禍害，也可以說是中了劉備假仁假義的宣傳毒素。但是他的左右，卻有明達之人，加以反對，如主簿黃權向璋陳說利害以為諫阻；廣漢王累自己倒懸於州門，反對其迎接劉備；遠在巴州的嚴顏也說此舉等於「獨坐深山、放虎自衛」。但是劉璋卻意志堅定，一無採納。

劉備本欲圖蜀，苦無機會，不費一兵一卒而可入蜀，自然歡迎之不暇。於是留諸葛亮、關羽、張飛、趙雲等守荊州，其本人則與龐統、黃忠等西入巴蜀，所部號稱四萬，實皆老弱，其人數亦不足萬人。這是建安十六年的事。劉璋聞劉備至，親率步騎三萬餘人，至涪相迎。歡聚百餘日，始還成都。當他們在涪水關歡聚時，龐統與法正、張松都建議乘機襲執劉璋。龐統更率直地說：「今因此會，便可執之，將軍無用兵之勞而坐定益州也。」劉備卻又來一套假仁假義的說法，不加採納，他的理由是：「初入他國，恩信未著，此不可也。」我們客觀地說，劉備不敢襲璋而執之，是由於他兵力單薄，蜀軍勢盛，不敢輕發。他不知道，劉璋既被執，

事出突然，群龍無首，且又有張松、法正之助，問題是極容易解決的。劉備不知兵機，坐失良機，且誤後來的大事，殊為可惜。

劉璋是要劉備代守葭萌，以收復漢中為目的。備至葭萌，不作戰爭準備而惟結納人心，事聞於璋，璋亦生疑，於是漸生嫌隙。劉備亦不自安。龐統乃向劉備獻上、中、下三策，他的計畫是這樣的：

> 陰選精兵，晝夜兼道，徑襲成都。璋既不武，又素無預備，大軍卒（同猝）至，一舉便定，此上計也。楊懷、高霈，各仗彊兵，據守關頭，聞數有牋諫璋，使發遣將軍還荊州；未至遣，與相聞，說荊州有急，欲還救之，並使束裝，外作歸形。此二子既服將軍威名，又喜將軍之去，計必乘輕騎來見。將軍因此殺之，進取其兵，乃向成都，此中計也。退還白帝，連引荊州，徐遠圖之，此下計也。若沈吟不去，將致大困，不可久矣。（《三國志》卷三十七〈龐統傳〉）

龐統這三計乃至無計，使劉備茅塞頓開，以上計過險，乃採中計，揚言荊州告急，先救荊州，再圖張魯，並求劉璋給以軍資。劉璋既對劉備起疑，所請僅給半數。劉備益知劉璋對己不利，決心以璋為敵。這中間急壞了法正、張松，以為「大事將可立，如何釋此去乎」，他們並不知道這是龐統的計謀。由此，可知龐統的智謀，還高於張松、法正。劉備既至涪水關，楊懷、高霈果如龐統的預料，輕騎見備，備責其離間輕譖之罪而殺之，輕取其兵，作為西攻成都的部隊。當時楊懷、高霈的部隊實力，高出於劉備甚多，而劉備襲取之，幾如拾草芥之易，可知劉備前此不襲劉璋為失機了。

襲涪成功，劉備大感快慰，置酒會諸士作樂，他非常得意地

跟龐統說:「今日之會，可謂樂矣!」龐統頗不以為然，對劉備說:
「伐人之國而以為歡，非仁者之師也。」劉備已醉，因怒曰:「武
王伐紂，前歌後舞，非仁者耶? 卿言不當，宜速起，出!」龐統乃
退。既而備悔失言，請龐統還，復坐舊位，統亦不向劉備謝過，
飲食自若。劉備還自找下臺階，對龐統說:「向者之論，阿誰為失?」
統曰:「君臣俱失。」備乃大笑，宴樂如初。按劉備之取涪，乃龐
統的「中計」，其計得遂，龐統當引以為快慰。但是，我們前面已
經說過，龐統是講究倫常道德的人，他的獻計，出之於「權變」，
但和他人格修養的原則相反，故在不知不覺中把他的良心話說了
出來，由此可知劉備也是一個譎詐之人，即所謂梟雄。而龐統雖
在為主設計巧謀之中，仍然本著良知而內疚於心，這是軍事家與
道德家的內心矛盾，龐統是處在這種矛盾的痛苦中。「君臣俱失」
一詞，裴松之以為「備有非而統無失」，其云「俱失」，乃「分謗
之言」，此為龐統屈宥耳。龐統畢竟有書生之見存乎內心。但備不
責龐統之直言，足見其具有雅量。

　　劉備既定涪，又得楊懷、高霈的白水軍，兵力大增，西征途
上，所向克捷，一下子就到了成都北方門戶的雒城（廣漢）。在這
一過程中，卻發生了兩個挫折:一個張松案發，一個龐統因傷去
世。張松是迎接劉備的主要策劃人，有州之股肱之稱。張松之兄
張肅，劉璋派任廣漢太守，張肅備知其弟與劉備勾結的內情，恐
案發，遭受牽連，乃向劉璋告密，於是張松被害。劉備失此有力
的內應，損失當然十分慘重;但是尤其遭受慘重打擊的是龐統之
亡，他是指揮攻雒城戰役中流矢受箭傷而卒的，年僅三十有六。
當時的龐統，是劉備軍最主要的設計定謀之人，備失龐統，一時
不知措手足，不得已向荊州求援。諸葛亮乃率張飛、趙雲入蜀，
留關羽守荊州。此為後日失荊州與猇亭之敗的張本，都是劉備不
能單獨定蜀，也就是劉備不從龐統之議，與劉璋相會於涪而襲璋

之後果。《演義》稱龐統被創於落鳳坡，不知何據？

　　龐統既卒，劉備為之痛惜流涕，追封統為關內侯，諡曰靖侯，這是劉備時代被追諡的人只有兩個：第一個被諡的人便是龐統，另一個是法正，足證是何等的隆重與光榮。他的父親被任為議郎，後遷諫議大夫，都足說明劉備對龐統的尊重。諸葛亮至蜀後，親為拜祭，也是一種特殊的榮耀。

陸 黃忠、法正

—— 勇與智的結合

定巴蜀與取漢中對劉備的重要性

　　世稱蜀漢名將，關、張、趙、馬、黃並列，陳壽《三國·蜀書》，五將合為一傳，而列趙雲於最後，黃忠居馬、趙間，這不是說黃忠與劉備的關係較趙雲為密切，而以黃忠有定漢中之功。按照諸葛亮隆中對策，先取荊州江南地帶，暫呈鼎足之勢，然後西取巴蜀，南定南中，北取漢中，以視天下之變，命荊州上將北出宛洛，劉備則率益州之眾，北取秦川，這是兩路北伐計畫，所謂鼎足之形是暫局，武侯的最後目標是興復漢室、還於舊都的大一統之業，而不以三分天下為滿足。讀〈草廬對〉，自可得其主要宗旨，而讀史者不察耳。

　　宋蘇軾論諸葛棄荊州而就巴蜀為不智之舉，其實不然。劉備入蜀，諸葛亮與關、張、趙雲同守荊州，這便是說未來的北伐，東路以荊州為基地，其北伐之上將當為武侯無疑。其去巴蜀，乃因劉備不能單獨定蜀之故，非棄之也。其兩路北伐中之西路，則以漢中為前進基地。漢中對武侯之北伐計畫，其重要性，實與荊州相同。因此，就地緣的觀點來看，諸葛亮是最善於用蜀的。他以荊州、漢中兩地為北伐據點，而以巴蜀的人力物力，作為兩路北伐軍的補給基地，是一個最妥善的作戰方略，其不能實現，自

別有故，絕不是武侯的過失。而定漢中者，其作戰主力即為黃忠，而其設計者和參謀的智囊人物，則為法正。但法正對蜀漢的貢獻，尤其於伺機迎劉備入蜀，故論功法正尤在黃忠之上。

定蜀大功

　　黃忠並不是劉備的老幹部，是赤壁戰後劉備收復荊州地區時歸入劉備帳下的。他的籍貫是南陽人，原是劉表的中郎將，與表姪劉磐共守長沙。劉琮投降曹操，曹操以黃忠為裨將軍，惟長沙太守則易為韓玄。故劉備規復長沙時，始歸劉備。劉備入蜀時的大將即為黃忠，其參謀長則為鳳雛龐統。劉備入蜀本受劉璋之命，北鎮葭萌關，準備進攻漢中的張魯。備在葭萌，不作先攻張魯之計，而務收攬人心，劉璋惡之，遂生嫌隙，備乃輕軍襲涪水關（即劉璋與劉備初次相會之地），斬璋將白水軍督楊懷、高霈，潛師攻成都，黃忠在這些戰役中，衝鋒陷陣，勇冠三軍，建功殊多，因擢為討虜將軍。益州既定，法正建議進攻漢中，法正、黃忠都跟劉備親征，行軍布陣，都是法正的計畫，而執行此計畫者即為黃忠，斬曹操主將夏侯淵者亦為黃忠。故黃忠建立克服漢中的大功，主謀者乃為法正，二人共建此功，乃為史實。

　　法正字孝直，是扶風人。扶風就是漢代三輔之地，也就是說他本是現今的陝西人。獻帝建安初年，以關中有董卓之亂，因鬧饑荒而入蜀依劉璋，與之同行者有孟達。法正在人格上有其缺點，但是他才智之高，堪稱當時的第一流。他的祖父法真，有清節高名，《三輔決錄》注說：

　　　　真字高卿，少明五經，兼通讖緯，學無常師，名有高才。
　　　　常幅巾（時任扶風守）欲相屈為功曹。……真曰：以明府

見待有禮，故四時朝覲，若欲吏使之，則真將在北山之北，南山之南矣，扶風守遂不敢以為吏。真未弱冠，父（名衍）在南郡，步往候父，已欲去，父留之。正旦，使觀朝吏會，會者數百人，真於膈中閱其與父語畢，問真孰賢？真曰：曹掾胡廣，有公卿之量，其後廣果歷九卿三公之位，世以服真之知人之名。前後徵辟，皆不就。

法正是出生於這樣的書香門第，其有豐富的知識和才能是不足為奇的。不過法正的人格修養，似乎遠在其祖父之下。他的祖父清望才名均高，但不樂仕進，而法正則熱心於富貴的競逐，不得意時另闢蹊徑，以達目的。他和孟達至蜀，劉璋任為新都令，繼調軍議校尉，是一個閒差使，也沒有更加重用的趨向，因此頗感怏怏，遂與蜀中另一負才驕傲的張松相善。張松在劉璋那裡，並不得意，只有一益州別駕的名義，較諸其兄張肅受任為廣漢太守者，相去甚遠。他們兩人都以為劉璋「不足有為」，乃同心歸向劉備。其實張松只要有官做就好，初無志節可言。他曾在曹操南征荊州時代表劉璋，往見曹操，曹操見其容貌猥瑣，不加理睬，歸而勸劉璋與曹操斷絕往來。及聞曹操將征張魯，乃與法正同向劉璋建議，邀劉備入蜀，先征張魯，以保蜀境之安全，劉璋從之，劉備遂得入蜀的機會。

法正、張松、劉璋、劉備之間

邀請劉備至蜀的劉璋代表，究竟是法正還是張松？這一問題，我們加以研究。《蜀書‧法正傳》說：

松於荊州見曹公還，勸璋絕曹公而自結於先主。璋曰：誰

可使者？松乃舉正，正辭讓，不得已而往。既還，為松稱
說先主有雄略，密謀協規，願共戴奉而未有緣。後因璋聞
曹公欲遣將攻張魯之有懼心也，松因說璋宜迎先主，使之
討魯，復命法正銜命。正既宣指，陰獻策於先主曰：以明
將軍之英才，乘劉牧之懦弱，張松州之股肱，以響應於內，
然後資益州之殷富，馮（同憑）天府之險阻，以此成業，
猶反掌也。先主然之，泝江而西，與璋會涪。

〈劉璋傳〉也說：

璋聞曹公征荊州，……遣河內陰溥致敬於曹公，……璋復
遣別駕從事蜀郡張肅送叟兵……於曹公，曹公拜肅為廣漢
太守。璋復遣別駕張松詣曹公，曹公時已定荊州，不復存
錄，松以此怨，……還疵毀曹公，勸璋自絕，因說璋曰：
劉豫州使君之肺腑，可與交通。璋皆從之，遣法正孟達連
好先主，尋又令正與孟達送兵數千，助先主守禦，正遂還。
後松又說璋曰：今州中諸將，……皆恃功驕豪，欲有外意，
不得豫州，則敵攻其外，民攻其內，必敗之道也。璋又從
之，遣法正請先主。

此兩項記載主要不同之點，由前說，法正與劉備聯絡兩次，
由後說，法正與劉備聯絡三次，同行者有孟達而無張松，張松僅
是幕後的主謀人。但是《吳書》則說：

備前見張松，後得法正，皆厚以恩意接納，盡其殷勤之歡，
因問蜀中闊狹，兵器、府庫、人馬眾寡，及諸要害道里遠近，
松等具言之，又畫地圖山川處所，由是盡知益州虛實也。

　　由此，可知張松是最先代表劉璋與劉備聯絡的。法正非蜀人，而張松則知識廣博，熟知益州情況，故《三國演義》有張松獻地圖之說，不為無據。法正與張松主謀邀劉備入蜀，都是為了個人的前途，他們對劉璋不忠，其結劉備正所以覆劉璋而使劉備主蜀，他們可以邀功受賞，身躋高官地位。不過張松並未達到目的，由於其兄張肅恐案發遭累而向劉璋告密，張松遂招殺身之禍，而法正則極受劉備重視，任以蜀郡太守，而得恣意行事耳。

　　劉備合黃忠、張飛、趙雲等軍圍成都數十日，「城中尚有精兵三萬人、穀帛支二年，吏民咸欲死戰。」（《蜀書‧璋傳》）但是劉璋終於開城納降，說者往往以馬超之加入作戰為主因，實際上則與法正的一封勸降書有更密切的關係。法正在信中，首先表示代表劉璋與劉備結盟，盟破約毀，兵戎相見，他本人「歸咎蒙恥」，而且辱及劉璋，頗感不安。其次，表示他的建議，本為益州長治久安的大計著想，但劉璋左右不明其意，意氣用事，而璋也只求「順耳悅目，隨阿遂指，不圖遠慮，為國深計」，「事變既成，又不量強弱之勢」，「欲得以多擊少，曠日相持」，「欲爭一旦之戰」，「今此營守已固，穀米已積，而明將軍土地日削，百姓日困，……愚意計之，……將不復以持久也。」他更以恐嚇的口氣說：「今張益德數萬之眾，已定巴東，入犍為界，……三道並侵，何以禦之？」他又指出璋的左右，只是「且夕偷幸，求容取媚，不慮遠圖，莫肯盡心獻良計耳；若事窮勢迫，將各索生，求濟門戶，輾轉反覆，與今計異，不為明將軍死難也。」最後他更假惺惺的說：「正雖獲不忠之謗，然心自謂不負聖德，顧惟分義，實竊痛心，左將軍（劉備）從本舉末，舊心依依，實無薄意，愚以為可圖變化，以保尊門。」

　　法正這一封信完全為自己辯解，站在劉備這一方面說話，但其形勢剖判，利害分辨，也有至理，與劉璋之開城投降，實有重

大關係。所謂「我父子在州二十餘年，無恩德以加百姓，何心能安?」那是一套冠冕堂皇的說法，實為內外形勢所迫，一如法正之所言。不過法正所說的「左將軍……舊心依依，實無薄意」，倒不是假話，劉璋既降，「劉備還璋於南郡公安，盡還其財物，佩故振威將軍印。」這真是俗語：「貓哭耗子假慈悲」，然既有後日的襲取成都，何以不在涪與璋相晤，歡敘百餘日的時候，從龐統、法正、張松之議，即在此時襲璋，益州可定，而無須諸葛亮之荊州援兵，則以後失荊州、敗猇亭等慘事，都可避免。故劉備外託仁義，內藏私謀，不肯破臉而終於破臉，對劉表、劉琮如此，對劉璋也是如此，不過對荊州尚未與劉氏破臉，其得荊州牧乃因劉琦（表長子）死而被琦之部下所推舉，孫權之表奏，還能包得住他的假面具，但在益州，在上好形勢中不下手，在比較惡劣的環境下始與劉璋翻臉，坐失兵機，多使百姓受苦，劉備對軍事與政治，都無計較，由此可知。如果劉璋聽從鄭度的建議，則潛襲成都，危險殊多了。鄭度的建議是這樣的：

> 左將軍懸軍襲我，兵不滿萬，士眾未附，野穀是資，軍無輜重；其計莫若盡驅巴西，梓童民內涪水以西，其倉廩野穀，一皆燒除，高壘，靜以待之。彼至，請戰勿許，久無所資，不過百日，必將自走，走而擊之，則必禽（同擒）耳。（《蜀書‧法正傳》）

劉備聞鄭度堅壁清野之計而惡之，以問法正，正曰：「終不能用，無可憂也。」（〈正傳〉）果然，劉璋也有一套似是而非的道理，他不贊成鄭度的計畫，他的理由是：

> 吾聞拒敵以安民，未聞動民以避敵也。（〈正傳〉）

劉璋之懦弱與無知，是劉備得以入蜀和定蜀的基本因素。然無法正、張松知璋之深，備未必可入蜀，枉論定蜀了。故法正、張松對蜀漢來說，是有首功的。張松無福享受其功，而法正則是充分享受到的。

法正的功過

劉備底定益州，劉備和法正的政治目的都已達到，劉備為益州牧，法正則被任為蜀郡守揚武將軍。劉備的政治中心是成都，那蜀郡是畿輔重地，也就等於司隸校尉或後世京兆尹的職位，在地方官中地位最稱重要，以諸葛亮之功、之德、之能，不過任漢陽太守而已，其權位蓋在武侯之上，法正在政治上春風得意，其私下則頗有倒行逆施，頗有大失人望之處，《蜀書・正傳》稱：

> 以正為蜀郡守揚武將軍，外統都畿，內為謀主，一餐之德，睚眦之怨，無不報復，擅殺毀傷己者數人。

完全是一付小人得志的嘴臉。按法正在新都令時，官聲亦殊不佳，「為其州邑俱僑客者所謗，無行，志意不得。」我們光就這一段，還以為這是同客的同鄉人對法正有所要求，不能遂意時所作的讒謗；及讀到他做蜀郡守的種種行為，可知法正是一個有才無德的人，極不是一個好公務員。可是劉備對正極為寬容，諸葛亮是崇法務實的人，也不加干預。蜀人實在太看不下去了，因向諸葛亮進言：「法正於蜀太縱橫，將軍（時任軍師將軍）宜啟主公，抑其威福。」但是諸葛亮卻說：

> 主公之在公安，北畏曹公之彊，東憚孫權之逼，近則懼孫

夫人生變於肘腋之下。當斯之時，進退狼跋。法孝直為之輔翼，令翻然翔翔，不可復制，如何禁止法正，使不得行其意邪？（《蜀書・正傳》）

這裡表示了諸葛亮的政治家風度，他理解劉備對法正依重之深的心理因素，他由於自己處境艱困的得以解脫，且得發展雄圖的機會，因而感激法正，榮寵法正到放縱的程度，即使把這些要求轉達給劉備，劉備也不會同意給法正制裁的，所以他委婉說明，表示他不能有所主張。此與劉備東伐孫權，諸葛亮未加勸阻，出於同一動機，不作沒有效果的建議，是武侯的一貫作風。其實，諸葛亮對於益州之取得，實現了他隆中對策的第二步，他是非常欣慰的。可是他對法正的作風，內心實在不敢苟同。〈法正傳〉說：「漢陽太守諸葛亮與正雖好尚不同，以公義相取，亮每奇正智術。」這便是武侯不直法正之所作所為的明證。

不過法正在定蜀之初與定蜀之後，仍然發揮其智術，對劉備做了兩項大貢獻：其一，是建議重用許靖，以安定及收攬蜀地的知識分子之心；其二，是建議北取漢中。許靖是劉璋的蜀郡太守，成都被圍，許靖知劉璋之末日將至，欲踰城降劉備，被劉璋發覺而未果。成都既下，劉備對許靖之不忠於璋而又不能及時歸備，因鄙棄而不加重用。平心而論，許靖卻也是一個人格有瑕疵的人物，他「處室則友于不穆，處身則受位非所，語信則夷險易心，論識殆為譽首。」（見孫盛《晉陽秋》）劉備不重視這項人物，是有理由的。可是法正不以為然，他向劉備進言：「天下有獲虛譽而無其實者，許靖是也。然今主公始創大業，天下之人，不可戶說，靖之浮稱，流播四海，若其不禮，天下之人以是謂主公之賤賢也；宜加敬重，以眩遠近。」法正的話，劉備必然採用的，因此，以許靖為賓友，與簡雍、糜竺等並列，其他劉璋的親戚如黃觀、吳壹

等，劉璋的部屬如董和、黃權、李嚴等，劉璋所排擠的彭羕，劉備不滿意的劉巴等，都以顯要的職務任用，蜀中志士，無不競勸，人心大為安定，這都是法正一言之力。這些都是建安十九年的事。

克漢中 —— 勇與智的結合

休養三年，到了建安二十二年，法正又向劉備建議北取漢中。他說：「曹操一舉而降張魯，不因此勢，以圖巴蜀，而留夏侯淵張郃屯守，身遽北還，此非智不逮而力不足也。……今策淵郃才略，不勝國之將帥，舉眾往討，則必可克之。克之日，廣農積穀，觀釁伺隙，上可以傾覆寇敵，尊獎王室，中可以蠶食雍涼，廣拓境土，下可以固守要害，為持久之計。此蓋天以與我，時不可失也。」（《蜀書・正傳》）劉備從其議，乃率諸將進兵漢中，正亦隨行。這次的主將便是趙雲、黃忠，張飛之閬中軍，蓋有聲援漢中軍之意。

建安二十四年春，劉備已越夏侯淵軍，進至陽平關，南渡沔水，於定軍山立營，夏侯淵將軍與蜀漢軍爭定軍山。黃忠軍屯駐高處。法正向劉備進言：「可擊矣」。劉備乃命黃忠乘勢鼓譟，金鼓聲振天，歡聲動谷，大破夏侯淵軍，淵亦授首。國劇《一戰成功》之故事，本此。但國劇誇說黃忠之勇與智，而不及主謀人法正耳。是役係劉備親征，與諸葛亮並無關係，國劇諸葛亮「激將何如遣將能」之說，亦與史實不合。忠以此功，擢征西將軍。漢中既定，曹操興兵來征，劉備堅守陽平關不戰，相持數月，亡者日眾，曹操乃引軍東還。方劉備與曹軍相持時，矢如雨下，不退，諫者輒怒視，法正上，止劉備前，備令退，正說：「明公親當矢石，況小人乎？」先主乃曰：「孝直，我與汝俱至。」正之智術類此，而備之重正，於此更足以見之。劉備被部屬一百二十餘人推為漢中

王。在這個勸進表中，諸葛亮是軍師將軍，還是列第一名，法正是興業將軍，列名於關羽、張飛、黃忠、劉巴之後（無趙雲名），足證劉備雖極端寵信法正，但法正在蜀軍的地位，仍然不高。劉備既為漢中王，仍向獻帝拜章，繳還左將軍宜城亭侯印綬，由驛呈遞。這也是建安二十四年的事。漢中既定，備還成都，留魏延鎮守。

劉備就漢中王位後，欲拜黃忠為後將軍，諸葛亮以為不可，他的理由是：「忠之名望，素非關馬之倫也，今便令同列，馬張在近，親見其功，尚可喻指，關遙聞，恐必不悅。」（《蜀書‧忠傳》）劉備的回答：「吾自當解之」。費詩布達命令至荊州，關羽固然非常不高興，擬不受命，賴費詩多方喻解，猶憤然曰：「大丈夫終不與老兵同列。」但關羽後來也無異詞，仍然是諸葛亮一封信解圍的。事情是這樣的：關羽問費詩：馬超何如人？費詩出亮函，盛讚超之勇，但不如髯（關羽美鬚髯）之超越絕倫，關羽閱書大笑，謂諸葛亮知其心意。此事也就在此一笑中了卻，但羽仍持不願與老兵同列的觀念，不過不再反對而已。

法正、黃忠既建定漢中之功，劉備任正為尚書令、護軍將軍，忠則受爵為關內侯。建安二十五年，二人皆卒，正年四十五歲。劉備為之流涕者多日，特諡為「翼侯」，這是劉備時代第二個受諡的人。按建安二十五年為西元 220 年，亦漢獻帝卒年，曹丕篡漢之年。由此上溯，可知法正生於西元 175 年，為靈帝熹平四年，則法正至蜀，正是二十來歲的青年，這個有才無德的青年才俊，總算也做了一番轟轟烈烈的大事，留傳於史冊。黃忠死時年歲不詳，故無從推算其生年。但從關羽口中的「老兵」一詞，可以揣知其年齡都較他們為高。這個老將軍的享名於歷史，是由他的勇敢奮鬥得來的。故猇亭之戰以前，黃忠早已去世，國劇〈黃忠帶箭〉一折，是與史實不符。

柒 劉 巴

特立獨行的飽學青年

劉巴字子初，零陵蒸陽人，即今湖南零陵人。他是世家子弟，祖父劉曜，曾為蒼梧太守，父親劉祥曾任江夏太守、蕩寇將軍。他是不是漢室宗親？史無明文，不能臆測，大體是可能的。西漢初年，分封子弟為封建諸侯，各地都有，如劉備為漢景帝裔孫中山靖王之後，後來流為平民，即為一例。劉巴的父親任江夏太守時，正值孫堅率兵進討董卓，下令各地供應軍糧，南陽太守張咨違令，即被孫堅所殺。劉祥則不然，與孫堅同心討卓，因此南陽太守對他深致不滿，合兵攻之，祥不敵而遁。劉表對孫堅，同處長江上下，素不相睦，因亦深惡劉祥。劉巴從小以聰慧知名，劉表因恨劉祥而移恨於巴，意欲拘而殺之；因遣劉祥親信的人，引誘劉巴，密告劉表相害之意，要他跟著逃亡，實即誘殺的鬼計。劉巴雖年少，但不為所動，因得免難，且反見重，其識見細密，由此可知。巴年十八，已頗負時望，郡署戶曹史主計主簿欲遣其甥就學於巴，巴答之曰：

> 昔遊荊北，時涉師門，記問之學，不足紀名，內無楊朱守靜之術，外無墨翟務時之風，猶天之南箕，虛而不用。賜書乃欲令賢甥摧鸞鳳之豔，遊燕雀之宇，將何啟明之哉！

愧於有若無、實若虛，何以堪之。(《零陵先賢傳》)

飽學而謙遜，於書中盡見之。所謂「昔遊荊北」，當指就學於荊北名士龐德公等一般學術名流，與諸葛亮相識而為友，當在此時。劉表既放棄殺巴之意，反慕其聲望，累次徵辟，巴皆不就，舉為茂才亦不應。他不樂仕進的名士氣派，我們可以想見。但這也可能是劉表「虛有其表」，實無真正愛士的用心，故劉巴疏而遠之。

劉備至荊州，荊州之士，群起從之，巴獨不從，反北向，依曹操，曹操辟為掾。及曹操南下，要劉巴招降長沙、零陵、桂陽諸郡，劉巴也樂為出力。赤壁之戰，曹操潰敗，北返中原，劉備又收長沙、零陵、桂陽等郡，巴不能北返，乃走交阯，暫依士燮，不久又循間道入蜀，依附劉璋。

出處進退自有權衡

這位子初先生似乎專門和劉備鬧彆扭，演捉迷藏；而劉備則如影隨形，劉巴到什麼地方，他的勢力也擴充到這個地方。劉巴與諸葛亮早就相識，而且還有深厚的交誼。當劉巴收零陵等郡不成，亮在臨蒸，劉巴乃與亮書，以其旨趣告之，書曰：

乘危歷險到值，思義之民，自與之眾，承天之心，順物之性，非余身謀所能勸動，若道窮勢盡，將託命於滄海，不復顧荊州矣。(《零陵先賢傳》)

這封信似乎是諸葛亮函勸劉巴歸備，而由劉巴所作的回信，「不復顧荊州矣」，時劉備已受劉琦的推薦，領荊州刺史，故指劉

備無疑。亮又勸之曰：「劉公雄才蓋世，據有荊土，莫不歸德，天人去就，已可知矣，足下欲何之？」劉巴答覆他說：「受命而來，不成當還，此其宜也，足下何言邪？」劉巴始終不肯歸劉備，故劉備深恨之。

劉巴在交阯，與交阯太守士燮議事，意見不合，不能久留，乃以間道自牂牁（今貴州）至益州，為郡人所拘留，太守欲殺之。主簿曰：「此非常人，不可殺」，親自送益州。劉璋之父劉焉，本荊人，其孝廉的察舉人就是劉巴之父劉祥。故劉璋見巴，甚為驚喜，州中大事，輒與巴相議，由此可知劉巴至蜀，歷盡艱難險阻，幾於喪失性命，至此始得安居，可謂天佑善人了。

按自蜀經牂牁至越北，自古即為商道。越人以涇陽王為開國之君，其第二個開國之君為蜀王泮，即來自蜀地的。越北人有以布裹頭之風，亦沿自蜀中。劉巴經牂牁至蜀，乃是循古代的商路，中經窮山急水，道塗十分艱難，至民國二十三年後始有公路相通而稱便。劉璋邀請劉備入蜀，劉巴卻不以為然。他向劉璋諫阻，他的理由是「劉備雄人也，不可內也。」可是劉璋並不聽從，及劉璋遣備守葭萌以攻張魯，巴也反對，他以為置劉備於內地，尚易防範，若置於邊區，那是「放虎歸山林也」。劉璋還是不聽，劉巴因閉門稱疾，不復與聞劉璋的一切。終入劉備幕中。

及劉備定蜀，軍中放假，咸取府庫財帛，秩序欠佳，劉備特別下命令：「其有害巴者誅三族。」劉巴處處與劉備相左，而劉備仍然加以保護，劉巴因此感激，向劉備謝過。劉備置過去的一切不問，反以得巴為喜，劉巴至此，才得到發揮才能的機會。但是他之能在劉備帳下盡力，還是靠諸葛亮的維護。

劉備定蜀時，得荊州軍之援助，張飛是由巴至成都的，飛曾就宿於劉巴家中，巴不與語，張飛因而慚恨。諸葛亮為解於巴曰：「張飛雖實武人，敬慕足下。主公今方收合文武，以定大事。足

下雖天分素高亮，宜稍降意也。」劉巴卻回答說：「大丈夫當交四海英雄，如何與兵子共語也?」劉備聞之，也沉不住氣，大怒說：「孤欲定天下，而子初專亂之，其欲還北，假道於此，豈欲成孤事邪?」但他還是愛劉巴之才學，自下臺階地說：「子初才智絕人，如孤，可任用之，非孤者，難獨任也。」諸葛亮乘間響揚劉巴：「運籌策於幃幄之中，吾不如子初遠矣。若提枹鼓，會軍門，使百姓喜勇，當與人議之耳。」

由此，可知諸葛亮對劉巴的欽佩，甚至壓低他自己的才能，來使這位老友能發展其才智，共佐劉備成興復漢室的大業，孰謂諸葛亮是一個妒忌才能的鄙夫，觀此當自知其議論之不當了。劉備乃辟為左將軍府西曹掾，劉巴自此正式做了劉備的僚屬。

劉巴在劉備帳下，卻也盡了他很大的心力。劉備的「軍中放假」，使成都府庫的財帛，都被席捲而去，軍資缺乏，物價騰漲，民不自安，使劉備大傷腦筋，而亦無法可想。劉巴為他設計鑄造值百錢，令吏為官市，數月之間，府庫充足，物價平定，民賴以安，由此，可知劉巴是一位理財家，此或為諸葛亮所不逮耳。

人才的培養，是立國的根本大計。蜀地偏僻，教育落後，向來治蜀的人都利用其人力資源與物力資源，如秦之據有漢中，連巴蜀，因得制御天下；漢高祖以漢中為基地，也是靠著巴蜀的殷富與人力的充足以成大業的，但他們都不注意百年大計的教育，以提高蜀人的知識與道德水準。蜀自西漢文翁以後，始有教育，以致只有突出人才如司馬相如、揚雄等，而一般水準，都很低下。作者曾就《三國‧蜀書》作了一個蜀漢人才源的籍貫統計，其結論為蜀漢第一流文武臣工都來自境外，文臣如諸葛亮、龐統、蔣琬、費禕、法正、許靖等，武將如張飛、趙雲、黃忠、馬超等，也是如此。蜀的張松、李嚴可入第一流人才，然張松等有才無德，只求達到個人的政治目的，聊無可取。故培養人才，實為當時的

急務。

諸葛亮與劉巴等培養人才的起點是鼓勵蜀地人士的求學興趣，其著手處是開科取士，以充實當時的政軍幹部，正所以提高知識分子的求知慾。《零陵先賢傳》以為主簿雍茂見殺，是遠方之士不再來蜀的主要原因，是亦不然。當時中原大亂，關中饑饉，故知識分子紛紛逃離家鄉，至蜀地避難求食。如費禕本是江夏人，以其姑為劉焉之妻而至蜀的，法正是以逃荒而至蜀的；三國的局面既定，地方安寧，既不須避難，也無用逃荒，是以蜀的外來人才就日益見少了。名與利往往為知識分子的枷鎖，故開科取士，為歷代帝王在局勢安定後的常用政策，惟首創之者乃諸葛亮與劉巴等，要為不可抹殺的史實。

劉備收復漢中，文武臣工，都請備為漢中王，備從之。法正原為劉備的尚書令，及卒，以劉巴代之，位高望重，僅次於諸葛亮，但是劉巴與法正不同，他是小心謹慎的盡其職責，毫不驕矜凌人。史稱巴「躬履清儉，不治產業，又自以歸附非素，懼見猜嫌，恭默守靜，退無私交，非公事不言。」劉巴可以說深知分寸而善守本分的好官。劉備當時銳意進取，意在早成帝業，劉巴不以為然，認為如此則「示天下以不廣，且欲緩之」。備亦不為忤。由此可知劉巴在未歸劉備以前，處處對劉備搗亂，但既歸劉備，十分忠心，而且他還深自韜晦，自愛頗深，謹守工作崗位，但遇重大問題，仍以其所見，不避嫌怨，提供意見。

前面我們提到過他答覆諸葛亮的書信，有「受命而來，不成當還」的話，這是他忠於職守的明證。曹操不過給他一個「掾」的官位，他對曹操還是忠心不二；何況他視為政敵的劉備，畀以重責大任，他能不感激涕零，忠勤惕勵？劉備誇下海口，只有他能用劉巴，使盡其才，從後來的史實看，這倒不是一句空話。

在曹丕篡漢以後，劉備即帝位，尚書令是主管行政的最高長

官，責任極大，皇帝詔令，多半由尚書令擬呈的。劉巴至此，更加小心翼翼，凡重要詔令，都由他親自撰擬，史稱「先主稱尊號，昭告于皇天、上帝、后土、神祇，凡此諸文誥、策命，皆巴所作也。」（《三國・蜀書・巴傳》）由此可知他負責盡職的忠藎之忱。

國際著名的高士

劉巴藐視張飛的故事，傳至東吳，東吳的輔吳將軍張昭曾對孫權說：他這種行為，「拒張飛太甚」，不免「褊阨不當」。孫權卻是說：「若令子初隨世沉浮，容悅玄德，交非其人，何足稱為高士乎?」「高士」的稱許，我們頗具同感。

他是卒於章武二年，就是劉備就帝位後的第二年（魏文帝三年，西元 222 年），享年若干，史無明文，但是他的年歲，還可以從推算中得知梗概，按劉表之被任為荊州牧，是在董卓將李傕、郭汜進入長安之年，即漢獻帝初平元年，西元 190 年。劉表是死在獻帝建安十三年，西元 208 年，故劉表任荊州刺史共十八年。劉表欲殺劉巴,當在他就任荊州刺史後的不久之事。《零陵先賢傳》稱劉巴年十八，荊州戶曹主簿欲遣甥就學於巴，當在劉表任荊州刺史的中期，大約是獻帝建安元年，即西元 196 年左右。自 196 年至 223 年，共二十八年，再加上十八年，便是劉巴死時的年歲，所以他的享年大約是四十五、六歲。諸葛亮建安十二年出佐劉備，時年二十七歲，章武二年，亮年四十二，可知劉巴長於諸葛亮約四、五歲。

捌　蔣　琬

社稷之器，非百里之才

　　《三國演義》載諸葛亮督師於五丈原，後主遣人探慰，問亮：誰可繼者？亮答：蔣琬可；又問其次，答稱：費禕可；問其再次，不答，視之，已溘逝矣。這一段生動的文字，讀之，令人淒然欲淚，但與史實頗有出入。不錯，蔣琬之繼掌蜀政，是由武侯的推薦，但此事早在五丈原之前，而且極為秘密，除府中高級機要人員及後主外，殆無知者。故武侯既卒，遺命以楊儀斷後，護師還蜀，儀以為將繼武侯而秉蜀政，及還成都，而蔣琬早已就職視事，儀遂閒散，無所事事，因憤憤不平。若武侯於臨終之前薦琬，決不能保密，則問題滋多了，蜀事將不知貽於胡底。故《演義》之說，有史事的影子，但其經過決不如此的簡單。

　　蔣琬是零陵湘鄉人，字公琰，湘鄉本是漢連道縣地，後漢分置湘鄉縣，屬零陵郡，清代屬長沙府，與曾國藩為同鄉，蔣琬殆為湘鄉最早的先賢。青年時代，即與外弟劉敏知名鄉里，而為州書

圖25：蔣　琬

佐，即為諸葛亮所重。劉備既定荊州江南地區而入蜀，蔣琬相隨，曾除廣都令，眾事不理，而又常常沉醉。劉備適因游觀至廣都，正值蔣琬大醉，又見諸事未理，因大怒，免除其職務，將治其罪。事聞於諸葛亮，亮即函劉備，謂：「蔣琬乃社稷之器，非百里之才也；其為政以安民為本，不以修飾為先，願主公重加察之。」

　　諸葛亮這一封信，總算免了蔣琬的罪，但仍不能保持他縣令的職務，蔣琬不免心中怏怏，若有所失。他正好做了一個夢，是一牛頭在門前，流血滂沱，甚惡之，以問卜人趙直，直解之曰：「見血者事分明也，牛角及鼻，公事之象，君位必當至公，大吉之徵也。」卜者之言，不免信口胡謅，以娛蔣琬，然蔣琬於被免之後，心中未免不樂，由此可知。未幾，又被任為什邡令，在劉備為漢中王以前，蔣琬在仕途不過隨俗浮沉而已。及備為漢中王時，始被任為尚書郎，開始參加中央政府的工作。但是他在政治上的光明前途，仍始於諸葛亮執掌蜀漢軍政大權之後。

　　劉備在白帝城逝世，後主繼位，翌年改為建興元年，諸葛亮受託孤遺命，開府於成都，辟蔣琬任東曹掾，琬固辭願讓位於劉邕、陰化、龐延或廖淳。亮不從，致書曰之曰：

> 思惟背親捨德，以殄百姓，眾人既不隱於心，實又使遠近不解其義；是以君其顯其功德，以明此選之清重也。（《三國志》卷四十四〈琬傳〉，《諸葛亮集》卷二〈題作答蔣琬教〉）

　　琬因而受任，旋遷參軍。建興五年，諸葛亮北伐，移屯漢中，蔣琬與張裔俱留丞相府任職，張裔的職位是長史，班在蔣琬之上。建興八年，張裔調職，琬繼任長史。亮率大軍在外，後勤補給，如糧餉之轉運，兵員的補充，常常供應無缺。蔣琬始一展其才能，

更為諸葛亮所倚重，常對人說：「公琰託志忠雅，當與我共襄王業者也。」（《文集》卷二〈稱蔣琬〉）並密表後主曰：「臣若不幸，後事宜付蔣琬。」按蔣琬之任武侯軍的補給事宜，當在李嚴被廢之後，李嚴被廢，是在建興九年八月，則亮之薦琬繼其任，當在建興十年與十一年間，諸葛亮是卒於建興十二年八月，足證《三國演義》諸葛亮臨終薦蔣琬以自代之說之非，〈後主傳〉說：「十二年……秋八月，亮卒於渭濱，征西大將軍魏延與丞相長史楊儀不和，舉兵相攻，延敗走，斬延首，儀率諸軍還成都，……以左將軍吳壹為車騎將軍，假節督漢中，以丞相留府長史蔣琬為尚書令，總統國事。」（《三國志》卷三十三）

　　自此，蔣琬便繼掌蜀漢的軍政大權，蜀漢政府為了加重蔣琬的地位，加行都護，假節領益州刺史，遷大將軍，錄尚書事，封安陽亭侯。蔣琬以丞相府長史，而高升為蜀漢軍政領袖，班在諸臣之上，有些人不免不服，要看看他表現。時國喪元戎，群情危悚，但蔣琬處之如常，既無戚容，亦無喜色，這是他胸有成竹的平靜工夫，所以安百姓、服群僚也。至此，向之疑琬者，逐漸悅服。所謂「社稷之臣，非百里之才」，至此完全證實，諸葛亮知人之明，有如此者。

庸容的氣度

　　宰相之才，應有寬大容人之量，俗所謂「宰相肚裡好撐船」者便是。蔣琬實有如此的寬宏大量，試看下列的故事。

　　其一，有楊戲者，索性簡略，蔣琬有時和他討論問題，戲置若罔聞，因此有人向蔣琬進讒說：公與戲語而不見應，他的傲慢，實在太過分了。蔣琬答道：「人心不同，各如其面，面從後言（當面奉承，還有非議是官場中常見的現象），古人之所誡也。戲欲贊

吾，是邪？非其本心；欲反吾言，則顯吾之非；是以默然，是戲之快也。」（《三國志》卷四十四〈琬傳〉）按楊戲字文然，犍為武陽人，少知名，丞相亮深識之，年二十餘，從州書佐為督軍從事，職典刑獄，論法決疑，號稱平當，被辟為丞相府屬主簿。蔣琬以大將軍開府，辟為東曹掾。性簡惰省略，未嘗以甘言加人，蔣琬知其性情，故能寬容之。

其二，有楊敏者，任官督農，曾詆毀蔣琬，謂「作事憒憒，誠非及前人。」有人向蔣琬打小報告，請權治楊敏之罪。但蔣琬不可，他說：「吾實不如前人（諸葛亮），無可推也。」這位打小報告的人退而求其次，要蔣琬問楊敏拿出「憒憒之狀」的證據來。蔣琬還是不同意，他說：「苟其不如，則事不當理，事不當理，則憒憒矣，復何問乎？」後來楊敏犯了罪，繫於獄，大家以為蔣琬必修舊怨，置其於死地，但是蔣琬心裡光明磊落，毫不以往事縈懷，楊敏卒得免治重罪。他的胸懷坦蕩，能容物議而毫不介意，真不愧為宰輔的氣度。諸葛亮之特別看重他，並不是私其所好，而是以國事為重，蔣琬誠未負武侯寄望之殷。

按楊戲曾從大將軍姜維北伐，酒後言笑，每有傲岸之辭，姜維外寬內忌，竟不能堪，奏罷楊戲為庶人。又蜀軍文臣中，簡雍亦疏略無禮，箕踞傲人。他是劉備的小同鄉，初起事的智囊人物，故劉備能容忍之，但始終未加重任。由此可知蔣琬的氣量，尚在劉備之上，姜維更無論矣。蔣琬對於楊戲是相當重視的，他在東曹掾時，雖不甚禮遇蔣琬，但仍官階連升，遷為南中郎、參軍、副貳、庲降都督、領建寧太守，以疾徵還，任射聲校尉。他所至以清約自持，為政簡要不煩，的確也有他一套辦法，琬以才能為重，所以他還能發揮其所長。「不加美於人」，就是不拍馬屁，這是大丈夫特立獨行的人格，我們對楊戲這種品格，實在無話可說。但是人際關係，應有相當的禮貌，保持應有的風度，也是做人應

有的道理。當時並無第二個蔣琬，楊戲之被黜，亦其自取之耳。

北伐軍略

　　蔣琬繼武侯執掌蜀漢軍政大權，我們不要忘記，武侯的遺志之一是北伐，也是蔣琬職務上應盡的職責。我們且看他怎樣執行武侯此項遺志。

　　後主延熙元年，蔣琬出屯漢中，翌年進位大司馬。延熙初年，曹魏與東吳互爭遼東。孫權赤烏二年三月，遣使者羊衜、鄭冑，將軍孫怡至遼東，擊魏將張持、高慮等，俘獲男女甚多。先是，獻帝初年，遼東太守公孫度乘中原大亂，割據一方，南征高句麗，西擊烏桓，並山東半島之東萊等縣，勢力一時稱盛，自立為遼東侯、平州牧。度卒，由子康繼位。

　　建安十二年，曹操征烏桓，袁紹子袁熙袁尚奔遼東，公孫康斬之以獻曹操，操表任左將軍，封襄平侯。康卒，弟恭繼位，會曹丕篡漢，拜恭為車騎將軍，封平郭侯。曹魏雖擁有遼東，但實際上仍然是地方的割據勢力，未嘗實際的統治。

　　後主建興六年，公孫淵篡立，魏主叡仍拜為揚烈將軍、遼東太守，但公孫淵是一個野心頗大的不安分子，恐魏見襲，乃與吳通，稱臣奉貢，結為外援。孫權乃派太常張彌等率兵萬人至遼東，但是這個公孫淵是十足的投機小人，他鑒於吳遠而魏近，吳援急切不能驟至，於是反悔當初的孟浪，竟將孫權派使張彌殺了，以其首級獻曹魏。權因再派兵擊遼，孫曹構兵於遼東，這是蜀漢進兵攻魏的良好機會；因此，後主要蔣琬出兵，琬因北屯漢中，而以蜀中諸事，委費禕代行，費禕即在此時受任為尚書令。後主給蔣琬的詔書是這樣說的：

寇難未弭，曹叡驕凶，遼東三郡，苦其暴虐，遂相糾眾，
與之離隔。叡大興眾役，還相攻伐。暴秦之凶，勝廣首難；
今有此變，斯乃天時。君其治嚴，摠帥諸軍，屯住漢中，
須吳舉動，東西掎角，以乘其釁。

按後主庸駑，不識時務，此詔當由蔣琬等重臣知道遼東之變，
議定出師，而經由後主下詔耳。由是琬加大司馬，受命開府，即
北向，出屯漢中。事實上，孫權對於遼東事變，知道鞭長莫及，
後無可繼，經群臣的諫阻，也就不了了之，而曹魏則由司馬懿率
師東征，斬公孫淵，平遼東而還。所謂掎角之勢雖未形成，而魏
大軍東征，蜀漢伐魏，仍不失為良好時機。

蔣琬既屯漢中而北伐，鑒於諸葛亮六次征魏，或出祁山，或
出斜谷、陳倉，雖然獲勝於先，終以道途險遠，糧餉運險困難而
退還；琬因改變其作戰計畫，擬由漢水順流而下，襲取上庸，於
是多造船舶，作東進之圖。以舊疾復發，一時不能實施。但諸將
之意，與琬不同，認為漢水湍急，其船易下而難上，如不克捷，
還路甚難，並非長策。成都也以為此乃危道，遣尚書令費禕、中
監軍姜維至漢中就琬，以此意諭知。

按劉備得漢中時，孟達駐上庸，特命劉封前往助之，似有順
漢水而下之企圖，終未實行，殆以力有不逮，漢水水道險惡之故。
諸葛亮初至漢中，厚結孟達，也有打通漢中與上庸的計畫。孟達
求取援兵，以為魏軍至上庸，必在一個月之後，孟達可以固守防
地，以待蜀援之繼至。時司馬懿駐守南陽，逆知孟達必與蜀漢軍
聯合，乃晝夜兼行，襲取上庸，孟達尚未及完固防務，而魏軍驟
至，終被所破。此即《演義》所說：「司馬懿刻日擒孟達」的故事。
故蔣琬循漢水而下之作戰計畫，實在有其危險性。因此，成都的
指示，琬亦同意，故改變其計畫，建議以姜維為涼州刺史，西圖

隴右。他的疏文是這樣說的：

> 芟穢弭難，臣職是掌。自臣奉辭漢中，已經六年。臣既闇
> 弱，加嬰疾疾，規方無成，夙夜憂慘。今魏跨帶九州，根
> 蒂滋蔓，平除未易，若東西并力，首尾掎角，雖未能速得
> 如志，且當分裂蠶食，先摧其支黨；然吳期二三，連不克
> 果，俯仰艱難，實忘寢食。輒與費禕等議，以涼州胡塞之
> 要，進退有資，賊之所惜；且羌胡乃心思漢如渴，又昔偏
> 軍入羌，郭淮破走，算其長短，以為事首，宜以姜維為涼
> 州刺史，若維征行，銜持河右，臣當率軍為維鎮繼。今涪
> 水陸四通，惟急是應；若東北有虞，赴之不難。

　　由此疏，可知蔣琬此時患病甚重，故以伐魏之職，交付姜維，
他自己還屯於涪，以後援自任。諸葛亮以漢中為前進司令部，是
以攻為守，而蔣琬還涪，是以守為主，距蜀亡之期不遠了。
　　有人認為蔣琬屯涪的「涪」，是「涪陵」，也就是烏江注入長
江的匯流之口。按涪陵此時，尚為夷苗出入之處，叛亂時聞，且
其地山險水惡，並不是用兵的基地。而且蔣琬疏中，分明是說其
地「水陸四通」，其非涪陵，顯然可知。我們還當記得，劉備初入
蜀，劉璋遠迎，在「涪」與劉備歡敘百日；又劉備與劉璋反目成
仇，還斬璋之白水主將楊懷、高霈於「涪」，涪之重要，由此可知。
妄人誣諸葛亮不知規復荊州，而認為蔣琬還屯於涪，即為規復荊
州之準備，真是可笑之至。不知荊州其時已在孫權手中，如果蔣
琬要以涪陵為基地而規復荊州，是先與吳戰，劉備全盛時代，尚
不能規復荊州，此時的蜀漢，能有此力量否？何況蜀的政策，自
劉備卒後，仍以聯吳伐魏為主，即蔣琬疏中亦明言聯吳而成掎角，
是蔣琬決無伐吳以取荊州之意，不也明白的很嗎？從蔣琬的疏中，

知道他病得很厲害，他改變武侯的原有計畫，我們也不可認為他不知軍略，而是健康的關係。在他的疏中，明言駐屯漢中六年，規劃無成。六年不是短時間，而蔣琬一事無成，乃知軍略非其所常耳。觀乎蔣琬至涪，病勢轉劇，至延熙九年而卒，葬於涪，諡曰恭。

兄弟殉難

蔣琬有兩個兒子，長曰斌，次曰顯，都有才名。斌曾任綏武將軍、漢城護軍，顯曾任太子僕。魏鍾會鄧艾攻蜀，鄧艾走陰平道，取江油，下緜竹，先至成都，鍾會是從漢中進攻的。時姜維與蔣斌俱守漢中，不敵，退守劍門。鍾會至漢城，慕斌之名，致書斌，求知蔣琬墓地所在，要掃墓致敬。信中說：

> 巴蜀賢智文武之士多矣，至於足下諸葛思遠（諸葛亮子瞻之字），譬諸草木，吾氣類也。桑梓之敬，古今所效，西到，欲奉瞻尊大君公侯墓，當洒掃墳塋，奉祠致敬，願告其所在。

由此，足知蔣琬父子為敵方主帥所尊敬。蔣斌因其彬彬有禮，乃答之曰：

> 知惟臭味，意眷是隆，雅託忠流，未拒來謂也。亡考昔遭疾疢，亡於涪縣，卜云其吉，遂安厝之。知君西邁，乃欲屈駕，修敬墳墓，視予猶子，顏子之仁也。聞命感愴，以增情思。

　　鍾會得書，「嘉歎意義」，後至涪，果向琬墓拜掃致敬，一如書中之言。鍾會素與鄧艾不睦，艾先降後主，意甚不平。姜維在劍門，聞後主不守成都而降，乃亦假降鍾會，仍圖乘間舉事，於是偕鍾會與斌，顯兄弟俱至成都，但都為亂軍所害，致所謀不遂，可慨也已。

玖　費　禕

過目不忘的才雋青年

　　費禕是諸葛亮以後第三位執掌蜀漢軍政大權的重要人物，我們研究蜀漢風雲人物，絕不能置費禕而不論。

　　這位蜀漢後期的重要政治家，本是江夏鄳人，字文偉。他從小失去父愛，依族父伯仁為生。伯仁之姑，嫁劉焉為妻，焉就是劉璋之父，伯仁之姑即劉璋之母。劉焉本來也是江夏竟陵人。靈帝末年，天下已在動亂，焉為避亂，求得益州刺史，遂家成都。焉死，由璋繼任。其時荊州已在兵禍之中，璋乃迎伯仁至蜀，伯仁攜禕同往，時年幼，尚在求學階段。劉備定蜀，遂入劉備帳下。

　　他秉性聰慧，讀書過目不忘，故少年時即有才名，與汝南許叔龍、南郡董允同為時人所稱。董允者董和之子也。禕既與董允齊名，董和對於自己的兒子和費禕究竟誰比誰高？一時無從評定。一日，許靖喪子，董允與費禕同往弔喪。董允向他的父親要一部車子載去，董和授以鹿車，允有難色，費禕毫不遲疑的

圖 26：費　禕

先行上車。及至許家，弔祭者雲集，諸葛亮等一等要人，皆在弔祭行列，車馬都異常壯麗，董允頗有慚色，而費禕神色自若，毫不介意。及董和知道了這一事實，就斷定費禕高於董允。董和對董允說：「吾常疑汝與文偉優劣未別也，而今而後，吾意了矣。」《三國志》卷四十四〈禕傳〉）其實董和父子，在蜀也負有盛名，而費禕的安於其素，顯為允所不及，董和固未嘗有所私也。俗云：「妻子是人家的好，兒子是自己的好」，董和不落俗套，其高風亮節，亦足多矣。

幾則才智過人的故事

關於費禕的聰明才智，有幾則故事，更足以證明之：

其一，費禕曾奉命使吳，孫權及其帳中的才智之士和權本人，都想試試他。史稱權既滑稽，善諧謔，帳下諸葛恪、羊衜等又博學多聞，能言善辯，詞鋒銳利，無人能當。他們故意發問許多難題，以問費禕。據說孫權以美酒款待費禕，這些問題都乘費禕飲酒已多時發出的，問題中雜有當世的時務，藉以試探蜀中的政策，費禕以醉辭之。既退，就席間所提的問題，一一以書面作答，據理直陳，未嘗或屈。因得孫權的器重，稱為「天下之淑德，將來必當股肱蜀朝」，而以「不能數見」為憾，乃以其手中所執之寶刀贈之。費禕答之曰：「臣以不才，何以堪明命？然刀所以討不庭，禁暴亂者也；但願大王勉建功業，同獎漢室，臣雖闇弱，終不負東顧。」（《費禕別傳》）由此可知費禕之巧思。當時在酒席筵前，如果作針鋒相對的辯論，辭強則傷和氣，辭弱有失國體，局面必甚尷尬，故以醉辭之，但他對於他們的問題，一一記得清楚，事後作答，避免一場爭論，而理不能屈，何其智也。觀其辭刀的答辭，以共獎皇室為言，真不愧為漢室的使者了。其後屢次使吳，

都能完成使命，他可稱當時蜀中的外交長才。

其二，費禕既代蔣琬任尚書令，其職位相當於今日的行政院院長，公務鉅細畢集，繁瑣而忙碌，是必然的，但是費禕憑其聰明才力，處置裕如。《費禕別傳》說：

> 於時軍國多事，公務繁猥。禕識悟過人，每省讀書記，舉目暫視，已究其意旨，其速數倍於人，終亦不忘。常以朝晡聽事其間，接納賓客，飲食嬉戲，加之博奕，每盡人之歡，事亦不廢。

一個身負國家最高的大職重任之人，不廢公務，且與賓客往來，能各盡其歡，其才、其識、其能，真非一般人所能及。及董允代禕為尚書令，他也效費禕的所作所為，但不過十日，公務積壓甚多，處理且多錯誤，允乃歎曰：「人才力相懸，若此甚遠，非吾所能也。」於是聽事終日，猶有不暇。費禕才能，高出董允甚多，連董允自己也承認了。

鎮定謙德與善處糾紛

費禕還有一種特殊的工夫，那就是鎮定，是胸有成竹的鎮定，不是像清代葉名琛之鎮守廣州，大敵當前，故作鎮定，實際上是毫無辦法，卒致成為俘虜，貽笑大方者可比。事情是這樣的：

延熙七年，蔣琬還屯於涪，時魏軍已在興勢，前方軍情，異常吃緊。費禕乃以假節，率眾往禦魏兵，這便是曹爽的攻蜀之戰，前方抵禦魏兵者為鎮北大將軍王平。時光祿大夫來敏，特訪費禕，請共下圍棋。其時前方羽檄交馳，費禕之兵，人馬擐甲，費禕也已嚴駕待發。但來敏既至，禕留敏相談，並無倦容。來敏因此說

出他的真心話，謂特來相試，以觀行色，「君信可人，必能辦賊者也。」來敏既退，褘遂揮軍前進向敵。敵方聞費褘領軍至，不敢戀戰，遂退，褘以功封成鄉侯。他的鎮定工夫，也非人所及。

益州刺史本來是蔣琬兼的。琬既患病，固辭刺史之職，要費褘繼任，但費褘固辭不受，幾經周折，始允就任。這是他的謙德，實際上此職蔣琬已難顧及，故其辭實不得已，其舉褘以自代，是為國家。蜀自諸葛亮、蔣琬，皆兼益州刺史，費褘之出兼益州，正是蜀漢政治之傳統。從諸葛亮經蔣琬而費褘，常常出屯在外，成都中央政府的重大事件，都向他們徵得同意而施行，也是一貫的，這真所以一身寄天下之重了。

費褘才能的賞識，還是從諸葛亮開始。褘在成都，雖受知於董和等，但僅稍有聲望，尚無籍籍名，不過諸葛亮已在注意他了。建興三年三月，武侯親征南中，十二月勝利北還，成都顯要，都郊迎數十里，費褘也在歡迎行列中。當時以官位論，費褘最低，以年齡論，費褘最幼；但諸葛亮獨令費褘同車，進入成都，於是一登龍門，身價十倍。費褘先前的官位，劉備時不過是太子舍人，後主時不過黃門侍郎。諸葛亮勝利歸來，擢為昭信校尉。上述使吳之事，即在他任昭信校尉以後。諸葛亮北屯漢中時，調任參軍，以屢次赴吳，都能完成使命，轉升為中護軍，其後又升為司馬值軍師。及亮卒，又改為後軍師，頃又代蔣琬任尚書令，仕途亨通，可謂一帆風順，皆武侯培植之力。

費褘還有一項長處，是人事矛盾上的調停工作。流傳於歷史的是他對魏延、楊儀這兩個活寶間的衝突之緩衝。這兩個人的共同特性，是心高氣傲，都自認為了不起，魏延尤甚，他連諸葛亮都看不上眼，常以「亮為怯，而歎己才用不盡。」楊儀有辯才，曾在關羽帳下，奉羽命入蜀謁劉備，與備論軍國大計、政治得失，備大悅，因辟為左將軍兵曹掾，自此楊儀便得意忘形，與尚書令

劉巴不睦。

　　諸葛亮北伐時任為長史，後為司馬值軍師；因此常與魏延相
遇，每在座中，怒目相向，爭論不已。有一次，魏延竟拔刀向楊
儀，作搏殺狀。時費禕亦在，即坐於楊儀、魏延間，多方勸解，
爭端始息。自此，即常周旋於楊儀與魏延間，調停他們兩個的意
氣之爭，沖淡了他們的衝突。武侯在日，延、儀各得所用，是費
禕調處之功。楊儀的短處，武侯知道得很清楚，他對楊儀的印象，
是「儀性狷狹」，不能任大事，故密薦蔣琬以自代。亮在武功病甚，
密令楊儀、費禕、姜維等商議退軍節度，而令魏延斷後，置姜維
所部於魏延軍之前。亮卒，儀恐魏延不服，命費禕至魏延處探問
情形。魏延固然反對退軍，他說：「丞相雖亡，吾自現在，府親官
屬，便可將喪還葬，吾當率諸軍擊賊，云何以一人之死，廢天下
之事邪？且魏延何人，當為楊儀所部勒，作斷後將軍乎？」因與禕
「共作行留部分，令禕手書，與己連名，以告諸將。」費禕紿之曰：
「楊長史文吏，稀更軍事，必不違命也。」禕出，馳馬而去，延既
而悔之，追費禕，已不及矣。禕之機智，這是又一個例子。

研討敵情

　　費禕既負蜀漢的軍政重職，而仍以伐魏為主要工作，以承武
侯之遺志。故對敵方的動態，十分注意，隨時加以研討，以定應
付之策。

　　魏在曹叡執政時代，大權已落入司馬懿父子之手，曹操怎樣
對付漢獻帝，司馬懿也就如法泡製，以對魏主，這真是報應循環，
歷歷不爽。作者曾將王莽以後至隋代的政權遞嬗，作過歸納，自
曹操、司馬懿父子乃至南朝的東晉、宋、齊、梁，北朝的魏與高
齊、宇文周而至隋，都是權臣移祚，只有蜀漢是例外，此諸葛亮

之忠貞輔國為難能可貴，成周公以後的第一個政治家，後世亦無可以比擬之人。周公既被尊為聖人，諸葛亮實亦聖人之流了。

司馬懿對付曹魏的方法，第一步是誅戮曹魏有權勢的人，第一個對象便是曹爽，那時候是曹魏王室中最有權力的人。蜀漢建興元年，魏主患病，以其叔父燕王宇為大將，與夏侯獻、曹爽、曹肇等輔政，以劉放、孫資為秘書郎。劉放、孫資弄權，力勸叡免曹宇職，並忌大將軍曹爽，因慫恿魏主召司馬懿還朝輔政。延熙二年，叡卒，以太子芳繼位，年才八歲耳。曹爽對司馬懿以其年位素高，以父禮事之，事事諮詢。爽黨何晏等欲爽立威名，建議發關中兵十餘萬伐蜀，為蜀將王平所敗，失亡甚眾，關中空虛。爽乃施別計，遷太后郭氏於永寧宮，專擅朝政，多樹黨羽。

延熙十二年，魏主芳謁高平陵，爽及其弟羲等均從，司馬懿及其子師與昭乃以太后令發難，閉諸城門，勒兵據武庫，奏稱「爽背棄顧命，敗亂國典，僭擬專權，有無君之心，請罷爽兄弟兵，以侯就第。」爽兄弟奉芳還宮，懿收爽兄弟及其黨羽何晏等，皆殺之，並夷三族。揚州刺史王凌典重兵，欲立曹操子楚王彪，都於許昌。事為司馬懿所知，延熙十四年襲殺之，三族悉誅，並囚魏諸王公於鄴。於是大權悉入司馬氏手中。是年八月，懿死，其子司馬師自為撫軍大將軍，錄尚書事，總攬魏政，陰謀篡位。

魏方這一大變亂，事聞於蜀。費禕乃集群僚，分甲乙兩組，討論此案。《殷基通語》，有如下的記載：

> 甲以為曹爽兄弟為凡品庸人，苟以宗子枝屬，得蒙顧命之任，而驕奢僭逸，交非其人，私樹朋黨，謀以亂國，懿奮誅討，一朝珍盡，此所以稱其任，副士民之望也。乙以為懿感曹仲付己不一，豈爽與干？事勢不專，以此陰成疵瑕，初無忠告侃爾之訓，一朝屠戮，讒其不意，豈大人經國篤

本之事乎？若爽信有謀主之心，大逆已構，而發兵之日，
更以芳委爽兄弟，懿父子從後閉門，舉兵麾而向芳，必無
悉寧，忠臣為君深慮之謂乎？以此推之，爽無大惡明矣。
若懿以奢僭而廢之刑之可也，滅其尺口，被以不義，絕子
丹血食及何晏子，魏之親甥，亦與同戮，為僭濫不當矣。
（《三國志·禕傳》裴注引）

　　由此，可知費禕對敵方動亂之關切。但甲乙兩方之議論，只
及曹爽與司馬懿之間的是非曲直，而不言蜀方將何以對魏的策略，
足證諸人都是書生之見。試問曹爽與司馬懿是一丘之貉，這是雙
方的奪權鬥爭，強者為勝，弱者為敗，有何忠義可言？此會之最
重要的意義，為蜀漢對敵方之動亂，應採何種對策？而諸人言不
及此，殊失費禕要他們討論此案的本意，蜀方人才之凋零由此可
證。

推心置腹的災難

　　費禕最後的結果，是一個大悲劇。延熙十四年，費禕北屯漢
壽，十五年命禕開府，十六年歲首，費禕大會魏降人，飲酒作樂
以賀歲，禕大醉，被降人郭循刺死，這個郭循可能是魏方的間諜，
禕不為之備，因而遇難。

　　推費禕之意，是在效法漢光武推心置腹的故事，使魏降人心
服。按漢光武被更始及其左右所排擠，命為蕭王，至河北征銅馬
賊。時大河以北，銅馬賊聲勢浩大，更始命蕭王北征而不予兵馬，
只許帶少數從者，這是借刀殺人之計。但是劉秀在昆陽之亂，已
立威望，且其仁義之聲，已聞於遐邇，故銅馬紛紛來降。其時有
人散布流言，謂蕭王將對銅馬有不利的行動，因此人心洶洶，有

復亂之勢。蕭王乃隻身循行於銅馬陣中，諸銅馬賊見其氣度從容，一付長者仁厚之態，決無加害之意，乃群向傳言：「蕭王以己心推人腹中」，何可相害，因此對光武之向心力加強，可謂因禍得福，此即我國「推心置腹」的名言。費禕大宴諸魏降人而不作絲毫的準備，是以知其是一種心服魏降人的方法。但是魏降人中混有間諜在內，則禕計適中奸謀，此則有類於岑彭征公孫述，被刺客謀害於彭亡聚的故事了，雖然費禕之不被害，未必有補蜀的危亡，但蜀運延長數年，以觀天下之變，仍然是有可能的，惜哉。由此可知諸葛亮誡其子不可飲酒至醉，有其深遠意義的。

費禕治蜀，其功名與事業，與蔣琬相勒，所不同者琬病卒而禕不得善終耳。但就蜀漢政府對他們的優遇，禕似在琬之上。禕卒，諡曰敬侯，此與琬之諡恭亦相似。禕有二子，長子名承，嗣為黃門侍郎；次子恭，為尚書郎，才名顯於當世，尚公主，早卒。禕之長女，則配太子璿為妃。一門多為王親國戚，其榮寵則在蔣琬之上了。

自費禕之亡，蜀漢更無才能德行出眾的政治家，軍事方面，也只有靠姜維來支撐局面，而宦官黃皓弄權，蜀事益不可為了。

拾　簡雍、糜竺、孫乾

—— 劉備初期的智囊人物

最早的智囊人物

　　劉備的基本幹部是關羽和張飛，都是赳赳武夫，有他們的特長，但是從智謀這一方面看，顯然是一個大弱點。劉備幕中，最早稱得上智囊人物的，只有一個簡雍，後來在陶謙幕中，又得糜竺、糜芳兄弟二人，並受鄭康成的推介得孫乾。簡雍、糜竺和孫乾是劉備在得到諸葛亮以前的智囊團。智謀之士不足，始終是劉備集團的大缺憾，而且他們的才力，從後來的智囊人物來看，都不過二、三流的角色，這和劉備在赤壁之戰前始終沒有容身的基地，有其直接關係。此所以劉備得徐庶而敬禮有加，及知諸葛亮的才能，不惜三顧茅廬以禮聘之。《三國・蜀書・簡雍傳》稱：「雍與糜竺、孫乾同為從事中郎，常為談客，往來使命」，由此可知劉備智囊團之空虛。

最早的知識幹部

　　這三個人，最早在劉備幕中的是簡雍。他是涿郡人，字憲和，是劉備的小同鄉。簡雍實在是極有才具的人，不過他是落拓不拘禮節的名士，仿諸古人，有如東方朔滑稽之流，對劉備保持超然

獨立人格，無所屈從，不如關羽、張飛，夜與劉備同宿，但在稠人廣眾之間，則肅立兩側，猶如君臣之禮一般的恭敬。在整個的劉備經營歷程中，未見簡雍有何軍國大計的建議，劉備也只是把他看作老朋友，有所對外交涉時，令其「往來使命」而已。

　　劉備圍成都數十日，城中尚有兵數萬，糧餉足供一年之需，所以劉璋左右，頗有主堅守者，劉備乃使簡雍入城說之。劉璋對於簡雍，自與劉備相見時即厚愛之，及在圍城中見簡雍，不知道簡雍向他說了些什麼動聽的話，他就欣然與簡雍同車而出，開城門而降。足證他對劉璋一定說了足以使劉璋心服的精彩言論，可惜世所不傳耳。不過成都之免於兵災，實在是簡雍與劉璋一席長談的結果，故蜀人德之，今成都南方的簡陽縣，即為紀念簡雍而命名的。

　　簡雍善於譎諫，倒有一則非常有趣的故事，為史家所傳。原來，劉備定蜀以後，曾經有一次旱災，因此下令禁酒。有人在民間搜得釀酒工具，主其事者視其為釀酒者同受處罰。簡雍適與劉備同遊，看到路上有一對男女同行，簡雍對劉備說，他們二人有行淫的嫌疑，何不縛而治之以罪。劉備問簡雍：你怎麼知道的？簡雍答稱：因為他們都有淫具。劉備知道他的意思，乃大笑。置擁有釀具之民，不加處罰。因知簡雍乃淳于髡、東方朔一流人物，擅譎諫而不失於正，也可以說簡雍在這則小故事中，約略表現其才能之一角。

　　成都既降，論功被任為昭德將軍，但是他始終沒有表現他才能的機會，這還是和他不拘禮節、不求聞達有直接關係。史稱簡雍的風度，有云：

　　　　優遊風議，性簡傲跌宕，在先主坐席，猶箕踞傾倚，威儀不肅，自縱適。諸葛亮已下，則獨擅一榻，項枕臥語，不

為所屈。(《蜀書・簡雍傳》)

　　這真不愧他的尊姓「簡」字。或云簡雍本姓耿，幽州人讀耿為簡，因隨音變之，則不知其究竟了。以簡雍之才能，與劉備相知之早，而始終碌碌無所短長，和他對劉備傲慢不拘的名士氣派，是大有關係的。我們從劉備只遣簡雍說劉璋而不遣他人這一點來看，足證劉備是知道簡雍的才能的。

輕財重義的大商人

　　麋竺和孫乾都是劉備徐州刺史任內所得的謀士，但並不是第一流的。陶謙幕中第一流人才應該是陳登，我們但看陳登勸劉備接受徐州刺史的時局分析中，可以知道，這是一位傑出人才。史稱陶謙死，麋竺從陶謙遺命率州人迎劉備，備不敢接受。陳登對劉備說：

> 今漢室凌遲，海內傾覆，立功立事，在於今日。彼州殷富，戶口百萬，欲屈使君撫臨州事。(《三國・蜀書・先主傳》)

　　其實劉備並不是不要做徐州刺史，只是力量薄弱，他最擔心是近在咫尺的袁術這一股龐大的力量；因此他答覆陳登：「袁公路近在壽春，此君四世五公，海內所歸，君可以州予之。」但是陳登並不把袁術放在眼裡，他說：

> 公路驕豪，非治亂之主，今欲為使君合步騎十萬，可以匡主濟民，成王霸之業，下可以割地守境，書功於竹帛；若使君不見聽許，登亦未敢聽使君也。

言下頗有相強之意。時孔融也在徐州，他對劉備說：

> 袁公路冢中枯骨，何足介意，今日之事，百姓與能，天與
> 不取，悔不可追。

以「冢中枯骨」評袁術，真可以說入木三分，劉備乃領徐州刺史。陳登在劉備就任以後，遣使結袁紹，其辭曰：

> 天降災沴，禍臻鄙州，州將殂殞，生民無主，恐懼姦雄，
> 一旦承隙，以貽盟主日昃之憂。輒共奉故平原相劉備府君
> 以為宗主，使百姓知有依歸。方今寇難縱橫（時徐州附近
> 有黃巾餘黨之亂），不遑釋甲，謹遣下吏，奔告于執事。（《獻
> 帝春秋》）

由此，可知陳登不僅是有膽識，且有計畫。不知道為什麼這一位傑出人才不跟劉備進退？隨劉備進退者只糜竺兄弟和孫乾。這一段史實，可以糾正《三國演義》陶恭祖三讓徐州的誤說。實際上是陶謙在病篤時對別駕糜竺說：「非劉備不能安此州」，這便是所謂「遺命」，故竺等迎備耳。

糜竺是東海朐人，字子仲。朐在今江蘇東海，本是經商世家，僮僕萬人，資財億萬。《搜神記》有一則與糜竺有關的傳奇故事，大致是說糜竺自洛陽歸，距家數十里，路旁見一婦人，求乘糜竺的車子，糜竺允之；但不過數里，就稱謝而去。臨行，跟糜竺說：「我天使也，當往燒東海糜竺家，感君見載，故以相語。」糜竺因以請其免燒，婦不允，但同意遲遲其行，期以日中發火。竺乃迅速返家，遷出財物，日中，果發大火。這則故事，表示糜竺是富有同情心而有俠義氣的商人。徐州牧陶謙聞竺名，辟為別駕從事。

謙卒，奉遺命迎劉備，遂入劉備幕中。

徐州是一個兵家必爭之地，不僅袁術要徐州，就是新起的軍閥呂布也得而甘心。劉備腹背受敵，敗下陣來，輾轉於廣陵、海西一帶，軍資兩缺，窮無所倚。麋竺就在這個時候，進其妹為劉備妻，是即麋夫人，贈以奴客二千人，金銀貨幣甚多，備軍復振，麋竺之力為多。曹操延攬人才，是無所不用其極的，他聽到麋竺的義行，特別奏請把泰山郡五縣分出來，另設嬴郡，並以麋竺「素履忠貞、文武昭烈」，授以嬴郡太守之職。但麋竺與其弟芳，都放棄官職，追隨劉備，到處流亡，不以為苦。其對劉備的認識與忠心是少見的，故劉備德之甚深。

但是麋竺吃虧的是不通翰墨，知識基礎有限，這也難怪，因為他本是商人出身，他的長處是在交際應酬，對於軍國大計的獻替謀猷，實在是心有餘而力不足。我們平心而論，以一個商人出身的人，能夠認識劉備於轉徙奔敗之際，而犧牲家財、犧牲官位，始終跟著轉徙流亡，奮鬥不已，實亦難能可貴。劉備對於麋竺，利用他的長處，厚與官位俸祿，而不使他獨當一面，主持公務，所以報其知遇之德，亦不以私害公。如劉備不安於對袁紹之合作，藉援助劉辟、龔都經營許下而被曹操所攻，將去荊州，使麋竺與孫乾至劉表處先容，便是一例。益州既定，待之以上賓之禮，寵賜優厚，無與倫比，拜為安漢將軍，班在軍師將軍諸葛亮之右，榮寵冠於一時，所以報之者實出常例，都是由於相從於患難之故。

他的兄弟麋芳，也能相從，但其晚節有虧，麋竺深為痛心。原來，劉備入蜀，麋芳留佐關羽於荊州。及羽北伐，與曹軍相戰於襄樊，以荊州根本之地的防守，交麋芳與傅士仁擔任。關羽為人，厚待其士卒，而常常折辱士大夫與知識分子，因此麋芳與傅士仁，大概都受過他的折辱，都對關羽不滿。及吳軍乘關羽北進的機會，隱謀襲取荊州，利用麋芳與傅士仁對關羽的嫌隙，勾結

之。糜芳與傅士仁竟私通孫吳，開荊州城門而結吳軍，致使關羽退無所據，敗亡麥城，使諸葛亮的隆中計畫，遭受莫大的挫折。這個人在如此緊要關頭，顯示出他唯利是圖的商人本色，對劉備這一方面來說，真是罪大惡極。糜竺得此消息，向劉備自縛請罪。劉備的雅量，又具體地表現出來，他對於這一事件的處理，「以兄弟罪不相及」為理由，優加撫慰，善待如初。但是糜竺始終有愧於內心，抑鬱過度，發病年餘而卒，糜竺畢竟是一個心地坦誠的可人。

折衝長才

孫乾是北海人，字公祐。此人並非陶謙的舊屬，似亦非劉備的老幹部，而是劉備在領徐州刺史時由於鄭玄的推介，而辟為從事的。鄭玄是當時著名的經學家，是劉備向來所欽敬的學者，劉備似乎曾經在鄭玄門下讀過書，其略通經義而不主張政治赦免，是受鄭玄的影響。

孫乾的長處是在折衝樽俎這一方面，因此，劉備常派他做代表，辦理對外交涉。如劉備在徐州敗後，依附曹操，復以獻帝的衣帶詔，囑備密誅曹操，案發，帝舅董承被殺，備不能安，乃遣孫乾為代表，密款於袁紹；後來將赴荊州，又遣糜竺孫乾為代表，密與劉表相通，都能完成使命。

劉表與劉備的嫌隙，起於劉備在荊州之深得人心，所謂「荊州士人多歸之」便是，這是劉表對劉備不放心的基本因素。加上劉表寵信後妻，其後妻又欲廢棄劉表長子劉琦而立其子劉琮繼劉表之後，其妻黨都認為劉備在荊州，對他們的行動不利，因進讒言，劉表後來醒悟，與備復善，因有託孤之事。劉表曾與袁紹次子袁尚通信，就表示他內心的懺悔。信中便有關於兄弟分爭之變

的後悔語：「每與劉左將軍、孫公祐共論此事，未嘗不痛心入骨，相為悲傷。」孫公祐即孫乾，劉表的悔意，除與劉備談論外，並與孫乾談及，足證孫乾在劉表與劉備之間的橋梁工作，是做得很好的。

　　孫乾自入劉備帳下，輾轉流徙，始終如一，而且常常為劉備外結奧援，所至成功，可以說是劉備的患難之交。因此，劉備對他非常重視。益州既定，拜為從事中郎、秉忠將軍。雖榮寵不如麋竺，但得與簡雍同列，成為劉備麾下外交集團的臺柱之一。

拾壹　董和、董允

以身作則，樹立良好風俗

諸葛亮〈出師表〉中有云：

> 侍中侍郎郭攸之、費禕、董允等，此皆良實，志慮忠純，
> 是以先帝簡拔以遺陛下，愚以為宮中之事，事無大小，悉
> 以咨之，然後施行，必能裨補闕漏，有所廣益。

由此，我們可以看到諸葛任人，才德並重。費禕已另有介紹，郭
攸之史事不傳，這裡我們專門介紹董允和他的父親董和。

董和字幼宰，即董允之父，本是南郡枝江人，這一家遷往益
州，也是在漢末，董和是入蜀始祖。劉璋對於這位遠客，相當信
任，要他擔任牛鞞江原長、成都令。成都是益州附郭的首縣，職
務非常重要的。當時的成都已是益州的政治中心，是四川盆地最
殷富的地方，所以民間風氣，講究豪奢，尤其歡喜點綴門面。《蜀
書》稱當時成都的奢靡情形說：

> 蜀地富實，時俗奢侈，貨殖之家，侯服玉食，婚姻葬送，
> 傾家竭產。（《三國・蜀書》九〈和傳〉）

這種風氣，實在要不得，非加以改善不可。董和的辦法是從他自己做起，他惡衣疏食，以為軌範，並以嚴法繼之，防制踰僭。他這種矯枉過正的作風，使縣內豪強，畏而憚之，不敢干犯；但是這種過慣了豪華生活的人，心有不甘，乃向劉璋加以攻訐，要劉璋把他換了。劉璋是一個胸無城府、不知好歹的庸人；因此，董和被貶為巴東屬國都尉。但是老百姓的眼睛是雪亮的，他們集合數千人，扶老攜幼，遮留這位好官。也就因此，劉璋有點後悔，在二年以後，把他召回來，官升益州太守。董和還是老作風，生活簡約，絕對不談享受，更不以官階已高，改變他舊時的生活狀況。

他在益州太守任內，最值得稱道的是對蠻夷的撫愛。原來，益州界外，便是蠻夷的生活地區，其中一部分且受益州管轄。這裡所稱的蠻夷，大多數是藏族，董和對他們的施政，完全以「推誠心」為原則，因此得到蠻夷「信而愛之」的結果。這就樹立了一個治蠻的範例，也便是說治理蠻夷，並不是複雜而繁難的工作，只要誠心誠意的對待他們，為他們謀福利，不干擾他們，便可收良好的效果。

劉備定蜀，對董和的治績和才能，十分欣賞，他雖然這個時候才和董和接觸，但是他毫不遲疑的要他擔任左將軍府的掌軍中郎將，與軍師將軍諸葛亮並署左將軍大司馬府事，於是他便成了諸葛亮同一辦公廳的同事，得到了志同道合的密友。

他們二人共同的特性，是赤心忠膽的做好公務。諸葛亮非常開明，他主張「開誠心」、「布公道」、「集思廣益」、「勤攻其過」，以匡其「闕失」；而董和也有「知無不言」、「言無不盡」的個性，這是他們共有的特點。凡是一個有識見、具深遠眼光的人，一定有他們的堅強意志，可以接受他人的善言，但也不輕易放棄原有的主張，這也是他們共有的個性。因此，他們常在討論問題的時候，有不同的意見，反覆辯論，有達十次之多者。諸葛亮非常欣

賞他不厭其詳的商討，他說：

> 夫參署者，集眾思，廣忠益也，若遠小嫌，難相違覆，曠
> 闕損矣。違覆而得中，猶棄敝蹻而獲珠玉。然人心苦不能
> 盡，惟徐元直處茲不惑。又董幼宰參署七年，事有不至，
> 至於十反，來相啟告，苟能慕元直之十一，幼宰之殷勤，
> 有忠於國，則亮可少過矣。(《諸葛亮集》)

又說：

> 昔初交州平，屢聞得失；後交元直，勤見啟悔；前參事於
> 幼宰，每言則盡；後從事於偉度，數有諫止。雖姿性鄙暗，
> 不能悉納，然此四子終始好合，亦足以明其直言也。(同上，
> 按〈和傳〉亦備載其言)

　　崔州平、徐庶是諸葛亮遊於荊襄時的老朋友，董和在劉備定
蜀以後始由相識而為同事，但諸葛亮比之於崔徐，且稱其能「盡
言」，可知董和向諸葛的善替謀獻，較崔徐二人尤有過之。又偉度
是胡濟之字，濟亦義陽人，曾為諸葛亮的主簿，屢對亮進忠藎之
言，足證諸葛亮善視忠言。但是他對這些忠言的是否接納？是有
分寸的，即所謂「不能悉納」便是，這也表示政治家擇善固執之
態度，而不是堅持成見。由此可知董和與劉巴不同，劉巴以過去
對劉備的多所阻阨，內心愧疚，故避嫌不談其主張，但在大問題
上，他還是直言不隱的；董和忠心為國，所知必言，言必能盡，
而且還多所討論，不厭繁複，故諸葛亮特加欽敬。
　　董和敭歷中外，曾任縣令、都尉、太守，又久任左將軍府幕
僚，先後達二十餘年，但他操守清廉，死後，「家無儋石之財」，

高風亮節，實有足多，此當為諸葛器重他的主要原因之一，在其死後，仍追念不已。

防制奸惡，盡心盡力

董允是董和之子，字休昭，乃〈出師表〉中所特別推薦之人。他秉性忠亮，恪遵法令，毫不放鬆，可謂饒有父風。諸葛亮在北伐期間，遠離成都，駐節漢中。他深恐後主年事尚輕，不辨善惡，可能發生胡作非為之事，故任以董理宮中之事，與郭攸之、費禕同掌宮中事務。當時郭攸之、費禕的官位是侍中，董允的官位是侍郎，後來費禕調任參軍，董允升任侍中，領虎賁中郎將。郭攸之性格和緩，宮中事務，董允實一人任之。董允在職，小心謹慎，對於防制後主之走上不義之路，甚「盡其匡救」之職。

後主曾欲補充宮女，以娛聲色，董允引古禮以正之。他說：

圖 27：董　允

「古者天子后妃之數，不過十二，今嬪嬙已具，不宜增益。」終不同意後主之議。董允這一措施，一則防後主之陷於荒淫，二則防社會之不安，因為無論選嬙選嬪，民間必不樂從而起騷動，而後主亦將陷於不義之名；故董允此舉，正所以愛護君上，亦所以安定社會，可以說得為政之大要。饒是如此，蔣琬還表示不滿意，琬時任益州刺史，曾上疏責讓費禕、董允。不過蔣琬對於董允還是相當的佩服，曾上表請褒董允。他說：「允內侍歷年，翼贊王室，宜賜爵土，以褒勳勞。」但董允則固辭不受。

後主年漸長，寵愛宦者黃皓。黃皓是一個很聰明而善於伺候後主的小人。他因仗後主的後臺撐住，頗欲交通外宮，以張聲勢。但是董允防制極嚴，一方面以「正色」匡後主，一方面責讓黃皓。黃皓雖有後主的寵愛，也憚其威嚴，不敢為非，董允在日，黃皓位不過黃門侍丞。允卒，陳祗繼其任，他與黃皓內外勾結，狼狽為奸，皓因得從黃門令擢為中常侍、奉車都尉，干弄朝政，終至亡國，故蜀人追念董允不已。

董允更值得稱道的一件事，是重視才俊青年董恢。有一天，董允與費禕等有一個遊宴之約，車子已經備好，方欲出門，而董恢求見。董恢看到董允即將外出，因而求去。董允不許，他說：「本所以出者，欲與同好遊談也；今君已自屈，方展闊積，捨此不談，就彼之宴，非所謂也。」乃命解驂，與董恢暢談，此會因而作罷。時董恢年少官微，故不敢阻董允，而董允則以董恢有才能之名，故董允特加器重，不惜喪約。原來，董恢是襄陽人，曾隨費禕使吳。孫權乘醉問禕：「楊儀、魏延，牧豎小人也，雖常有鳴吠之益於時務，然既以任之，勢不能輕，若一朝無諸葛亮，必為禍亂矣，諸君慣慣，不知防慮於此，豈所謂貽厥孫謀乎？」費禕不知所答，董恢為之言曰：「儀、延之不協，起於私忿耳，而無黥、彭難御之心也。今方掃除強賊，混一區夏，功以才成，業由才廣，若捨此不任，防其後患，是猶備有風波，而逆廢舟楫，非長計也。」孫權因大笑而終止此項談話（見《襄陽記》）。恢由是知名，故為董允所重耳，由此，可知董允之愛護人才。其後，諸葛亮聞之，以為董恢知言，擢為丞相府屬，後遷巴郡太守。這正是劉備所說：「智謀之士，所見略同。」由此可知，董允為國之真誠，不以敬守宮中之事為已盡其能事了。

拾貳 王 平

蜀籍名將卻是文盲

王平，凡是讀過《三國演義》或是愛看國劇《空城計》的人，都知道這號人物。《空城計》是郭沖說故事虛構的想像之事，與史事大相逕庭。史書明載武侯初出祁山，魏方的主將是曹真，街亭兵敗，魏軍並未追擊，武侯在西城，很從容的拔西城千餘家還漢中，焉得有空城計之事！不過馬謖守街亭，王平副佐馬謖，馬謖駐軍山上，王平請分兵守山下，這是史實。平之名著於後世，即在此役之後。作者對蜀籍軍事將領，首推王平，不僅由於他在街亭之役中，整軍向敵，使魏將疑有伏兵而不敢前進，並且由於他此後領兵作戰，常獲勝利，尤其是興勢之役，以不到三萬人抵抗曹爽軍隊十餘萬而大破之，為蜀漢軍爭得光榮的戰績，是一項極關重要的戰略部署的成功，不禁油然而生敬意。

王平字子均，是巴西宕渠人。大概他家境不佳，或幼失父母，故長養於外家何氏，因而姓何，後來歸宗復姓，遂名王平。從他少年失學，所識之字不過十個這一點來看，可知他在外家，也不過是就養而已，並沒有受到什麼教育。但是他幼年即有志於功名之建立，隨杜護、朴胡等友人至洛陽謀差使，得到假校尉的職務。曹操控制了漢室，遂在曹軍中工作。

會夏侯淵守漢中，被黃忠所殺。曹操對夏侯淵之勇，向來十

分器重，曹操本是夏侯氏之子，過繼給曹家的。這個曹家的祖先，本來是宦官曹節，宦官是不會有後嗣的，因以夏侯氏之子為子，是即曹操之父曹嵩。故曹操與夏侯淵有兄弟之誼。曹操為了報夏侯淵之仇，更是為了漢中地區為劉備所得，關中受到嚴重的威脅，因而興兵作恢復漢中的打算。但是劉備固守陽平關不戰，曹軍久戰無功，部隊逃亡日多，且有東顧之憂，因而退軍。時王平亦在軍中，他雖然讀書不多，但頗明順逆之理，遂乘曹軍東退的機會，歸降劉備，劉備拜為牙門將偏將軍，仍無籍籍名。國劇中《陽平關》一齣，就是以這一歷史作背景的。這齣戲，表現了曹操出兵規模之壯大，但終歸失敗，也是對曹操的譏刺。

街亭之敗，王平軍獨整

街亭之役的蜀漢主將是參軍馬謖，王平是馬謖的部屬。馬謖是紙上談兵的參謀人才，只死記兵法的原則，不能靈活運用，而且毫無實際作戰的經驗。劉備臨終時曾告諸葛亮：「馬謖言過其實，終無大用，君其察之」。（《蜀書‧馬良傳》）但諸葛亮違其遺言，以鎮守街亭之重責交付馬謖。作者從當時蜀漢將才凋零的一點來研究，這是武侯培植新人的用意，也不能說是一項大錯誤。而且馬謖還是一個吹牛大王，每與諸葛亮談論，善吹法螺，常常自晝達夜的陳說他的兵法心得。根據《襄陽記》的記載，馬謖的兵事知識，確也有他一套吹牛的本錢。《襄陽記》說：

> 建興三年，亮征南中，謖送之數十里。亮曰：雖曾謀之歷年，今可更惠良規。謖對曰：南中恃其險阻，不服久矣，雖今日破之，明日復反耳。今公方傾國北伐，以事強賊，彼知官勢內虛，其叛亦速，若殄盡遺類，以除後患，既非

仁者之情，且又不可倉卒也。夫用兵之道，攻心為上，攻城為下，心戰為上，兵戰為下，願明公服其心而已。

這一段話，正中諸葛亮的心意，這大概和諸葛亮付與鎮守街亭有關。但是馬謖受命之後，舉措煩擾，其紮營地捨水而就山，而不知水與糧草，同是軍中的生命線，他明白廉頗守長平的故事。按戰國時代，韓舉長平地區歸趙，秦軍來攻，趙遣廉頗禦之。廉頗至長平，堅築守禦工事外，並多鑿溝渠，人皆不知其故。及秦軍來圍，廉頗憑險據守，軍中飲水無缺，秦易數將，都不能勝趙兵，終以反間計，使趙以趙括代廉頗，長平始克。因知馬謖雖讀兵書，而未嘗讀戰史，只知韓信置之死地而後生的軍事格言，而不效廉頗之所為，此為街亭失守之張本。

王平看到馬謖舉措乖方，屢加勸阻，不被採用，乃請領兵千人，依山旁水而作營壘。張郃兵至，先斷馬謖的汲水之道，謖軍無水，軍中自亂，街亭遂被魏兵所占。幸有王平一軍，戎陣嚴整，鳴鼓自持，以待魏軍。張郃疑有伏兵，不敢進偪，王平乃徐徐會合諸營，全軍而退。

這一戰役，論功行賞罰，殺馬謖、張休等，而特賞王平，擢任參軍，統五部，兼管營事，進位討寇將軍，封亭侯。關於馬謖之見誅，蔣琬曾加諫阻，謂：「楚殺得臣，而後文公之喜可知也，天下未定，而戮智計之士，豈不惜乎？」（《襄陽記》）

按春秋時對敗將之處置，有兩個不同的事例，其一，即楚成王之殺令尹子玉，亦即蔣琬所稱之得臣；其二，即秦穆公之依然重用孟明。晉文公與楚成王爭霸，相拒於城濮，成王以文公久經流亡，艱苦備嘗，能忍耐，能奮鬥，決非弱者，故不欲相敵，而令尹子玉堅主作戰，致遭敗績，成王治以敗軍之罪而殺之。事聞於晉文公，文公大喜，因為成王為他去了一個處心積慮的敵人。

圖28：諸葛亮淚斬馬謖

秦、晉兩國，在穆公與文公的時代，既有姻親之誼，復有同盟之
好。但穆公乘文公新喪，以輕軍越晉境而襲鄭，因發現鄭已有備
而退兵，仍須經過晉國控制的崤函險道。晉中軍元帥先軫，奉著
穿戴孝衣的襄公，橫截秦軍於崤函道，秦軍全部覆滅，正副統帥
百里孟明侯、西乞述、白乙丙均被俘。此即所謂墨絰從戎的故事。
襄公的庶母懷嬴是秦穆公之女，日夜哭求襄公，釋放秦軍三將，
襄公不得已從之。孟明等還秦，穆公不之罪，仍畀以重任，因成
稱霸西戎的大業。故敗軍之將，並非不能用，但在街亭之戰以前，
以馬謖為將，當時本多反對者，若不殺之，難服眾將，故諸葛亮
流著眼淚對蔣琬說：

> 孫吳所以能制勝於天下者，用法明也。是以揚干亂法，魏
> 將戮其僕。四海分裂，兵交方始，若復廢法，何用討賊邪！
> （《襄陽記》，《亮集》卷二亦載此文）

故諸葛亮之殺馬謖為不得已。此役之敗，連他自己都請求處
分，自貶三等，其殺馬謖而重賞王平，是賞罰分明的事例。

三次勝利

　　街亭之役以後，諸葛亮非常重視王平，幾於無役不從，其間特別值得一述的，有兩次戰役。一次是南圍之役，一次是殺魏延之役。

　　建興九年，諸葛亮圍祁山，別遣王平守南圍。司馬懿親自率軍當祁山一路，而令張郃攻南圍。王平堅守不動，張郃無法攻克，只好退還。可惜街亭之役，王平聲望尚不高，故只能為馬謖的副佐。魏方主將，同樣是張郃，王平守南圍而張郃不能勝，若街亭守將是王平，其為不能克也明矣。

　　建興十二年，諸葛亮卒於武功五丈原，由楊儀、姜維主退兵之事，而令魏延斷後。魏延與楊儀積不相容，不肯為楊儀之斷後將軍，因而作亂，王平討之，一戰而勝，厥功甚大，因遷後典軍、安漢將軍。時副車騎將軍吳壹鎮漢中，王平繼其任，儼然是蜀漢北方最重要的將領了。

　　後主延熙元年，蔣琬已還屯於涪，拜王平為前監軍、鎮北大將軍，總統漢中諸軍。延熙七年，魏大將曹爽（曹真之子）欲建立威望，以便專權，以關中軍十餘萬攻蜀。時王平的前方是興勢，而漢中蜀軍只有三萬還不到，強弱之勢懸殊，諸將聞之，莫不大驚，眾議堅守漢、樂二城，以待涪方的援軍以解圍。王平力排眾議，謂「漢中距涪垂千里，賊若得關，便為禍也。今擬先遣劉護軍、杜參軍據興勢，平為後拒；若賊分向黃金，平率千人，下自臨之，比爾間涪軍行至，此計之上也。」（《蜀書‧平傳》）此劉護軍即少與蔣琬同具聲名的劉敏，同意王平的計畫，即照此進行，進屯興勢，以待魏軍之來攻，魏軍至駱谷，攻興勢不克，反為王平軍所敗，傷亡甚眾，涪方與成都援軍又源源而來，魏軍在殘敗

之餘，不敢久留，乃退。這是王平又一次的大功。時關中空虛，蜀軍如進攻，則長安可唾手而下。這個機會，蜀方也不能把握，當以兵力不足，且費禕等保守重於進擊，亦勢所使然也。

時蜀方人事配備，相當得人，王平在北，鄧芝在東，馬忠在南，平與忠皆為蜀籍，聲望、才能、功績相等，足證諸葛亮在蜀秉政二十多年，對蜀方人才的培養，已盡其全力，故在蜀漢後期，蜀人在軍政方面已占相當重要的地位，而王平所擔當的責任，更為重大，且亦勝任愉快，未負武侯付託之重。

好學與嚴整

王平是一介武夫，並未受相當教育，識字不多，而事理之明辨甚晰，軍勢之了解甚深，此蓋天賦之所致。史稱平手不能書，所有命令文書，皆口授而借手於人，條理分明，都合情理法令。每好令人讀史書而聽之，對《史記》、《漢書》等諸人的故事，備知其大義，每有議論，輒中節度。其求知慾之高，令人起敬，後世有石勒者，亦不知書而好聽史事，有人為讀〈漢高祖傳〉，謂只能臣服之；為讀〈光武傳〉，謂能與之一較短長；為讀〈劉備傳〉，謂能臣服之。石勒為亂世縱橫之英雄，當世並無高祖、光武、劉備等人物，但其成就不大，故其所說為誇大狂妄之謬論，不若王平之志在求知也。

王平雖然是出身行伍之武夫，但持躬甚嚴，恪遵法度，從不作戲謔之言，終日整襟危坐，以身作則，故軍中對他都非常信服。陳壽以「忠勇而嚴正」作評語，可謂恰如其分。不過〈平傳〉最後，陳壽加上「性狹侵疑、為人自輕，以此為損」的記載，然遍看王平的生平，實無此類敗行，大體上王平來自曹魏而忠於蜀漢，故陳壽疵議之，有失史家的風度了。

拾參　鄧　芝

明德之後的達人

　　《三國・蜀書・王平傳》稱：「是時（蔣琬、費褘執政時期）鄧芝在東、馬忠在南、平在北境，咸著名迹」，是事實，但是「鄧芝在東」一語，含意不清，因鄧芝之首功在聯絡東吳的成功，用現在的話來說，是外交方面的事，雖然鄧芝也是一個帶兵作戰的武將，但其貢獻實不如聯吳之大；而王平則專在軍功，馬忠則除了平夷之功外，還有安撫南蠻成功的大貢獻，三人功業相似而不相類也。

　　鄧芝實為蜀漢晚期的重要人物之一，他也不是蜀籍，而是義陽新野人，不過他入蜀甚早，在黃巾之亂時即至益州。他的祖先是漢光武的大功臣司徒鄧禹，在光武時代，真是赫赫有名的風雲人物，本輯《東漢風雲人物》，對其勳業、學問、家庭教育等，曾作詳細的介紹與分析，讀者如有了解鄧禹為人的興趣，可以參閱該書，此處不另詳述。鄧禹而有鄧芝那樣的裔孫，可謂明德之後，必有達人了。

　　鄧芝字伯苗，初至益州，並無聲望，也並沒有受人注意。不過有一位善於相面術的益州從事張裕，看到鄧芝之後，曾作評論說「君年過七十，位至大將軍，封侯」這幾句話。鼓勵了鄧芝求功求名的興趣。時巴西太守龐羲有好士之名，鄧芝特往拜會，果

獲禮遇，得到一個郫邸閣督的小差使，鄧芝在任，事事都處理得井井有條，非常稱職。劉備既定益，曾至郫邸巡視，初次見到了鄧芝，相與談論，對其才能，極為欣賞，擢為郫令，旋遷廣漢太守；他操守清嚴，治績斐然，因內調為尚書，有類於現今行政院的秘書之類的官職，是為鄧芝發跡之始。

為吳為蜀的動人辭令

劉備猇亭之敗，返回川東的永安。孫權仍恐劉備捲土重來，因遣使求和。劉備也派宗瑋、費褘等報聘，雙方關係，雖見緩和，但尚未至輯睦的程度。劉備既卒，諸葛亮輔後主為政，深恐孫權聞備卒而興起戰端，期望與孫吳作進一步的和解，尚不知以派遣何人前往為適宜？適鄧芝見亮，建議說：「今主上幼弱，初在位，宜遣大使，重申和好。」諸葛亮對他說：「吾思之久矣，未得其人耳，今日始得之。」芝問為誰，亮曰：「即使君也。」乃派鄧芝赴吳修好。

荊襄之役，孫權與曹操是聯合行動的，但孫權對魏，始終非常不放心，故仍擬與蜀和好，但他對於與蜀和好的問題，猶豫不決，故鄧芝至吳，未即延見。鄧芝預料孫權對魏對蜀，都有顧慮，乃上書申言「臣今來亦欲為吳，非但為蜀也。」孫權得書，乃約相見。他很坦白的對鄧芝說：「孤誠願與蜀和親，然恐蜀主幼弱，國小勢偪，為魏所乘，不自保全，以此猶豫耳。」果然不出鄧芝所料，孫權深恐蜀難自保，過分與蜀相親，啟魏方之猜疑，為東吳帶來了災禍。鄧芝乃針對孫權心理上的弱點，為他分析形勢利害，一夕長談，奠定了吳蜀的和好關係。

鄧芝對孫權的說詞，是一段精彩的言論，仿之戰國策士遊說詞與諸葛亮使東吳造成孫、劉聯合抗曹的說詞，實不多讓。他說：

吳蜀二國，四州之地，大王命世之英，諸葛亮亦一時之傑
也。蜀有重險之固，吳有三江之阻，合此二長，共為唇齒，
進可兼併天下，退可鼎足而立，此理之自然也。大王今若
委質於魏，魏必上望大王之入朝，下求太子之內侍；若不
從命，則奉辭伐叛，蜀必順流，見可而進，如此，江南之
地，非復大王之有也。（《蜀書·鄧芝傳》）

　　他先把孫權捧了一陣子，說得他心癢癢的；然後分析投魏之
計，勢將引起魏興兵伐吳的振振有詞，蜀方乘之，吳將有覆亡之
禍，然後表達來吳的心意，蜀吳相連，「進可兼併天下，退可鼎足
而立」的目的。我們該還記得赤壁之戰以前，曹操招降孫權，御
前會議，降戰兩派，爭論不決，魯肅獨對孫權說：「今肅可降操，
論官固不失州郡，將軍降操，欲安所歸乎？」這是一語驚醒夢中人，
孫權遂召周瑜，決定與劉備聯合對操作戰。鄧芝的話，雖然非常
委婉，但其尖銳處實過於魯肅的警言。由此，可知劉備把蜀、吳
關係，搞成勢不兩立，實為大錯誤，後人作挽回之計，誠屬煞費
苦心了。
　　孫權聽了鄧芝的一番話，頗為感動，決定與魏斷絕往來，與
蜀連和，當即派張溫至蜀報聘，諸葛亮也令鄧芝再度訪吳，堅定
和好。鄧芝再至東吳，孫權和鄧芝再度長談，率直地同鄧芝說：
「若天下太平，二主分治，不亦樂乎？」鄧芝正色地對孫權說：「天
無二日，土無二王，如并魏之後，大王未深識天命者也，君各茂
其德，臣各盡其忠，將提枹鼓，則戰爭方始耳。」孫權真可以說是
一個直心腸的人，以割據稱王為足，而蜀的本意則在興復漢室、
統一全國，鄧芝真不失為漢室的使者，他的話不卑不亢，代表了
雙方對國是的不同見解。這位割據英雄，聽到了鄧芝的言論，自
知失言；不過他也是善找臺階下臺的人，因大笑曰：「君之誠欵，

乃當爾邪!」這一幽默的大笑,結束了一個尷尬的場面。但孫權內心,對鄧芝卻是十分欽服,特別給諸葛亮寫信說:「丁厷掞張,陰化不盡,和合二國,唯有鄧芝」。

因此,鄧芝聯吳的使命,是完全達成的。了卻諸葛亮一個重大的顧慮,惟賴鄧芝之能言善辯。由此,諸葛亮更加器重鄧芝。

善卹部隊的軍事長才

鄧芝不但是善於詞令的外交人才,善於處理政治事務的地方官吏,同時也是一個軍事家。建興五年,諸葛亮北屯漢中,調鄧芝為中監軍揚武將軍。六年出師北伐,兵分兩路:一路由武侯親自指揮,迂道出祁山,向天水進兵;一路由趙雲、鄧芝指揮,由箕谷北進,作攻擊狀的疑軍。街亭之敗,惟王平軍千餘人獨全軍撤退,餘皆各自奔散,將不顧兵,兵不顧將。但箕谷撤軍,亦全師而還,這果然是由於趙雲的親自斷後,阻止敵軍的來犯,但也由於鄧芝和趙雲配合得恰到好處,所以部隊完整,並無損失。

諸葛亮去世後,鄧芝仍被重用,遷前軍師、前將軍、領兗州刺史,封陽武亭侯,後又遷督江州。孫權對於鄧芝聯合蜀吳的成功,拳拳於懷,聞其督江州,時時遣使存問,饋遺優渥,款好備至。陳壽所謂「鄧芝在東」,或即指此,但這是外交的酬酢,並非軍事的部署,甚為明顯。後主延熙六年,遷車騎將軍假節。其晚運一如張裕所言。

鄧芝守江州時,又漂亮地完成了一項平亂的任務。原來,現今烏江與長江匯流處的涪陵一帶,仍是蠻人即苗人出沒的地區,稱為涪陵國,時時為患。延熙十一年,涪陵國人殺都尉而叛。鄧芝率軍討之,一舉而鼻其渠帥,安定百姓,可是在這一役中,鄧芝得了心理病。原來鄧芝長於射箭,見山上猿猴,舉箭射之,其

所射者或謂為猿，或謂為猿抱之子，皆見《華陽國志》，所載如下：

> 芝征涪陵，見猿猴緣山，芝性好弩，手自射猿，中之，猿
> 拔其箭卷，求藥塞其創。芝曰：吾違物之性，吾將死矣。

又云：

> 芝見猿抱子在樹上，引弩射之，中猿母，其子為拔箭，以
> 木葉塞其創，芝乃投箭於水，自知當死。

　　二說以後者較近情理，芝有不忍之心，因此心理負擔極重，
一直耿耿於懷，越三年而卒。

不顧室家的高傲軍人

　　芝為人，生活素儉，為將軍二十餘年，賞罰明斷，善卹士卒，
衣食悉仰於官，不治私產，妻子不免饑寒。身後，家無餘產。性
剛簡，不飾意氣，不得士類之和，於時人少所敬重，唯對姜維甚
為器重，陳壽給他的評語是「堅貞簡亮，臨官忘家」，是很公平的，
但「不得士類之和」，仍非確論，蔣琬、費禕都重視鄧芝，即為明
證。但鄧芝口不饒人，也是事實。有宗預者，人望頗高，六十歲
始典兵權。鄧芝自江州還，遇預，謔之曰：禮六十不典兵，君已
至此年，何為典兵？宗預也不是好惹的。因答之曰：有七十而仍
掌兵權者，六十有何不可？芝時年已七十了。這是他好逞口舌之
能而自取之辱。
　　鄧芝個性剛毅，對時人少所許可，這是他對人的估計之高，
是他的長處，但對方面之臣或主將統帥之器而言，則為其所短。

其尊姜維，或受諸葛亮之影響，亦未可知，不過姜維也的確有其可敬之處，並不是鄧芝的阿其所好，無傷於他對人評估的原則。

拾肆　張裔、楊洪

蜀籍將士諸葛所重

蜀籍將士，張裔、楊洪都算得上是人才，曾被諸葛亮所器重，而張裔對諸葛亮更是推崇備至。《諸葛亮文集》中載有與張裔書一封，與張裔、蔣琬書四封。其第一信云：

> 君昔在陌（〈楊洪傳〉作柏）下，營壞，吾之用心，食不知味；後留遷南海，相為悲歎；及其來還，委付大任，同獎王室，自以古之金石交也。石交之道，舉讎以相益，割骨肉以相明，而猶不相謝也。況吾委意於元儉，而君不能忍邪？（《文集》卷一）

第二信云：

> 姜伯約忠勤時事，思慮精密，考其所有，永南、季常諸人不如也，其人涼州上士也。（同上）

第三信云：

> 須先教中虎步兵五、六千人。姜伯約甚敏於軍事，既有膽

義，深解兵意，此人心存漢室，而才兼於人，畢教軍事，當遣詣宮，覲見主上。（同上）

第四信云：

令史失賴厷，掾屬失楊顒，為朝中損失多矣。（同上）

從時間上說，第一信可能是比較後寫的。是由於張裔與司鹽校尉岑述不和，至於忿恨相對，故亮以書以「不能忍」責之耳，但無論如何，諸葛亮器重張裔，甚至與蔣琬並列而署其位於蔣琬之上，其重視可知。張裔地位，其後漸低於蔣琬，和他跟岑述吵架，當大有關係。至楊洪，曾以增援漢中軍事，詢其意見，答對滿意，便以蜀郡任之，可謂榮寵極矣。

書生從政才思敏捷

張裔字君嗣，蜀郡成都人。他本是經生，專治《公羊春秋》、《史記》與《漢書》等書，頗具心得，亦具辦事才能，故汝南許文休對他有「幹理敏捷」之稱。劉璋任益州牧時，被舉為孝廉，出任魚復長。張飛攻蜀時，由墊江趨向成都，劉璋令張裔率兵屯駐德陽、陌下以拒之。諸葛亮專與裔書所稱的「君昔在陌下」，即指此事，時張裔尚與劉備為敵也。陌下之戰，張裔敗潰，因返成都。劉璋令其與劉備議和，劉備答允的條件是「禮其君」而「安其民」。裔還成都，劉璋開城門而降。此據《蜀書·裔傳》，但據〈簡雍傳〉，則最後說劉璋投降的是簡雍，從劉璋與簡雍同車出城一事來看，陳壽前後兩說，頗為矛盾。大體上張裔攜回的條件，已使劉璋心動而有降意耳。故張裔對劉璋之降，只發生間接的影

響，劉備亦以此故而任為巴郡太守耳。旋遷司金中郎將，主辦農戰之器。

時益州郡發生亂事，太守正昂被殺，耆帥雍闓，在南土頗具恩信，擁有強大的勢力，且通孫權。蜀乃以益州太守之職任張裔。張裔未作任何準備，逕行至郡。雍闓聞張裔至郡，未敢輕動，假借鬼神之說，謂「張府君如瓠壺，外雖澤而內實麤，不足殺」，令縛而送至吳。表示對孫權的忠忱。亮函流放南海，即指此事。張裔在途中乘間逃竄，匿於山谷草澤間，孫權也不知有張裔在吳的一回事。及劉備卒，諸葛亮開府治事，命鄧芝使吳，要他索回張裔。孫權乃訪得張裔，與裔談論，許以放還。孫權是一個最喜譏刺的詼諧人物。因問張裔：「蜀卓氏寡女，亡奔司馬相如，貴土風俗，何以乃爾？」張裔答道：「愚以為卓氏之寡女，猶賢於買臣之妻。」其才思敏捷而善辯類此。孫權乃重張裔，對他說：「君還必用事西朝，終不作田父於閭里也，將何以報我？」裔答曰：「負罪而歸，將委命有司，若蒙徼倖，得全首領，五十八以前，父母之年也，自此以後，大王之賜也。」孫權聞言，頗為喜悅。張裔出，自悔不該在孫權面前顯露才華，恐有被留之虞，即行就船，兼道行駛。孫權初不料張裔行程如此之速，亦即派人追之，裔已入永安界數十里，故能安然脫險，其機智常類此。

張裔與楊洪之間

張裔既回蜀，諸葛亮任為參軍，署府事，又領益州從事。延熙五年，諸葛亮北屯漢中，任裔為射聲校尉，並將使任留府長史，益見重用。此殆與張裔對諸葛亮施政原則及其成果之誇讚有關。原來，張裔曾讚亮之施政成績，謂「公賞不遺遠，罰不阿私，爵不可以無功取，刑不可以貴勢免，此賢愚之所以僉忘其身者也。」

這倒不是恭維話，事實確是如此。亮之欲以留府長史任裔，是認為張裔懂得他的政治作為的。但他雖有此志，仍覺不甚放心，因此徵詢張裔的好友楊洪的意見。

楊洪是犍為武陽人，少與張裔親善。曾在李嚴部下任功曹。李嚴欲徙郡治而築官舍，楊洪以為不可，固勸不從，遂辭官而去，大丈夫出處進退，自有原則，合則留，不合則去，所以楊洪是有骨氣的人，因此轉為蜀部從事。劉備與曹操爭漢中，發急書向諸葛亮徵兵，亮以可否問楊洪，洪稱「漢中為益州咽喉，存亡之關鍵，若無漢中，則無蜀矣，此家門之禍也。方今之事，男子當戰，女子當運，發兵何疑！」其實漢中的重要，諸葛亮是知道得一清二楚的，隆中對策，北爭漢中，為其興復漢室的重要步驟之一；所以他對楊洪提出這個問題，是試試楊洪的才識。得到的答案，頗為滿意，因表請任命楊洪領蜀郡太守。所謂領即代理的意思，因原任蜀郡太守法正，已隨劉備征漢中之故。

楊洪在代理期間，諸事皆辦，甚稱亮意。及劉備寢疾永安，諸葛亮東行，漢嘉太守王元作亂，楊洪又設計擊破而擒殺之，遂真除蜀郡太守、忠節將軍，頗獲諸葛亮的信任，故以任張裔為留府長史之事問之。楊洪對於這一問題的答覆，是這樣的：

> 裔天姿明察，長於治劇，才誠堪之。然性不公平，恐不能專任，不如留向朗。朗情偽差少裔，隨從目下，效其器能，於事兩善。（《蜀書・洪傳》）

楊洪對張裔，也真夠朋友，他把對諸葛亮所說的話，也直接告訴了張裔，以明其誠。但是張裔卻回答說：「公留我了矣，明府不能止。」言下，對楊洪頗有不滿之意。其中另有一段曲折。

原來，張裔被留東吳時，洪在蜀郡，任裔子郁以郡吏，曾以

微過受罰，不加厚賄，裔歸，知其事，對楊洪極為不滿。其實楊洪任裔子為吏，是顧念私交。因過受罰是法紀，不能因私而廢法。裔應感其誼而謝其教子之德，方合情理，然裔反恨之，洪稱其為不公平，是有根據的，但是有人向諸葛亮打小報告，把楊洪與張裔之間的過節提出來，並誣楊洪欲自為侍中，不願裔典要職。諸葛亮不察事實，不從楊洪之議，而直接任張裔為長史。及知張裔與諸葛所任的司鹽校尉鬧翻，始以「不能忍」責之，按元儉為廖化之字，諸葛亮不直接言及岑述，而以不容元儉代之，足證張裔不能忍者不止岑述一人。「不能忍」即度量狹小不能容人，此為領袖人物之大缺點。故楊洪之詆裔「不公平」，非報私怨，而對張裔有真切的認識。雖張裔在職，未有太大的過失，但也足以說明諸葛亮察人之明的缺失。但自岑述事件後，亮即不再重視張裔，明年即命張裔至漢中議事，丞相府事，由蔣琬獨任。君子之過，如日月之明，諸葛亮有之矣。

氣量狹小之又一事例

張裔將至漢中，賓客盈門，送行者達數百人，車輛滿路，交通為之阻塞。張裔對於這些送行人，頗不滿意，與其親信之人作書曰：「迎者涉道，晝夜接賓，不得寧息，人自敬丞相長史，男子張君嗣附之，疲倦欲死。」怨憤溢於辭色，他不知道官場中人送往迎來，是通常的習慣，他更不知道調至漢中，是諸葛亮不再信任張裔之開端。張裔是熟讀《史記》、《漢書》的人，難道他沒有讀過《史記・廉頗列傳》？廉頗在趙孝成王十四年任相國，操軍政大權，封信平君，賓客盈庭。先是廉頗曾掌大權，賓客甚多，及下臺，賓客盡散，無復相顧，至此復大集。廉頗怪而問其舍人，舍人答曰：他們都是為了干利祿而來，君在位，有利祿可圖，乃相

結而來；失位則無利祿可圖，相顧何為？廉頗乃釋然。

武侯治蜀，任人行事，明察秋毫，不可以倖進；但也不免有利欲薰心之徒，企圖藉武侯左右為其佳言一二，謀取祿位。張裔既是丞相府的長史，向武侯進言之機會甚多，所以他們要對他結好。他既明此理，照常接待，一笑置之可矣，何必對親友發此牢騷？得信之人，自以為長史見重，必向眾誇耀，難於保密，自然要得罪許多人，這又是張裔氣度窄小之明證。由此，可知楊洪對他的批評並無私意，而且還是淺言之，未盡其所見也。史稱：「洪少不好學問，而忠清欵亮，憂公如家」，故楊洪之品格實在張裔之上，其才能亦不在張裔之下。

義行數則

不過他們二人，都有一些足為社會楷模的故事：

張裔少與犍為楊恭友善。恭早死，母老，子僅數歲。張裔迎其母、妻、子，分屋而居，事恭母如己母，教養其子，長大成人後，為其娶妻，買田宅，使自立門戶。其他賑恤故舊，振贍衰宗之行誼尚多，故武侯把他調至漢中以後，加輔漢將軍，仍領長史，但丞相府事則專重蔣琬了。

楊洪事繼母極孝，這是很難能可貴的。楊洪雖以諫李嚴不從而毅然辭職，轉任蜀郡，迎其門下何祗為郡吏。何祗這個人相當奇異。他是出身於寒微之家，為人雖「寬厚通濟」，但好聲色，不持節儉，不為時人所重，獨楊洪以為有「才策功幹」，任為督軍從事，治事不勤。諸葛亮聞之，特往察訪。祗密聞亮將至，挑燈夜見囚徒，悉讀諸解狀，備知詳情。亮問情狀，祗對答無凝滯，因甚異之，擢為成都令兼管郫縣，該縣都是成都附郭要邑，繁劇異常，人口眾多，奸詐時聞。何祗決獄問囚，常眠睡，及覺，常得

奸狀，人咸畏服，無敢欺者。常使人報計錢穀，何祇聽而默計之，不差升合。汶山夷不安，擢為汶山太守，民夷無不信服，因遷廣漢太守，夷復亂，聲言惟何府君乃能使彼等相安。祇遣族人往，地方果安。後轉犍為太守。楊洪之孝行與知人之明，實有足多者。「西土咸服諸葛亮能盡時人之器用」，信非虛語。

拾伍 馬忠、張嶷

蜀籍名將南土功臣

陳壽「馬忠在南」一語，確定馬忠安定蜀漢後方的大貢獻；但是馬忠的貢獻，不僅在南中，同時更在邊區叛番的平定，而且還有其他的軍功。實際上安定南中有大貢獻的，除馬忠外還有張嶷，我們評介蜀漢風雲人物，決不能忽視張嶷的才能與勳業。

南中經諸葛亮親征，討平最大渠帥孟獲以後，人心歸漢，已無問題。但是孟獲的勢力，限於滇中最肥沃富饒的滇池平地一帶，其他的問題尚多，如現今貴州中部一帶的牂牁，即遵義等地區，如安寧河谷地區的越嶲夷人以及大相嶺地區的旄牛國等，都還時叛時服，問題孔多。這些地區的夷人問題，仍賴馬忠、張嶷的努力，始得平定。故馬忠、張嶷的首功，是在使蜀漢與南中的中間地區之安定與運輸路線之暢通。武侯北伐，得到南中的人力物力的補充者甚多，故二人功不可沒，二人是蜀漢晚期的風雲人物，是無可懷疑的。此二人都是蜀籍，由此，也可知道武侯對蜀籍人才之培養的不遺餘力了。

初識劉備才比黃權

馬忠的幼年環境，與王平如出一轍。他是巴西閬中人，少年

時就養於外家，從外家姓狐名篤，後來歸宗，改為馬忠。少有才名，曾為郡吏，建安末年曾舉孝廉，任廣昌長。劉備猇亭之敗，還居永安。巴西太守發五千兵援備，就是由馬忠統率的。這是馬忠初次見到劉備，劉備和他作了一次談話以後，認為是一個難得的人才，曾對尚書令劉巴說：「雖亡黃權，復得狐篤，此為世不乏賢才也。」其見重如此。黃權與馬忠同鄉，劉璋迎備入蜀，權諫阻之。及劉備圍成都，諸郡縣望風歸附，時黃權任廣漢長，堅守不降。劉璋降後，始歸劉備。

曹操攻張魯，權向劉備建議：「若失漢中，則三巴不振，此為割蜀之股臂也。」劉備乃遣權率部迎張魯。及劉備東征，權又建議說：「吳人悍戰，又水軍順流，進易退難，臣請為先驅以嘗寇，陛下宜為後鎮。」備不從，以權為鎮北將軍，督江北軍，以防魏師。劉備既敗歸，權軍隔絕，不得已而降魏。由此，可知黃權的確是一個人才，而劉備以馬忠比黃權，亦足以說明其見重之深也，亦足證馬忠見劉備時，尚未歸宗更名也。

獨任東路迅平叛亂

建興元年，諸葛亮開府治事，調馬忠任門下督。建興三年，諸葛亮南征，分兵兩路：一路渡瀘水（大渡河），經大小相嶺，出建昌谷地而入滇境，由諸葛亮親自指揮；一路入牂牁郡，由馬忠指揮，拜忠為牂牁太守。牂牁郡朱褒作亂，馬忠討平之，恩威並用，撫育兼施，地方賴以安定，百姓咸為悅服，東路之平靖，馬忠功不可沒。

建興五年，亮北屯漢中，實行北伐，蔣琬以長史留丞相府辦事，調馬忠任丞相參軍副長史，治中從事，成為蔣琬的得力助手。及諸葛亮進軍祁山，馬忠出佐諸葛亮，任經營戎事。軍還，會汶

山夷人叛亂，此夷人當為藏族一支的番，亦稱叛羌，馬忠督將軍張嶷等討平之。按由汶山南下，即為灌縣，為成都北方之門戶，故汶山之亂的討平，影響極為重大的。

寬濟大度富幽默感

建興十一年，南中豪帥劉冑叛亂，這一帶本是多事地區。建寧郡曾殺太守正昂，另一太守張裔被縛，故都督不能駐郡而常駐平夷，越雟郡亦常有亂事，蜀漢政令，久已不能到達此區，乃徵庲降都督張翼北還，以馬忠為庲降都督。馬忠迅速進軍，出其不意，襲殺劉冑，遂平南土，忠亦以此功，加忠監軍、奮威將軍，封博陽侯。馬忠乃移治於平夷，又以平夷處於民夷之間，治理郡事，諸多不便，乃與太守張嶷合力開復舊郡，這是又一次大功績，蜀漢政府乃加馬忠為安南將軍，進封彭鄉亭侯。馬忠在這一方面工作了十多年，直至後主延熙五年，始徵調還成都。

時蔣琬屯漢中，以武侯舊時的北伐，多次出祁山，皆未能收功效，擬改變軍略，由漢水順流而下。成都方面對蔣琬的軍事計畫，多持異議，認為漢水湍急，舟船易下而難回，前方補給，極為困難，前進部隊，易成孤軍，實為危道，因派人前往勸阻止之。這個被派的人，馬忠就是其中之一，另一人則為費禕，是延熙四年的事，足證馬忠也不贊成蔣琬新策略的。馬忠自漢中還成都，加位鎮南大將軍。延熙七年春，大將軍費禕，北出禦敵，留馬忠守成都，平尚書事。按費禕任大將軍是延熙六年的事，其率軍北征為延熙七年，至是年九月始還成都，於是馬忠又回南中，工作了四年，至延熙十二年卒。由此，可知馬忠一生的精力，都消耗在平蠻與治蠻的工作中，「馬忠在南」，認為得人，是完全正確的。

　　馬忠為人，寬濟而有度量，對人治事，常以詼啁大笑處之，喜怒皆不形於色，處事公平，有恩有威，故蠻夷對忠，都敬而愛之。及聞其卒，都哀痛如喪考妣，莫不自動的前往弔祭，涕泣不能成聲，並自動立廟為祀，香火久而不衰。繼其任者有張表、閻宇等，皆一時名彥。張表更有清望，閻宇治事，亦稱精勤，但其治績與人望，都不如馬忠，故蠻人更念馬忠不已。張表這個人，是世家子弟，根據《益部耆舊傳》，他是張肅的兒子；但據《華陽國志》，則稱是張松之子，不知孰是。但由是可知蜀漢對邊區的主政者特重才德，費禕執政時，仍不失此風。

出身寒微通壯有節

　　張嶷字伯岐，是巴西郡南充國人，出生於孤微之家，但自小有「通壯之節」（《益部耆舊傳》）。年方弱冠，即任縣功曹。劉備定蜀時，南充地區有山寇之亂，甚為猖獗，且向縣政府所在地進攻，縣長是一個膽小鬼，捐家棄城而逃，獨張嶷躬率丁壯，冒白刃禦之，得間負夫人而出，此夫人當指縣長家眷，夫人得免，鄉人義之，由是知名。郡內士人，官位至二千石俸祿者如龔祿、姚伷等，都是聲望極高的人，都樂與為友，相得甚歡。

　　建興五年，諸葛亮北屯漢中，廣漢緜竹等地的山寇張慕等，乘機作亂，剽劫軍資，榜掠吏民，勢聲甚大。張嶷時任都尉，率兵討之。張嶷料定這批山賊，勝則嘯聚，敗則獸散，勢難一鼓成擒，乃設計招撫，實則聚而殲之，以免流散難致。於是相約聯和，約期盛設酒筵，相與款好。及至酒酣耳熱，嶷率左右親兵，突襲慕等，一舉而殲其渠帥五十餘人，復循其嘯聚線索，肅清其餘類，不過旬日，亂民悉平。其機智、勇敢、果斷，大率類此。

重病得復再出平亂

張嶷雖然做過兩任公職，但是他操守清廉，並沒有什麼積餘，依舊一貧如洗。會得重病，無錢醫治，只有奄奄待斃。但是他聽到廣漢太守蜀郡人，姓何名祗，有厚道的美名，但與張嶷素無瓜葛。為了求生本能，他只好求見何祗，道明來意，請求幫忙治病。這位何祗太守真不愧其厚道的聲名，慨然同意，傾其所有，為張嶷療治，達數年之久，始霍然而愈。世間真有像張嶷那樣不顧生命而救縣長夫人的義士，也真有為了一個素不相識的人，傾其財物為其治病的太守，這大概所謂「十室之內必有忠信、十步之內必有芳草」的諺語之實證吧！

張嶷健康既得恢復，在馬忠帳下謀得一個牙門將的職務，會汶山羌叛，嶷隨忠出征，列營在前，隨山立上四五里。叛羌在要害處作石門，積石於門上，有過者，積石槌擊而下，無不糜爛。張嶷相度形勢，知道正面攻擊，傷亡必眾，勝算難操，乃使譯人告之曰：

> 汝汶山諸種反叛，傷害良善，天子命將討滅惡類。汝等若稽顙過軍，資給糧費，福祿永隆，其報百倍；若終不從，大兵致誅，雷擊電下，雖追悔之，無及也。(《益部耆舊傳》)

耆帥得命，即出與張嶷相會，如約給糧過軍。張嶷即於軍前討餘種。餘種聞他里已下，悉恐怖失所，或迎軍出降，或奪路奔竄於山谷。張嶷縱兵追擊，遂告大捷，因此，這一次的大勝仗，完全是張嶷軍事計畫的成功。按照陳壽〈馬忠傳〉，其功為馬忠所建，馬忠是此役的統帥，當然也是有功的人，但是把建立首功的

張嶷，完全抹殺，那是不公平的，因此作者特別把《益部耆舊傳》有關張嶷的建功經過，予以補述，以彰公道，這是張嶷機智的另一實例。

延熙十四年，武都氐王符健請降，大將軍蔣琬派監軍張尉前往受降。約期已過，張尉未還，蔣琬頗為擔憂。張嶷進言：「符健求降款至，必無他變；素聞其弟狡黠，及夷狄不能同功，將有乖離，是以稽留耶。」數日後，消息傳來，健弟果率四百戶投魏，獨健從來。張嶷之熟知邊情，料敵正確，此又為一例。

越嶲郡自武侯討平高定後，建昌谷地仍然不能安定，夷酋數叛，甚至把太守龔祿焦璜都殺了，以致後任太守不敢至郡，遙駐安定，距郡遠達八百里，蜀漢之擁有越嶲，僅存虛名。延熙十一年，南夷豪帥劉胄叛，擾亂附近諸縣。時張翼任庲降都督，徵之還，以馬忠代之。忠仍與張嶷同往討之，是役，張嶷仍任前鋒，戰鬥常冠諸軍，一戰而斬劉胄，南事因漸有起色。會牂柯興古獠種又叛，嶷領諸軍討平之，招降二千人，悉皆編組成伍，送往漢中，增援諸葛亮的北伐軍。誅戮劉胄之役，進行非常順利，這和卸任都督張翼的善作準備有關，當於〈張翼傳〉中另詳之。

收復越嶲開通西路

南中軍事，進行順利，蜀漢中央政府決定收復越嶲原郡，重開通至南中的西路。乃派張嶷為越嶲太守，仍受馬忠節制。張嶷率領所部，先至安定，對附近蠻夷，施以恩信，得到他們的心服，相率來歸，地方賴以安定。初步施政成功，乃率部進討最稱驍勁而不受命令的北徼賊捉馬。捉馬令其渠帥魏狼迎戰官軍。魏狼以烏合之眾，如何能敵久經戰陣、驍勇無比的張嶷所部，一經接觸，即被生擒。張嶷採用武侯七擒孟獲之法，縱之使歸，招降餘種，

三千餘戶，悉來聽命。張嶷乃表請任命魏狼為邑侯，因此地方賴以安寧，諸種悉來投降，這一方面的軍事，因此粗告段落，張嶷因功，封爵為關內侯。

但是，南中的軍事，尚待進行者有三：其一，即他處叛亂，尚待平定；其二，越嶲舊郡，仍待收復；其三，南中西路仍待打通。當時南中叛亂最大的問題是蘇祁邑君冬逢，逢弟已降復叛。冬逢倒很容易解決，一殺即了。但逢妻乃旄牛國王之女，張嶷為結好旄牛王，厚而縱之。但這個女人，不還旄牛而入西徼，西徼渠性剛猛而捷悍，深為諸種所畏懼，仍與張嶷為敵，且派心腹二人，混入張嶷軍中詐降，探聽軍情。但張嶷是何等人物，他們的行動，豈能瞞得過張嶷。嶷以重賞許二人，使為反間，二人合力殺西徼渠，西徼遂平，諸種皆安。斯都耆帥李求、承昔，原郡守龔祿，即被其所殺，嶷懸賞捕獲，宣布其罪狀而殺之，以申綱紀。在官三年，終還故郡。故郡城郭，已多損壞，嶷發動民力繕治之，夷種男女，無不應命盡力，克期完成，其得民心之深，此亦一例。

定莋、臺登、卑水三縣距郡三百餘里，產鹽鐵與漆，皆為夷酋霸占徵稅，久不入官。嶷征服之，另署官治理，定莋豪酋狼岑，為槃木王之舅，恃其身分，且恨嶷之奪其財源，不來參見，嶷遣壯士數十人，直趨其寓所，縛之歸，撻而殺之，但仍送還其屍而厚加賞賜，且宣布狼岑應得之罪，警告其眾，「無得妄動，動即殄矣。」諸種因皆服其威恩，自縛謝過，嶷「殺牛饗宴之，重申恩信」，遂得鹽鐵，器用因不匱乏。

漢嘉郡與旄牛國相鄰，有種四千餘戶，渠帥狼路欲為其姑丈冬逢報仇，令其叔父離，將冬逢之眾，相度形勢，意在進兵作戰。嶷偵知其行動，遣親信以牛酒勞其師，又令離主姊迎冬逢妻，宣達意旨。離既受賜，並與其姊相見，備感漢家官吏之恩威，乃率諸將謁見張嶷，嶷厚加賞賜，令彼等回國，嶷更贈以厚禮，與結

盟好，並奏薦狼路為旄牛昫毗王，旄牛自此朝貢不絕，不再為患，西路因告暢通。這一結果，完全是張嶷的恩威並用所造成的。此路一通，自成都至南中的距離縮短了很多。嶷亦以功，加撫戎將軍，仍領越嶲太守。因此，我們可以理解，馬忠在南中的成功，實際的工作者是張嶷。

遠見卓識料事如神

張嶷對於人事的處理與軍國大計，觀察亦極深微，而且也敢於發言，有三則史事，值得特別一提：

其一，對大將軍費禕的勸諫。費禕氣度寬大，處處以誠待人，對投降來歸者亦然，張嶷認為對降人寬誠而不備，是很危險的事，勸他應該特別注意。他寫信給費禕說：

> 昔岑彭率師，來歙挾節，咸見害於刺客。今明將軍位尊權重，宜鑒前事，少以為警。

這是他對費禕的忠言，但是費禕豁達成性，不以為意，照常對降人坦誠相接，後來終於被魏降人郭循所害。蜀漢自此便再也沒有有識見、有擔當、盡忠心、盡力量的大臣，中央政府幾成真空，是蜀漢後期最大的損失。

吳自諸葛恪用事後，位居太傅，權傾中外，尤其是在大破魏軍後，又興兵伐魏。張嶷認為這是一件很危險的事，因為諸葛恪的父親諸葛瑾是蜀丞相諸葛亮的兄長，時任蜀漢政府侍中要職的諸葛瞻之伯兄，由於忠愛諸葛亮之故，推及諸葛恪，更以東吳安危與蜀有連帶關係，乃與諸葛瞻書曰：

東主初崩，帝實幼弱，太傅受寄託之重，亦何容易。親以周公之才，猶有管蔡流言之變；霍光受任，亦有燕蓋上官逆亂之謀，賴成昭之明，以免斯難耳。昔每聞東主殺生賞罰，不年（疑為平字之誤）下人，又今以垂沒之命，卒召太傅，屬以後事，誠實可慮。加吳楚剽急，乃昔所記；而太傅離少主，履敵庭，恐非良計長算之策也。雖云東家綱紀肅然，上下輯睦，百有一失，非明者之慮邪！取古則今，今則古也。自非郎君進忠言於太傅，誰復有盡言者也。旋軍、廣務農、行德惠，數年之中，東西並舉，實為不晚，願深採察。

　　從這封書信中，我們可以看到張嶷的思深慮遠，愛國家、愛諸葛氏之赤心真忱。他所顧慮者有三：其一，諸葛恪權重勢大，忌之者必多；其二，離少主而遠征，授政敵以可乘之機；其三，吳軍雖勝，尚未有克敵致勝的把握，應該乘勝旋軍，與蜀共同務德廣農，合力北伐，始有勝利的希望。此正鄧芝說的「亦欲為吳，非但為蜀也」的本意之延伸，愛諸葛恪，正所以為蜀也。諸葛瞻得張嶷之書後，不知道有沒有給諸葛恪轉達張嶷的意思？即使諸葛恪得到諸葛瞻的信，也未能改變其心意，後來卒遭殺身滅族之大禍，由此，可知張嶷所見之遠，所慮之深。

　　其三，諫阻姜維進攻狄道。延熙十七年，魏狄道長李簡密書請降，衛將軍姜維與嶷等率軍受降，時張嶷已請調北返成都，任蕩寇將軍，故隨維前往隴西。初，李簡請降，眾或疑之，嶷獨信其真實。嶷之北還，本因風濕殿疾之故，眾勸張嶷行動不便，不可北征。惟嶷自請致力中原，與敵周旋，面辭後主曰：「臣當值聖明，受恩深重，加以疾病在身，常恐一朝隕沒，辜負榮遇。天不違願，得豫戎事。若涼州克定，臣為藩表守將；若有未捷，殺身

以報。」(《益部耆舊傳》) 後主慨然為之流涕。既至狄道，李簡果出城迎降，一如嶷言。張翼勸維持重，維貪功，進圍襄武，與魏將徐質交戰，狄道仍被魏軍所占。維還圍狄道，被陳泰所敗。與徐質交戰時，杖而能行的張嶷，依舊身先士卒，殺敵數倍而陣亡。嶷之北行，固早有以死報國之志，壯烈哉此公！

夷人永念

嶷在越嶲一帶，先後達十五年之久，民安人樂，感戴殊深。惟南中炎熱潮濕，固得痼疾，不良於行，固請卸職，北歸成都。夷民聞訊，扶轝涕泣而送之，過旄牛邑，邑君襁負來迎，遠送至成都界而回，但隨嶷來朝者仍達百餘人之多。越嶲夷民聞嶷卒，無不悲泣，設廟祀之，四時水旱，均來祈禱，其感念之深，有出人意表者，皆其正心誠意，為民眾謀福利之所致，堪為後世治理邊區之典範。

率直性格被人所尊

其為人慷慨壯烈，不重繁文縟節，故士人多貴重之，但亦有以放蕩少禮而譏之者，魏方降將夏侯霸，素重張嶷，但在嶷還成都後，始與相見。謂嶷曰：「雖與足下疏闊，然託心如舊，宜明此意。」嶷答曰：「僕未知子，子亦未知我，人道在彼，何云託心？願三年之後，徐陳斯言。」(《益部耆舊傳》) 其率直而不留餘地，大率類此。

陳壽為張嶷立傳，其最後的評論是「識斷明果，……以所長發跡，遇其時也。」前語誠然，後語不免時勢造英雄之舊說，乃老生常談耳。《益部耆舊傳》之評語，實更為貼切，《耆舊傳》云：

張嶷儀貌詞令，不能駭人，而其策略足以入算，果烈足以
立威，為臣有忠誠之節，處類有亮直之風，而動必顧興，
後主深崇之，雖古之烈英，何以遠踰哉！

「不能駭人」，即其秉性之故。張嶷既亡，長子瑛封西鄉侯，次子
護雄，襲爵南土，所以報之者，亦云厚矣。

拾陸　張　翼

世家子弟少年不仕

　　張翼字伯恭，犍為武陽人。他的高祖名浩，治《春秋》與法律，游學京師，與廣漢鐔粲、漢中李郃、蜀郡張霸，共結友好。大將軍鄧騭辟任尚書僕射，轉彭城相，薦隱士閭丘邈等拜廷尉。東漢安帝延光二年（西元 123 年）議廢太子，浩等以為不可，太子遂安。順帝初立，拜為司空。

　　他的曾祖父名綱，年少時即「經明行修」，舉孝廉不就，司徒辟為高第，任侍御史。順帝漢安元年（西元 142 年），拜光祿大夫，與杜喬等八人同日受詔，持節出巡，案行天下，有貪廉墨綬者，皆處以應得之罪，曾收刺史二千石，以驛報聞，威惠清忠，明振郡國，號稱八儁。

　　時大將軍梁冀侵擾百姓，罪惡昭彰。綱與喬等皆奉命四出，但綱獨埋車輪於洛陽都亭，不行。或問之，答曰：「豺狼當路，安問狐狸?」因上書曰：

　　　　大將軍梁冀河南尹，不疑蒙外戚之援，荷國厚恩，以芻蕘
　　　　之姿，安居阿祿，不能敷揚五教，翼贊日月，而專為封豕
　　　　長蛇，施其貪饕，甘心好貨，縱姿無厭，多樹諂諛，以害
　　　　忠良，誠天威所不赦，大辟所宜加也。謹條陳其無君之心

十五事於左（原文不傳），皆忠臣所切齒也。

時冀妹為皇后，內寵方盛，冀兄弟皆權重於人主。故書上，京師皆為之震恐。順帝雖知張綱所言，都是事實，但無心治罪，而梁冀兄弟則深恨之。會廣陵賊張嬰等聚眾數萬人，殺刺史，冀等乃任張綱為廣陵太守，實為借刀殺人之計。如不能辦，則治之以罪，惡毒之至。

但是綱受詔，不帶兵馬，單騎赴任，逕趨張嬰壘門，曉以禍福。嬰大驚，閉門拒之。綱留於門外巡邏，遣親信十餘名，以書告張嬰素所親信之長老十餘人，請即出相見。及至，綱延請他們上坐，問以變故發生之原因及其疾苦，張嬰乃出。綱謂：

> 以前刺史（祿二千石），多非其人，杜塞國恩，肆其私求，鄉郡遠天子，不能朝夕聞也，故民人相聚以避害，二千石信有罪矣，為之者乃非義也。忠臣不欺君以自榮，孝子不捐禍以求福，天子聖人，欲文德以來之，故使太守來，思以爵祿相榮，不願以刑也。今誠轉禍為福之時也，若聞義不服，天子赫然發怒，大兵雲合，豈不危乎？宜深究其計害。

張嬰聽了張綱一番話，涕泣地答覆說：「荒裔愚人，數為二千石所侵枉，不堪其困，故遂相聚偷生。明府仁及草木，乃嬰等更生之澤。但恐投兵之日，不免孥戮耳。」張綱乃「要之以天地，誓之以日月。」張嬰雖為獷夫大賊，但被張綱之誠所感，歸營，明日與所部萬餘人及妻子，自縛就綱，綱一一釋之。張嬰不願接受利祿，願歸故里務農。張綱見其出於至誠，各遂其願，親自安排他們的住宅，子弟之欲為吏者隨才任用，願為農者勸務桑田，各安

其所，廣陵之亂遂平。

這一史事，表現了張綱不是專打蒼蠅，不打老虎的堅強性格；其對付強賊，更有一套以至誠和柔道克剛的有效辦法。這是一件大功，但為梁冀兄弟所壓制，無何封賞。在職二年，卒於任所。張嬰等三百人都用孝子送葬之禮，以衰杖護送至洛陽，立祠為祀，四時奉祭，亦如祀考妣之禮。張翼出生於這樣的家庭，其持身謹嚴，執法無宥，負責盡忠，蓋得之於祖上所遺的忠烈家風。

庲降罷任盡忠職守

劉備既定益州，張翼始出任書吏，隨舉孝廉，出長江陽，未幾遷任號稱多事之區的涪陵令，以治績遷樟潼太守、廣漢太守與蜀郡太守。會南中不安，張翼有治涪的經驗，建興九年被任庲降都督。不過張翼的性格，有些凝執而不知變通。他在庲降，依舊實施嚴刑峻法，未能隨俗尚而以恩德收服民心，故民都怨之，終於引起了耆帥劉胄的叛亂；張翼正在率軍討賊，蜀漢中央政府以張翼未能綏靖地方，以馬忠代翼，徵還成都。時賊勢方張，而馬忠尚未到任，如果張翼是一個不負責任的庸官俗吏，他可以靜守待辦交卸，也可以任一代理之人，自己逕還成都，他的左右就是向他建議先還成都的。但是張翼不以為然，他對他的部下說：「吾以蠻夷蠢動，不稱職，故還耳。然代人未至，吾方臨戰場，當運糧積穀，為滅賊之資，豈可以黜退之故，而廢公家之務乎！」於是統攝部屬，嚴加防禦，並多積資糧，以備應用，直到馬忠、張嶷等到任，交代竣事，始行北歸。

馬忠、張嶷等之一戰而斬劉胄，便是仗著張翼已經做好準備工作為基礎的。作者深信如果剿辦劉胄的軍事，由張翼繼續下去，他也一定能夠完成其任務，不過張翼以執法為重，而以威惠為輕，

對於南中的綏服，始終成為問題。故成都方面之臨陣易帥，是正確的措施。

張翼治庲降，激成叛變，本來是有罪的，但是就因為他雖然免職，仍能負起責任，扼制賊勢，盡其忠藎，所以並不加罪。其行事可謂饒有祖風了。時丞相諸葛亮已出屯漢中，聞翼在庲降之所為而善之，乃調至軍前服務。在諸葛亮進攻武功之役，任前軍都督，領扶風太守。亮卒，蔣琬等研討剿滅劉冑之役的勝利，張翼實為有功之人，乃賜爵關內侯。

特重戰略與不善姜維

延熙元年，入為尚書，遷督建威，假節，進封都亭侯，征西大將軍。姜維是在延熙十年遷衛將軍的。姜維自討平汶山平康吏，出隴西，受降洮西胡王後，有規復涼州之志，此本蔣琬的主張，惟費禕任職時期常不得其願。延熙十六年，費禕卒，姜維出石菅，明年復出隴西，凡此諸役，史雖未言張翼與姜維共同出兵，但《蜀書・張翼傳》有「十八年與衛將軍姜維俱還成都」一語來看，足證張翼是和姜維共同作戰的。

姜維與張翼共還成都後，姜維仍欲出兵隴西，在後主的御前會議中討論這一問題，張翼力加反對，他的理由是「國小民勞，不宜黷禍」。但是庭議結果，姜維勝利，於是張翼復與姜維再出隴右，時張翼的軍職是鎮南大將軍。姜維軍至狄道，大破魏雍州刺史王經，戰爭經過，另述於〈姜維傳〉中，可以參看。是役，王經部隊死於洮水者以萬計。張翼認為應該保持狄道之勝，以觀未來形勢。他向姜維說：「可止矣，不宜復進，進或毀此大功。」但是姜維不但不聽，反而大怒，認為張翼之議，是「為蛇畫足」，乃舍狄道而西進，狄道仍被魏所占，乃圍狄道城，反為陳泰所敗而

回，果不出張翼之所料。

　　張翼與姜維兩次議事不合，因此姜遂不善張翼，但每出兵，必令張翼相從。疑兵不用，疑將亦豈能用。姜維應該另擇他將同行，此在張翼，心雖不欲，但並不計較，同為國家出力，相從也是為國效力的機會。但由此，更可知蜀漢將才之凋零，姜維氣量也不大，但始終與張翼共事者，即以並無他人可代耳。

　　姜維守沓中，張翼同往；姜維自沓中移屯劍閣，張翼隨屯劍閣，拒鍾會兵。後主先降鄧艾，姜維乃在涪降鍾會，張翼亦同往。鄧艾被徵，檻囚而回，鍾會往成都接管鄧艾部隊，姜維張翼亦同往成都。鄧艾去成都尚不遠，鍾會即自稱益州牧而叛，艾兵不平而作亂，並追釋鄧艾，成都變為亂軍世界，鍾會鄧艾皆不免，姜維與張翼亦同時遇難。張翼的生命與姜維相終，真成為「生死」之交，由此可知國家的命運與個人的命運是分不開的。

　　《華陽國志》云：張翼有子名微，「篤志好學，官至廣漢太守。」也可以說明德之後的達人，不墮家聲了。

拾柒　姜　維

心存俠義與遠志才內雋

　　蜀漢晚期，軍方宿將，凋零殆盡，所賴以支持北伐軍事者僅姜維、王平等人而已。俗語有「蜀中無大將，廖化作先鋒」之諺，足證蜀漢將才之缺乏。這位廖化，雖然能力不強，但是他的忠義之心，是可告天日的。他還不是蜀人，而是現今的湖北人，本出身於黃巾，但慕關羽之名而投降，一直在關羽部下為將。麥城之敗，廖化隻身西行，攀越大巴山，歷盡千辛萬苦而至成都，劉備深加器重，留任蜀將，到了蜀漢晚期，隨同姜維等北伐，盡了他最大的努力，其忠其義，實有足多者。

　　姜維字伯約，是天水人，原亦屬魏，是諸葛亮第一次出兵祁山時來歸的，是蜀軍著名將帥中惟一沒有見過劉備的人。他從小喪父，由母親撫養成人，好鄭氏學。所謂鄭氏，即指鄭玄，是當時的著名古文經學家。東漢的經學，自馬融以下，注重經文的注釋，是一種尋章摘句而加以注解的學問，一般學者，都注重死背經解，而不重微言大義，此即所謂小人之儒。

圖29：姜　維

諸葛亮的讀書方法，「獨觀其大略」，而尤重於典章制度的研究，可以說是當時經學研究的革新派，但也可以說是復古派，因為西漢初年的經學研究，本有注重微言大義的一派，今世所傳的《公羊》、《穀梁》及《左氏春秋傳》，就是這一派的代表。鄭氏學與姜維的個性，實有出入，他「好立功名，陰養死士，不修布衣之業」。他的父親，名叫「冏」，曾為郡功曹，在羌戎叛亂中，身衛郡將而歿於戰場。姜維事母孝，是得之於經學，其好立功名而有俠義氣概，是得之於他父親的傳統。

關於姜維的歸漢，有兩種略微不同的說法：其一，是《三國志‧維傳》的記載。〈維傳〉說：

> 建興六年，丞相諸葛亮軍向祁山，天水太守適出案行，維及功曹梁緒、主簿尹賞、主計梁虔從行。太守聞蜀軍垂至，而諸縣響應，疑維等有異心，於是夜亡保上邽，維等覺太守去，追，遲，至城門，城門已閉，不納。維等相率還冀，冀亦不納，維等乃俱詣諸葛亮。（《三國‧蜀書》十四〈維傳〉）

其二，是《魏略》的記載。《魏略》說：

> 天水太守馬遵，將維及諸官屬，隨雍州刺史郭淮，偶自西至洛門案行。會聞亮已到祁山，淮顧遵曰：是欲不善。遂起，東還上邽。遵念所治冀縣，界乎西偏，又恐吏民樂亂，亦隨淮去，時維謂遵曰：明府當還冀。遵謂維等曰：卿與諸人回復，信皆賊黨也，各自行。維亦無如遵何，而家在冀，遂與郡吏上官子修等還冀。冀中吏民，便令見亮，二人不獲已，乃共詣亮。

　　這兩種記載，大體相似，而曲折不同。但無論如何，姜維是在建興六年歸漢，可無疑義，時劉備去世已經有七年之久了，諸葛亮見到姜維，甚為喜悅，本來要他還冀安民的；但是時馬謖已敗於街亭，亮乃拔西縣千餘戶，返回漢中，維等隨行，因此姜維與母相失。姜維歸蜀時的官位是郡從事、中郎、參本部軍，年二十七歲。

　　蜀軍既退，魏軍復收天水、南安、安定三郡，維母遂入魏軍手，但不沒其家，繫保官中，仍欲以之招維歸魏，足證魏方對姜維的才能，也十分重視的。《孫盛雜記》云：「初姜維詣亮，與母相失，復得母書，令求當歸。維曰：良田百頃，不在一畝，但有遠志，不在當歸也。」徐庶得母書而辭漢歸曹，姜維得母書而以遠志為重，鄭成功得父書而拒與清和，沈葆楨稱之為創格完人，姜維有之矣。

心存漢室，才兼於人

　　姜維既歸蜀漢，亮辟為倉曹掾，加奉義將軍，封當陽亭侯，實一時之榮寵，所以然者重姜維之才能與品德也。他給張裔、蔣琬的信說：

> 姜伯約忠勤時事，思慮精密，考其所有，永南、季常諸人不如也，其人涼州上士也。（《蜀書・維傳》，《亮集》卷一亦載此書，《華陽國志》所載，略有不同，末句作「馬季長李永南」）

又說：

須先教中虎步兵五、六千人。姜伯約甚敏於軍事，既有膽
義，深解兵意，此人心存漢室，而才兼於人，畢教軍事，
當遣詣宮，覲見主上。(〈維傳〉與《亮集》同載此書)

姜維深解兵意，而且常與武侯所見相同，有一項事實，足以
說明之。習鑿齒《漢晉春秋》說：

亮自至 (按此即諸葛亮攻克武功，駐五丈原，分兵屯田為
久住之計的一役)，數挑戰，宣王亦表固請戰，使衛尉辛毗
持節以制之。維謂亮曰：辛佐治仗節而到，賊不復出矣。
亮曰：彼本無戰意，所以固請戰者以示威於其眾耳，將在軍，
君命有所不受，苟能制吾，豈千里而請戰邪？

姜維知兵，與武侯意暗合，此其明證，按司馬懿被任為魏方
抵抗蜀漢軍攻擊的主帥，是在魏明帝時。魏抵抗蜀漢軍的主帥，
本為曹真，其官銜是大司馬。會曹真患病，司馬懿適入朝。明帝
乃對司馬懿說：「西方事重，非君莫可付者」，乃使西屯長安，督
張郃、費曜、戴凌、郭淮等軍。可是懿至前方，以守禦為最高原
則，但有時候屈於諸將的要求而出戰，則往往慘敗。習鑿齒《漢
晉春秋》有如下的記載：

宣王 (司馬懿) 使曜、凌留精兵四千守上邽，餘眾悉出，
西救祁山。張郃欲分兵守雍郡。宣王曰：料前軍能獨當之
者，將軍言是也；若不能當，而分為前後，此楚之三軍所
以為黥布禽也。遂進，亮分兵留屯，自逆宣王于上邽之東，
欲兵依險，兵不得交，亮引而退。宣王尋亮，至于鹵城。
郭淮、費曜等徼亮，亮破之，因大芟刈其麥。張郃曰：彼

遠來逆我，我請戰不得，謂我利在不戰，欲以長計制之也；
且祁山知大軍以（同已）在近，人情自固，可上屯于此，
分為奇兵，示出其後，不宜進而不敢偪，坐失民望也，今
亮縣軍食少，亦行去矣。宣王不從。故尋亮，既至，又登
山掘營，不肯戰。賈詡、魏平數請戰，因曰：公畏蜀如虎，
奈天下笑何？……諸將咸請戰。五月辛巳，乃使張郃攻何
當千于南圍，自案中道向亮，亮使魏延、高翔、吳班赴拒，
大破之，獲甲首三千級，玄鎧五千領，角弩三千一百張。
宣王退保營。

又郭沖《五事之一》說：

魏明帝自征蜀，遣司馬宣王督張郃諸軍雍涼勁卒三十餘萬，
潛軍密進，規向劍閣。亮時在祁山，旌旗利器，守在險要。
十二更（番代）下，在者八萬，時魏軍始陳，幡兵逼交。
參佐咸以為賊眾強盛，非力不制，宜權停下兵一月，以昇
聲勢。亮曰：吾統武行師，以大信為本，得原失信，古人
所惜，去者束裝以待期，妻子鶴望而計日，雖臨征難，義
所不廢，皆催遣令去。於是去者感悅，願留一戰，住者奮
躍，思致死命，相謂曰：諸葛公之恩，死猶不報也。臨戰
之日，莫不拔刀爭先，以一當十，殺張郃，卻宣王，一戰
大克。

　　按郭沖何許人？史無傳文，無從臆測，大約他是魏晉熟悉掌
故的文人，專門為王親貴族說故事的，他所說的史事是常有問題
的，「魏明帝自征蜀」便成問題，但司馬懿追蜀兵，被敗，張郃被
射殺，《蜀書》後主建興九年，明載此事，故此一史事，是事實。

圖30：司馬懿

又建興六年春，亮攻祁山不克，冬出散關，圍陳倉不下，糧盡而退，魏遣王雙追之，王雙兵敗被殺。故整個諸葛亮的北伐戰中，魏軍如出戰，常遭敗北，司馬懿「畏蜀如虎」，並非虛語。亮卒，蜀漢軍將退，司馬懿聞訊迫之，姜維令楊儀反旗鳴鼓，作進攻狀，司馬懿乃退。時人為之諺曰：「死諸葛驚走生仲達」，司馬懿解嘲說：「吾能料其生，不能料其死也。」此事亦見於《漢晉春秋》，由此，亦足以說明姜維的知兵和膽識。

蜀漢在將才凋零之時而得才識品德兼備之姜維，諸葛亮所以用盡心血教誨之，盡其可能譽揚之、提攜之，正所以使後繼有人耳。

「九伐中原」行軍方向有問題

姜維在武侯之世，曾任中監軍鎮西將軍。亮卒，護軍還成都，進任右盟軍輔漢將軍，封平襄侯，總統諸軍。延熙元年，隨大將軍蔣琬屯漢中，任維為司馬。延熙六年，遷鎮西大將軍，涼州刺史。延熙十年遷衛將軍，與費禕共錄尚書事，延熙十二年假節，延熙十七年，加督中外軍事。十九年春，遷大將軍，以出師不利，請自貶為後將軍，行大將軍事，景耀元年，復拜為大將軍，這是姜維的一幅升官圖。

姜維志在繼承武侯的遺志，出師北伐，興復漢室，故經常出征，計共十餘次，故史有姜伯約九伐中原之說，茲據史文，列姜維出師北伐之年代次數於下：

一、延熙元年，蔣琬遷大司馬，維為司馬，數率偏軍西入。

二、延熙十年，汶山康夷反，維率眾討定之，又出隴西南安金城界，與魏大將郭淮、夏侯霸等戰於洮西，胡王治無戴等舉部落降，維將還，處之。

三、延熙十二年，維復出西平，不克而還，姜維熟知西方風俗，兼具才勇，擬誘諸羌胡為羽翼，可有隴西。但費禕不以為然。曾對姜維說：

> 吾等不如丞相，亦已遠矣，丞相猶不能定中夏，況吾等乎？且不如保國治民，敬守社稷。如其功業，以俟能者。無以為希冀徼倖而決成敗於一舉，若不如志，悔之無及。（《漢晉春秋》）

費禕之言，確係實情，但當時蜀漢文武臣工，逐漸凋零，人才寥落，後繼無人，〈後出師表〉不云乎：「今不伐賊，王業亦亡，與其坐而待亡，孰與伐之」，這是以攻為守的策略，禕文士，不解其意。故終禕之世，對姜維的北伐，常加裁抑，所與兵馬，常不過萬人，故姜維常出師不利耳。

四、延熙十六年，費禕卒，維率數萬人，出石營，經董亭，圍南安。魏雍州刺史陳泰解圍，維糧盡而退。

五、延熙十七年，姜維復出隴西狄道，狄道長李簡舉城降，進圍襄武，與魏將徐質戰，大破之，魏軍敗退，維乘勝多所降下，拔河間、狄道、臨洮三縣民而還。

六、延熙十八年，維與車騎將軍夏侯霸（魏王室重臣之一，司馬懿殺曹爽之後逃至蜀），俱出狄道，大破魏雍州刺史王經於洮西，經眾死者數萬人，經退保狄道城，維圍之，魏征西將軍陳泰解圍。

七、延熙十九年春，維與鎮西大將軍胡濟相約會師上卦，濟失約不至，維為魏大將軍鄧艾敗於段谷，部眾星散，流離而死者甚眾，眾都怨尤，隴西亦騷動不寧，維謝過，請自貶為後將軍，行大將軍事，即在此次戰後。

八、延熙二十年，魏征東大將諸葛誕據壽春叛於淮南，維乘虛，率眾數萬人出駱谷徑，至沈嶺。時長城屯糧甚多，而守兵甚少，聞維軍至，皆惶懼。魏大將軍司馬望拒之，鄧艾亦自隴右來援。維至亡水，倚山為營。司馬望與鄧艾傍渭堅守，姜維屢次挑戰，魏軍固守不應。明年，後主改元景耀，諸葛誕敗耗至，姜維退還。

九、景耀五年，維率軍出候和，為鄧艾所敗，移屯沓中。

由延熙元年「數率偏軍西入」一點來看，維之征魏，至少在十次以上，而世人但言「九伐中原」者，依習慣上以「九」為數字之最高者而言，且易於為辭之故耳。

從姜維的整個北伐經過來說，其特點之足以一述者，略有下列數事：

其一，在費禕執政期間和以前，他所領人馬不多，故史稱為偏師。

其二，姜維之被任為涼州刺史，實出於蔣琬的計畫，蔣琬之意，「若維征行、銜持河右，臣當率軍，為維鎮繼」，姜維是有後援的。但琬既因病還屯於涪，姜維之後援遂絕，以致偏師遠征，勞而無功。

其三，費禕執政時，雖曾屢至漢中或漢城，姜維常在軍中相佐，但西定涼州，既非禕之本意，故姜維常受抑制，不能發揮其意志。〈後出師表〉有云：「再過數年，則損失三分之二也，將何以圖敵？」不幸姜維在費禕去世以後，正是蜀漢兵將已大有損失的時期。

其四，姜維既熟悉隴西情況，且熟知羌夷的性格，故其歷次行軍，皆以西圖涼州為目標。涼州為魏之西鄙，其得失無關於魏的大局，故魏得以關中為基地，從容應付姜維之進攻，勝則可使蜀漢損兵折將，敗亦不影響魏的安危存亡，此即所謂以長策取勝也。我們若以革命軍起義覆清為例，多次舉兵，多在邊區，故不能發生重大影響，但在武昌起義而一舉成功。三藩之役，熟知方輿大勢的顧祖禹曾至耿精忠軍中，謂福建褊狹，得之不足以震天下，故廢然而返。姜維北伐，專重涼州，即坐此病。

其五，姜維北伐，最大的勝利，是費禕去世後的延熙十八年的洮西之戰，大破王經於洮西，殺魏軍數萬，但狄道之圍，仍被陳泰所解，維不能不退。先是延熙十七年，維軍曾破狄道、河間、臨洮三縣，但不能據有其地以為據點，更圖進取，只好拔三縣之民而還。故姜維屢次北伐，雖得武侯以攻為守、致敵而不致於敵之遺意，但其行軍方向，大有問題，故雖獲勝而仍無濟於事耳。

其六，姜維亦能善用敵方的弱點而進兵，如諸葛誕叛魏於淮南時，維率兵數萬，出駱谷徑而至沈嶺，與魏爭長城儲糧；但諸葛誕既不堪一擊而失敗，而魏將司馬望與鄧艾又斂兵不戰，維仍不能不退耳。故武侯卒後，蜀漢最佳之北伐時機，為曹爽攻蜀之失敗。爽軍十餘萬，被王平及費禕援軍所破，關中空虛，時司馬懿尚未控制魏室；蜀漢軍若在此時進撲長安，一鼓可下，則天下形勢之發展，正未可知，無奈費禕過於保守，不識兵機，不能掌握此大好形勢，後此之北伐，真可以說聊盡人事而已。

不過在蜀漢軍事部署方面，姜維亦有足堪一述之改進。史稱，劉備既定漢中，留魏延鎮守，外圍諸城，皆實兵以禦外敵，使不得侵入，王平守興勢時得破曹爽軍之來攻，即有賴於此種布置。姜維認為此種部署，不能獲大利，應有改變。「不若使聞敵至，諸圍皆斂兵聚穀，退就漢樂二城，使敵不得入，平日重關鎮守以捍

之，有事之日，令游軍並進，以伺其虛；敵攻關不克，野無散穀，千里縣糧，自然敝乏；引退之日，然後諸城並出，與游軍并力搏之，此殄敵之術也。」於是令督漢中胡濟屯漢壽，監軍王舍守樂城，護軍蔣斌守漢城，又於西安建武衛、石門、武城、建昌、臨遠，皆立圍守。無奈此時的蜀軍，已走下坡，人心又多歧異，故此一部署，實際上也不能發生具體的效果。

堅守劍閣忠心不二

　　景耀六年，姜維知道魏將鍾會治兵於關中，將有攻蜀之行動。因表後主，請派張翼、廖化督諸軍分護陽安關口、陰平橋頭，按後主在蔣琬逝後親政，宦人黃皓逐漸用事。姜維表上，黃皓迷信卜者之言，以為魏軍必不攻蜀，私將此表壓下，而請後主不必以魏軍攻蜀為慮，群臣因皆不知姜維有此表奏之軍事計畫。

　　及鍾會趨駱谷，鄧艾趨沓中，始以右車騎廖化援姜維，左車騎張翼、輔國大將軍董厥等進駐關口，援諸外圍城，匆忙應付，事已無及。及聞魏將諸葛緒進向建威，又留待月餘，東路軍事益不可為矣。鍾會軍進攻漢、樂二城時，別將進攻陽安關，蔣舒又出了大漏子。這個關口的守將是蔣舒和傅僉，蔣舒為武興督時，因不能稱職而被代，因而懷恨，蓄意降魏。時傅僉主堅守，蔣舒則假惺惺的要出戰。《漢晉春秋》記其事曰：

> 蔣舒欲出降，乃詭謂傅僉曰：今賊至不擊，而閉城自守，非良圖也。僉曰：受命保城，惟全為功；今違命出戰，若喪師負國，死無益矣。舒曰：子以保城獲全為功，我以出戰克敵為功，請各行其志。遂率眾出，僉謂其戰也，至陰平以降胡烈，烈乘虛襲城，僉格鬥而死，魏人義之。

　　奸佞小人，自有一套欺人的謊言。魏人義傅僉而不齒蔣舒，可謂公道自在人心了。此城不守，漢中遂入鍾會之手，加速了蜀漢的崩潰。

　　廖化之援沓中，兵初至而姜維已被鄧艾所敗，乃與廖化、張翼、董厥等會師，退守劍閣，鍾會一路，也就直叩蜀境了。此皆黃皓扣壓姜維表文，致援軍不能依時到達的罪惡。這裡，我們要交代一個問題，那就是姜維歷次出師，兵退，必還成都，只有最後一次，不至成都而退屯沓中，這中間的道理是什麼？根據《華陽國志》的記載，是姜維懼為黃皓所害的關係，《華陽國志》說：

　　　維惡黃皓咨擅，啟後主，欲殺之。後主曰：皓趨走小臣耳，往董允切齒，吾常恨之，君何足介意。維見皓枝附葉連，懼於失言，遜辭而出，後主敕皓詣維陳謝。維說皓，求沓中種麥，以避內逼耳。

　　姜維欲殺黃皓，當在最後一次還成都時，故景耀五年維出師不利，退屯沓中（甘肅臨潭西南）是害怕為黃皓所害，黃皓也的確有廢姜維而以閻宇代之的計畫，沓中是陰平道的前方基地，姜維不能守沓中，便是開啟了鄧艾自陰平道進軍，襲取了江油、縣竹，直接進攻成都的途徑，是蜀亡的關鍵，沓中援軍的遲遲不發，是沓中失守的基本因素。後主固然昏庸不知輕重，以致黃皓弄權，敗壞國家大事，其罪可勝誅哉。兵法有云：「未有權臣在內而大將能立功於外者」，姜維之敗，亦固意中事耳。

　　如果按照姜維的計畫，成都方面在鍾會等尚在準備進軍階段，即派兵據守陽安關與陰平橋（今渭川縣境跨泉河）等要塞，則沓中不致失守，漢中至涪水關間的要塞，仍可據守抗敵，鄧艾也不能輕易的自陰平入蜀，鍾會也不能輕易的逕至涪關。按蜀漢自劉

備取得漢中後，外圍諸城，皆實兵實守，以備曹魏之侵入，經諸葛亮、蔣琬、費褘，皆無變化。

延熙十六年，費褘被害，姜維任大將軍，輔政，建議以漢中兵屯漢壽，即舊時葭萌縣，亦即今川北之廣元，分守樂城（今陝南之城固）、漢城（今陝西沔縣）。陽平關遂無守軍。故姜維聞魏方治軍將攻蜀，急建議由左車騎將軍張翼與右車騎將軍廖化督軍分守陽安關（在寧羌西，今稱陽平營），被黃皓所誤。及鍾會率軍十萬餘眾，分由斜谷、駱谷、子午谷侵向漢中，雍州刺史諸葛緒率軍三萬餘人自祁山趨武街（武都境），鄧艾則率軍三萬餘侵向沓中。武街乃沓中的後方要地，武街若失，則姜維已無退路。成都方面至此始命衛瓘持節監軍，命廖化援維，張翼、董厥至陽安關口，援諸圍，嚴令諸圍不得戰，退保漢、樂二城，鍾會遂不折一兵而得漢中，分圍漢、樂二城，並趨陽安口。陽安口守將蔣舒降魏，傅僉戰死。姜維亦被敗於彊川口（臨潭），並聞漢中已失，遂與張翼、廖化會合，退守劍門，以抗鍾會。

姜維等守劍閣，鍾會來攻，久不能克，糧道遼遠，已難後繼，勢將退走。但鍾會還存一線希望，那就是姜維的歸降。他給姜維的信說：

> 公侯以文武之德，懷邁世之略，功濟巴漢，聲暢華夏，遠近莫不歸名。每惟疇昔，嘗同大化，莫扎鄭喬，能喻斯好。

這封信對姜維，可以說恭維備至，但姜維則置而不答。其對蜀漢之忠心，始終如一，諸葛亮所說的：「其人心存漢室」，是完全正確的。鍾會之所以看重姜維，其故有三：其一，是希望因姜維的來降，以成其平蜀之功；其二，姜維當時在蜀漢，才能出眾，聲望極高，他希望得姜維之助，以統治蜀漢；其三，鍾會並不是

一個簡單人物，他希望在蜀建立其自己的王國，脫離司馬氏的羈絆，所以這封信是他最後的絕招，其計不成，便將後遁。姜維不為所動，他的野心，實際上已完全失敗。

可是，事有大出意外者。鄧艾既下緜竹，兵向成都，時成都尚有防守能力，而後主竟信譙周天命所歸的謊言，不信其子北地王劉諶的建議，肉袒牽羊，輿櫬上疏，向鄧艾投降。《漢晉春秋》記載北地王的慷慨陳詞：

> 若理窮力屈，禍敗必及，便當父子君臣，背城一戰，同死社稷，以見先帝可也。

時成都軍力，據《蜀書》所載，帶甲將士尚有十萬二千人，男女戶口九十四萬，米四十餘萬斛，金銀各二千斤。錦絹彩帛各二十萬匹，實力甚強，本可一戰，鄧艾懸軍深入，不能持久，成都與劍閣為犄角，鍾會將退，鄧艾勢必隨而同還，蜀漢命運，未必就此告終。可是後主竟聽譙周天命說之胡謅，獻書降艾，艾之歡欣，誠出希望之外。這篇降書，據說就是出於譙周手筆，可謂極阿諛自貶之能事。降書是這樣說的：

> 限分江漢，遇值深遠，階緣蜀土，斗絕一隅，干運犯冒，荏苒歷載，遂與京畿，攸隔萬里。每惟黃初中，文皇帝（曹丕）命虎牙將軍解于輔宣溫密之詔，申三好之恩，開示門戶，大義炳然；而否德闇弱，竊貪遺緒，俛仰累紀，未率大教，既震人鬼歸能之數，怖駭王師神武所次，敢不革面，順以從命。輒敕群帥，投戈釋甲，官府帑藏，一無所毀，百姓布野，餘糧棲畝，以俟后來之惠，全元元之命。伏惟大魏布德施化，宰輔伊周，含覆藏疾。謹遣私署侍中張紹、

圖31：劉諶自刎

光祿大夫譙周、駙馬都尉鄧良，奉齎印綬，請命告誠，輸忠款，存亡敕賜，惟所裁之，輿櫬在近，不復縷陳。(《三國‧蜀書‧後主傳》)

這封降書，後人讀之，真可以說渾身起了雞皮疙瘩，肉麻當有趣，罵盡自己，捧盡曹魏，劉備而有此辱沒祖先的不肖之子，直豬狗畜生之不如。曹操曾云：「生子當如孫仲謀，若劉景升（劉表）二子，值犬子耳」。劉禪誠犬子之不若了。當劉禪出降之日，其子劉諶，拜哭於祖廟，先殺妻子，然後自殺，不謂劉禪而有如此壯烈之子。趙雲在天有靈，當深悔當時救其生命之不當了。

假投降與復漢計畫之失敗

鍾會既將退軍，忽聞後主出降，亦大喜。姜維亦得鄧艾進攻成都消息，以為後主將守成都，或南至建寧，不得已亦有投吳可能。乃移軍廣漢探聽虛實。不意後主竟降，並勒令釋甲解兵。姜維乃至涪與鍾會相見。會迎之曰：「來何遲也。」姜維正色流涕曰：「今日見，此為速矣。」（干寶《晉紀》）會甚奇之，姜維的軍前將士皆大怒，拔刀砍石，聲勢洶洶。因善慰之，悉還其印綬節蓋，厚待姜維，出則同輦，坐則同席，並謂其長史杜預曰：「以伯約比

中土名士，公休、太初，不能勝也。」其見重如此。姜維兵甲未釋，
鍾會又同意在底定成都後，將益其軍五萬人，姜維則認為此恢復
漢室的良好機會，因詭說會曰：

> 君自淮南已來，算無遺策，晉道克昌，皆君之力，今復定
> 蜀，威德振世，民高其功，主畏其謀，欲以此安歸乎？夫
> 韓信不背漢於擾攘，以見疑於既平，大夫種不從范蠡於五
> 湖，卒伏劍而妄死，彼豈闇主愚臣哉？利害使之然也。今
> 君大功既立，大德已著，何不法陶朱公泛舟絕迹，全功保
> 身，登峨眉之嶺而從赤松遊乎？會曰：君言遠矣，我不能
> 行，為今之道，或未盡於此也。維曰：其他則君智力之所
> 能，無煩於老夫矣。（《漢晉春秋》）

鍾會的企圖既明，於是姜維另作企圖：

> 教會誅北來諸將，既死，徐欲殺會，盡坑魏兵，還復蜀祚。
> 密與後主書曰：願陛下忍數日之辱，臣欲使社稷危而復安，
> 日月幽而復明。（《華陽國志》）

由此，可知姜維降鍾會，是一種處於萬難之境的苦肉計，其
志仍在乎蜀漢政權之恢復。此誠武侯「鞠躬盡瘁，死而後已」之
遺志了。

鍾會既忌鄧艾降後主之功，乃密奏艾有異志，鄧艾因被檻車
押返，會則與姜維、蔣斌等同至成都，自稱益州牧以叛，因此激
怒了魏軍將士，紛起作亂，鍾會與姜維、蔣斌等均遇害，維妻子
亦難倖免，維且受剖屍之慘，他的復漢計畫，至此盡成泡影。鍾
會真是一個急色兒，軍心未穩，先行叛魏，自己既身敗名裂，禍

且及於姜維，慘哉！

姜維的評論四說

　　關於姜維的評論，魏晉間人有四種說法，可作代表：

　　其一，陳壽的《三國志‧維傳》：「姜維粗有文武，志立功名，而翫眾黷旅，明斷不周，終至隕斃。老子有云：治大國者猶治小鮮，況於區區蕞爾，而可屢擾乎哉！」這是站在晉人的立場說的。

　　其二，干寶說的：「姜維為蜀相，國亡主辱，弗之死，而死於鍾會之亂，惜哉！非死之難而處死之難也。是以古之烈士，見危授命，投節如歸，非不愛死也，固知命之不長，而懼不得其所也。」這是指責姜維不死君難之非，而不知維之不死，另有企圖也。

　　其三，孫盛說的：「夫士雖有百行，操業萬殊，至於忠孝義節，百行之冠冕也。姜維策名魏室而外奔蜀朝，逢君徇利，不可謂忠；捐親苟免，不可謂孝；害加舊邦，不可謂義；敗不死難，不可謂節。政未敷而疲民以逞，居禦侮之任而致敵表守，於夫智勇，莫可云也。」這是以普通的道德觀念來責備姜維的，不知曹魏乃篡逆政權，凡漢室忠臣，無不吐棄之，維之歸漢，正如忠與義的具體表現，孫盛之說不免書生之見，而且他還是站在曹魏的立場說的。何況維在天水，不過是地方小吏，並無知遇之恩，亦無對曹魏盡忠的義務。

　　其四，是郤正說的：「姜伯約據上將之重，處群臣之右，宅舍弊薄，資財無餘，側室無妾媵之褻，後庭無聲樂之娛，衣服取供，輿馬取備，飲食節制，不奢不約，官給費用，隨手消盡。察其所以然者，非以激貪厲俗，抑情自割也，直謂如是已足，不在多求。凡人之談，常譽成毀敗，扶高抑下，咸以姜維投厝無所，身死宗滅，以是貶削，不復料擿，異乎《春秋》褒貶之義矣。如姜維之

樂學不倦，清素節約，自一時之儀表也。」(《三國・蜀書・維傳》)

作者最後列四家對姜維的評論，不欲表示自己的意見，孰為公允？孰為偏見？請讀者試從上述姜維的史實中，自己下一結論。不過作者要補充說明的，陳壽雖對姜維頗有疵議，但對郤正之說，備載於其本傳，亦足以見史家不虧之直筆。作者對姜維的欽敬，是在他明辨忠奸，是在他移孝作忠，是在他好學不倦，是在他從不灰心的奮鬥，即在無可奈何中，他還是想辦法達到光復社稷的目的，這種奮鬥精神，是值得我們佩服的。其假意投降鍾會，無損於對蜀漢的忠心不貳，故孫盛之說，殊違《春秋》責備賢者的本意。

維卒年幾何？史無明文，但可以推算得之。按武侯首出祁山，是在後主建興六年，姜維即在是年歸蜀漢，年二十七歲，和武侯出佐劉備之年歲巧合。後主建興紀年，至十五年而改元稱延熙元年，延熙紀年二十年，其後改稱景耀元年。景耀六年後主降鄧艾，姜維即卒於此年。由此計之，姜維卒時，年六十二歲。故姜維對鍾會說：「其他則君智力之所能，無煩於老夫矣」，六十二歲之人，自稱「老夫」，應無不可。按武侯卒年為五十四歲，姜維享年多於武侯八歲。維死之年為魏元帝景元四年，西元 263 年。由此上推六十二年，即為姜維生年，則為漢獻帝建安六年。姜維死後受剖屍之慘，見於《世語》：「維死時見剖，膽如斗大。」我們不知道蜀漢時的斗有多大，如今之斗，則豈身所能容？其為文人好作誇大之形容無疑。《演義》不察其妄而用之，雖云有據，實不足信。不過姜維膽大心細而多計，那倒是事實。

時代造就英雄，
英雄創造時代

　　站在歷史浪潮的頂端，他們乘風破浪，叱吒風雲，留給後人的，當不僅是英雄偉業、名垂青史，令人動容的，是一股歷史的使命感和扭轉乾坤的霸氣，而忠義智勇更是英雄之所以成為英雄人物的元素，且看惜秋如何帶領讀者一略歷史風雲人物的氣概。

【戰國風雲人物】
孫臏、田單、樂毅、廉頗、趙奢、白起、王翦、蘇秦、張儀、范雎……

【漢初風雲人物】
張良、蕭何、韓信、曹參、陳平、周勃、灌嬰、叔孫通、婁敬、彭越……

【東漢風雲人物】
吳漢、鄧禹、寇恂、馮異、王常、岑彭、來歙、銚期、馬武、馬援……

【蜀漢風雲人物】
諸葛亮、關羽、張飛、趙雲、龐統、黃忠、法正、劉巴、蔣琬、費褘……

【隋唐風雲人物】
高熲、楊素、劉文靜、李靖、房玄齡、杜如晦、長孫無忌、魏徵、秦瓊……

【宋初風雲人物】
趙普、石守信、王審琦、范質、王溥、魏仁浦、高懷德、張永德……

【民初風雲人物】（上）（下）
黃克強、胡漢民、焦達峰、陳其美、宋教仁、蔡元培、居正、于右任……